図解による
労働法のしくみ

弁護士
國部徹［著］

自由国民社

はしがき　〜経営者にも労働者にも役立つ内容

　かつて労働争議が華やかなりし頃は、使用者側か労働者側か、というシンプルな構図の問題が多く、労働法の分野でも争議の解決方法の模索が中心でした。ちゃんと働いてもらって企業として利益をあげたいという使用者の都合も、できるだけいい労働条件で働きたいという労働者の都合も、労働争議の解決という場面で調整すればよかったからです。

　しかし、最近ではそのようなシンプルな構図ではなく、労働法の世界にも当事者が三人以上登場するトラブルが増えてきました。たとえば、男性上司が女性の部下にセクハラ行為をすれば、その上司と部下本人だけでなく、会社も、職場環境を維持する義務を果たしていたかどうかという意味で当事者になってしまいます。また、労働者派遣の場面では、労働者と派遣元事業者と派遣先企業の三者のそれぞれの間でいろいろなルールを決めなければなりません。これらの問題を解決するには、関係当事者、特に会社の経営者に正しい知識と判断能力が必要になります。

　この本は、労働法の難しい理論や細かい判例を紹介する意図で書かれたものではありません。できるだけ具体的な場面を想定して、解決のために必要なことは何かを考えるつもりで書きました。筆者は労働事件だけを専門にする弁護士ではなく、「労働者側」「使用者側」という看板を掲げていません。ですから、労働者からの相談も使用者からの相談も分け隔てなく受け付けており、両方の立場で争い事を経験しています。その中で強く思うことは、労働問題の多くは使用者側がきちんとした知識と判断能力を備えていれば未然に防げる、ということです。ごく一部の大企業を除けば、経営者自身が人事労務を扱っているところが多いと思います。そこで「うっかり」とか「わかっちゃいるけど」という出来事をなくすことが、トラブルを起こさないための最良の手段です。

　本書がそのような意味で経営者と労働者の双方の皆さんに役立てば幸いです。なお、本版では「労働契約法」を第1部として収録しました。また、「働き方改革」による法改正については巻頭および本文の該当項目での解説の中で、できるだけ盛り込みました。皆さんがこの本を手にとるときは、法律が変わっているかにも注意してください。

2019年10月1日　　　　　　　　　　　　　　　著者

|巻 頭| 30分で理解する 労働法・働き方改革…❽

▷ 巻頭1・労働法のしくみ　①労働法とは何か ❽ / ②個別的労働関係法のしくみ ❾ / ③集団的労働関係法のしくみ ❿ / ④雇用関係法と労働福祉法のしくみ ❿

▷ 巻頭2・「働き方改革」のポイント　①「働き方改革」で関連法が改正された ⓫ / ②残業時間の上限が規制された ⓬ / ③年5日の有給休暇付与が義務付けられた ⓭ / ④月60時間を超える残業の割増率が引上げられた ⓭ / ⑤「フレックスタイム制」が拡充された ⓮ / ⑥「高度プロフェッショナル制度」が導入された ⓯

第1部　労働契約法　　1

◆労働契約法・早わかり～労働者と使用者との労働契約の一般的なルールを定めている　2
1 労働契約法とは何か　4　〔図解〕労働契約法のしくみ　5
2 労働契約の原則と契約内容の理解促進等　6　〔図解〕労働契約の原則のしくみ　7
3 労働契約の成立　8　〔図解〕労働契約成立のしくみ　9　▶労働契約書　10
4 労働契約の内容の変更　12　〔図解〕労働契約変更のしくみ　13
5 就業規則違反の労働契約等　14　〔図解〕就業規則違反の労働契約の効力のしくみ　15
6 労働契約の継続と終了　16　〔図解〕出向・懲戒・解雇のしくみ　17
7 有期労働契約者の解雇制限と無期契約への転換　18　〔図解〕期間の定めのない契約への転換のしくみ　19
8 有期労働契約の更新と不合理な労働条件の禁止　20　〔図解〕有期労働契約の更新と終了のしくみ　21
9 労働契約法の適用除外　22　▶労働契約法と労働基準法の違い　22

第2部　労働基準法　 23

◆労働基準法・早分かり～労働基準法は、労働者の労働条件の最低基準を定めている　24

第1章　総　則（1条～12条）　26

▷ 総論　26　〔図表〕労働基準法「第1章 総則」の条文の構成　27
1 労働条件の決め方と最低基準　28　〔図解〕労働条件の基準と決め方のしくみ　29
2 労働条件の差別的取扱いの禁止　30　〔図解〕労働条件の差別的取扱いの禁止のしくみ　31
3 女性を理由とする賃金の差別的取扱いの禁止　32　〔図解〕男女同一賃金のしくみ　33
4 強制労働の禁止と中間搾取の排除　34　〔図解〕強制労働・中間搾取の禁止のしくみ　35
5 公民権の行使は勤務時間中でもできる　36　〔図解〕公民権行使の保障のしくみ　37
6 労働基準法で保護される労働者とは　38　〔図解〕労働者の定義のしくみ　39
7 労働基準法上の使用者とは　40　〔図解〕使用者の定義のしくみ　41
8 労働基準法の適用を受ける賃金　42　〔図解〕賃金の定義のしくみ　43
9 労働基準法の適用を受ける平均賃金とは　44　〔図解〕平均賃金の算出方法のしくみ　45

第2章　労働契約（13条〜23条） 46

▷ 総論 46　〔図表〕労働基準法「第2章 労働契約」の条文の構成 47
1. 労働基準法違反の労働契約の無効 48　〔図解〕労基法違反と労働契約の無効のしくみ 49
2. 労働契約の期間を定める場合の上限は 50　〔図解〕労働契約の期間のしくみ 51
3. 労働契約の際の労働条件明示義務 52　〔図解〕労働条件の明示のしくみ 53
4. 厚生労働省令で定める労働契約の方法 54　〔書式〕労働条件通知書 55
5. 賠償予定・前借金相殺・強制貯蓄の禁止、社内預金 58　〔図解〕労働契約における禁止規定のしくみ 59
6. 合理的理由を欠く解雇の無効と解雇の制限 60　〔図解〕解雇の無効・制限のしくみ 61
7. 解雇の予告と予告手当 62　〔図解〕解雇の予告と予告手当のしくみ 63
8. 労働者の退職・死亡と使用者の義務 64　〔図解〕退職時の使用者等の義務のしくみ 65
9. 退職手当ての支払い 66　〔図解〕退職に伴う労働者の金品の返還のしくみ 67
10. 雇用保険と失業給付 68　〔図解〕雇用保険の失業給付・基本手当のしくみ 69
11. 派遣労働者とは何か 70　〔図表〕労働者派遣法の条文の構成 71
12. 派遣労働者の契約 72　〔図解〕労働者派遣のしくみ 73
13. 会社の分割等の場合の労働契約の承継 74　〔図解〕会社分割と労働契約の承継のしくみ 75
14. パート（短時間労働者）はどうなっているか 76　〔図解〕パートの労働条件のしくみ 77
15. 外国人労働者はどうなっているか 78　〔図解〕外国人労働者の就労のしくみ 79
16. 家内労働はどうなっているか 80　〔図解〕家内労働のしくみ 81

第3章　賃　金（24条〜31条） 82

▷ 総論 82　〔図表〕労働基準法「第3章 賃金」の条文の構成 83
1. 賃金支払いに関する5つの原則 84　〔図解〕賃金支払いのしくみ 85
2. 休業手当てを支給わなければならない場合 86　〔図解〕休業手当支払いのしくみ 87
3. 出来高払制の場合の一定額の賃金保障 88　〔図解〕出来高払性（請負制）のしくみ 89
4. 最低賃金の保障 90　〔図解〕最低賃金のしくみ 91
5. 賃金の確保はどうするか 92　〔図解〕賃金の支払確保のしくみ 93

第4章　労働時間、休憩、休日及び年次有給休暇（32条〜41条） 94

▷ 総論 94　〔図表〕労働基準法「第4章 労働時間、休憩、休日及び年次有給休暇」の条文の構成 95
1. 労働時間は、原則、週40時間、1日8時間 96　〔図解〕労働時間のしくみ 97
2. 1か月単位の変形労働時間制 98　〔図解〕1か月単位の変形労働時間制のしくみ 99
3. フレックスタイム制度と労働時間 100　〔図解〕フレックスタイム制のしくみ 101
4. 1年単位の変形労働時間制 102　〔図解〕1年単位の変形労働時間制のしくみ 103
5. 1週間単位の変形労働時間制 104　〔図解〕1週間単位の変形労働時間制のしくみ 105
6. 労働時間等の規定が適用されない場合 106　〔図解〕労働時間の適用除外のしくみ 107
7. 休憩に関する3大原則 108　〔図解〕休憩のしくみ 109
8. 休日は週に1回以上が原則 110　〔図解〕休日のしくみ 111
9. 時間外や休日労働をさせるには協定が必要 112　〔図解〕三六協定のしくみ 113
10. 時間外、休日、深夜勤務の割増賃金 114　〔図解〕時間外労働などの割増賃金のしくみ 115
11. 専門業務型の裁量労働制 116　〔図解〕専門業務型裁量労働制のしくみ 117

⑫	企画業務型の裁量労働制　118	〔図解〕企画業務型裁量労働制のしくみ　119
⑬	年次有給休暇は10日～20日　120	〔図解〕年次有給休暇のしくみ　121
⑭	労働時間および休憩についての特例と適用除外　122	
⑮	時間外労働の諸問題　124	〔図解〕時間外労働等の問題のしくみ　125
⑯	育児休業が認められてれる　126	〔図解〕育児休業のしくみ　127
⑰	介護休業が認められている　128	〔図解〕介護休業のしくみ　129

第5章～第7章　安全及び衛生・年少者・妊産婦等・技能者の養成（42条～74条）130

▷ 総論　130　〔図表〕労働基準法「第5章～第7章」の条文の構成　131

〔第5章・安全及び衛生〕
① 労働者の安全と衛生　132　〔図解〕労働者の安全と衛生の規定のしくみ　133

〔第6章・年少者〕
① 年少者の雇用と制限・禁止、証明書の備え付け　134　〔図解〕年少者雇用の保護のしくみ　135
② 未成年者の労働契約と賃金の請求　136　〔図解〕未成年者の労働契約のしくみ　137
③ 年少者の労働時間・休日・深夜業の規制　138　〔図解〕年少者の労働の制限・禁止のしくみ　139
④ 年少者の就業制限・禁止、解雇に伴う旅費支給　140　〔図解〕年少者の就業禁止等のしくみ　141

〔第6章の2・妊産婦等（女性）〕
① 女性の労働の制限・禁止による保護　142　〔図表〕労働基準法「第6章の2　女性」の条文の構成　143
② 妊婦・産前産後の就業制限と休暇等　144　〔図解〕妊娠・出産に関する保護のしくみ　145
③ 生理休暇の保障　146　〔図解〕生理休暇のしくみ　147
④ 男女雇用機会均等法は何を規定しているのか　148　〔図表〕「男女雇用機会均等法」の条文の構成　149
⑤ 女性労働者に対する差別の禁止等　150
⑥ 女性労働者の就業での事業主の配慮　152

〔第7章・技能者の養成〕
① 見習工等の保護と労働基準法の特則　154　〔図表〕労働基準法「第7章　技能者の養成」の条文の構成　155

第8章　災害補償　（75条～88条）　156

▷ 総論　156　〔図表〕労働基準法「第8章　災害補償」の条文の構成　157
① 業務上の負傷・疾病にかかった場合の補償　158　〔図解〕業務上の負傷・疾病と補償のしくみ　159
② 業務上の理由で死亡した場合の補償　160　〔図解〕業務上の負傷・疾病・死亡と補償のしくみ　161
③ 補償期間と補償の方法　162　〔図解〕打切補償と分割補償のしくみ　163
④ 補償の権利と他の法律との関係　164　〔図解〕労働基準法上の補償と他の法令のしくみ　165
⑤ 補償に関する審査・仲裁　166　〔図解〕補償の審査・仲裁のしくみ　167
⑥ 災害補償の補償義務者は誰か　168　〔図解〕請負事業での災害補償のしくみ　169
⑦ 労働者災害補償保険法とは　170　〔図表〕「労働者災害補償保険法」の条文の構成　171

第9章　就業規則　（89条～93条）　172

▷ 総論　172　〔図表〕労働基準法「第9章　就業規則」の条文の構成　173
① 就業規則の作成と届出義務　174　〔図解〕就業規則作成の目的のしくみ　175
② 就業規則の記載事項　176　〔書式〕就業規則のサンプル　177
③ 就業規則の作り方　180　〔図解〕就業規則の作成と内容のしくみ　181

4 就業規則の作成・周知の手続き　182　　〔図解〕就業規則作成の手続きのしくみ　183
5 就業規則の効力と不利益変更　184　　〔図解〕就業規則の内容の制限と効力のしくみ　185
▶ 就業規則のトラブルと問題点　186
　就業規則を作らないとどうなるか？　186　　紛争の種にならない就業規則とは　187

第10章～第13章　寄宿舎・監督機関・雑則・罰則（94条～121条）　188

▷ 総論　188　　〔図表〕労働基準法「第10章～第13章」の条文の構成　189
〔第10章・寄宿舎〕
1 事業の附属寄宿舎についての定め　190　　〔図解〕寄宿舎についての規定のしくみ　191
〔第11章・監督機関〕
1 監督組織はどうなっているか　192　　〔図解〕労働行政のしくみ　193
2 労働基準監督官の権限と職務　194　　〔図解〕労働基準監督官の権限と義務のしくみ　195
3 労働基準法違反の申告と必要事項の報告　196　　〔図解〕労働基準法と労働者の対応のしくみ　197
〔第12章・雑則〕
1 雑則の定めについての概要　198　　〔条文〕労働基準法「第12章　雑則」の条文　199
〔第13章・罰則〕
1 労働基準法違反と罰則　200　　〔図表〕労働基準法「第13章　罰則」の内容　201
　▶ 労働基準法の附則別表　202

第3部　労働組合法　203

〔第1章・総則〕
1 労働組合法の制定と趣旨　204　　〔図解〕労働組合法のしくみ　205
2 労働組合法の目的は何か　206　　〔図解〕労働組合法の目的のしくみ　207
3 公務員の労働基本権　208　　〔図解〕公務員の職員団体のしくみ　209
〔第2章・労働組合〕
4 労働組合が労働法の適用を受けるための要件　210　　〔図解〕労働組合の資格審査のしくみ　211
5 団体交渉権と交渉権者　212　　〔図解〕団体交渉と団体交渉権のしくみ　213
6 労働紛争と争議行為　214　　〔図解〕労働組合の争議権のしくみ　215
7 不当労働行為とは何か　216　　〔図解〕不当労働行為のしくみ　217
8 労働組合に関するその他の定め　218　　〔図解〕労働組合の財政・登記・解散のしくみ　219
〔第3章・労働協約〕
9 労働協約とは何か　220　　〔図解〕労働協約のしくみ　221
10 労働協約の効力と有効期間　222　　〔図解〕労働協約の効力と期間のしくみ　223
〔第4章・労働委員会〕
11 労働委員会とは何か　224　　〔図解〕労働委員会のしくみ　225
12 労働委員会の権限と責務　226　　〔図解〕労働委員会の権限のしくみ　227
〔第5章・罰則〕
13 労働組合法に違反したときの罰則　228

第4部 労働関係調整法・個別労働関係紛争解決法・労働審判法　229

〔労働関係調整法〕
1. 労働関係調整法とは何か　230　〔図解〕労働関係調整法のしくみ　231
2. 労働争議・争議行為・公益事業とは何か　232　〔図解〕労働争議と争議行為のしくみ　233
3. 特別調整委員と中央労働委員会の一般企業担当委員　234　〔図解〕特別調整委員制度のしくみ　235
4. 斡旋(あっせん)とは何か　236　〔図解〕労働委員会の斡旋のしくみ　237
5. 労働委員会の行う調停　238　〔図解〕労働委員会の調停のしくみ　239
6. 労働委員会の行う仲裁　240　〔図解〕労働委員会の仲裁のしくみ　241
7. 緊急調整とは何か　242　〔図解〕緊急調整制度のしくみ　243
8. 争議行為が制限・禁止される場合　244　〔図解〕争議行為の制限と禁止のしくみ　245

〔個別労働関係紛争解決法〕
1. 個別労働関係紛争の解決　246　〔図解〕個別労働関係紛争解決のしくみ　247

〔労働審判法〕
1. 労働審判法による紛争の解決　248　〔図解〕労働審判法による紛争の解決のしくみ　249

巻末　激増する　労働トラブルと解決法　250
1. 解雇をめぐるトラブルと解決法　251
2. 賃金をめぐるトラブルと解決法　252
3. 労働条件をめぐるトラブルと解決法　253
4. 非正規雇用をめぐるトラブルと解決法　254
5. 労働災害をめぐるトラブルと解決法　255

〈収載法令〉

〔労働3法、労働契約法を入れて4法〕
- ●労働基準法　●労働組合法　●労働関係調整法　○労働契約法(新法)

※民法(基本六法)の第3編「債権」第2章「契約」に第8節として「雇用」の規定がある

〔その他の法令（あいうえお順）〕
- ○育児休業、介護休業等育児又は家族介護を行う労働者の福祉に関する法律
- ○家内労働法　○個別労働紛争の解決の促進に関する法律
- ○雇用の分野における男女の均等な機会及び待遇の確保等に関する法律
- ○雇用保険法　○最低賃金法　○職業安定法
- ○高年齢者等の雇用の安定等に関する法律
- ○短時間労働者及び有期雇用労働者の雇用管理の改善等に関する法律
- ○賃金の支払いの確保等に関する法律
- ○労働安全衛生法　○労働審判法　○労働者災害補償保険法
- ○労働者派遣事業の適正な運営の確保及び派遣労働者の保護等に関する法律

巻頭

30分で理解する
労働法・働き方改革

■労働法を理解するためには、まず、その全体の構造を理解することが大切です。全体のしくみおよび法律の目的を理解すれば、個々の規定は理解しやすくなります。また、「働き方改革」は最もホットな労働問題に関する改正です。

巻頭1　労働法のしくみ

1　労働法とは何か

1　「労働法」という法律はない

本書タイトルには「労働法」という言葉が使われていますが、実は、労働法という言葉の法律は存在しません。六法全書を引くと、「労働法」の章には労働基準法や労働組合法などの多くの法律が並んでいますが、「労働法」という法典はありません。

「労働法」というのは、労働契約の内容の定め方、紛争の解決の仕方など使用者と労働者との間で生じる問題を規律する数多くの法律群の中に、共通する原理を見出して、具体的な問題の解決に役立てようという考えに基づく、実務上・学問上の分類です。

2　労働法の適用場面による分類

まず、労働契約を結ぶ前段階で、労働者を募集したり採用面接をしたりする場面があります。このような法律については、「雇用関係法」として分類できるでしょう。

次に、実際に労働契約を結んだり改定する場面で、一定水準未満の労働条件を禁止する法律があります。労働基準法がその代表ですが、パート労働法や最低賃金法もそれに含まれます。このように労働条件そのものを直接的に規制する法律については、使用者と個々の労働者との間の契約関係の問題であるあることに着目して、「**個別労働関係法**」と分類できます。

また、労働契約の内容や職場での約束事を決めるについて、労働者が団体（労働組合）でその決定に参加する際のルールやその決定の効力について定めた法律として、労働組合法があります。更に、労働組合の団体行動が使用者との間で争議になった場合の解決のルールを定めた法律として、労働関係調整法があります。このように、労働組合と使用者の間のルールについて規制する法律は、個別労働関係法に対して「**集団的労働関係法**」と分類できます。

さらに、労働者の安全衛生や労働災害などの場合に労働者を保護する制度を定めた

❽

法律があります。このような法律については、「労働福祉法」と分類できるでしょう。

分類の仕方は人によって少しずつ違いますが、いずれも民法のルールを憲法の原則に従って修正するもので、その修正の原理や方法の違いで分けているものです。

3 労働法の効力による分類（縦の体系）

もう一つ、まったく別の観点から労働法の体系を考えることができます。労働法というのは、根本に憲法があって、その原理を受けたたくさんの法律があります。当然ながら、「憲法」に一番強い効力があり、「法律」は憲法の範囲内で定められたものです。そして、その法律の下に、法律の規定を補充したり、法律の委任を受けて細則を定める「命令」（厚生労働省令）があります。命令は法律の下の効力しかありませんが、労働法の実務を知るには、実はこの「命令」（さらには、行政機関内部に向けて出す「通達」）に通じていなければなりません。

2 個別的労働関係法のしくみ

1 労働基準法

個別的労働関係法は、労働者の労働条件を一定水準以上に確保するために、契約の自由を直接的に制限する法律です。

その代表である労働基準法の規定を見ると、冒頭に総則が置かれて、労働基準法の立法理由や基本理念、更には基本的事項の定義が決められています。これらの規定は、憲法の「生存権」（憲法25条）や「法の下の平等」（同14条）を背景にしたものです。

その後に、労働契約、賃金、労働時間・休憩・休日・年次有給休暇、安全衛生、幼年者、女性、技能者、災害補償、就業規則、寄宿舎と続きますが、これらはそれぞれの場面に応じて労働条件の最低限を定めています。特に、賃金と労働時間（休憩・休日・休暇を含む）は労働条件の根幹であり、細かい規定が置かれています。（本文で解説）。

2 労働契約法

労働条件を決定する労使間の合意、すなわち「労働契約」を一つのテーマとして、労働基準法や民法の規定（判例で確立したルールを含む）を整理して、「労働契約法」が制定されました。この労働契約法は、使用者と労働者間の「契約」のルールを規定したものであり、具体的な労働条件それ自

体を定めたものではありません。しかし、労働契約法の規定の多くは、労働基準法をめぐるルールの中から生まれてきたものであり、根本的な狙いは労働基準法と共通しています。そこで、個別的な労働関係の一種であると理解していいと思います。

3 集団的労働関係法のしくみ

1 労働組合法

集団的労働関係法では、「労働組合」という団体が当事者として登場します。その労働組合の定義や活動についての基本的なルールを規定するのが労働組合法です。

労働組合法は、労働者の地位の向上、労働者の団結の擁護及び団体交渉等の手続の助成を目的とする法律で（労働組合法1条1項）、勤労者の「団結権」「団体行動権」を規定した憲法28条を受けて、**労働者が労働組合という団体を組織して使用者と交渉にあたる**ことを認めています。

労働組合法を理解するためには、「不当労働行為」として規定されている行為がそれぞれなぜ禁止されてきるのか、そして、「労働協約」の特別な効力の内容をよく理解することがキーポイントです。

2 労働関係調整法

労働者と使用者の交渉がまとまらずに争議行為が発生した場合に、その解決のルールを定めたのが「労働関係調整法」です。

労働関係調整法は、労働争議の解決については、まずもってその当事者である労使双方が自主的に解決することが原則であることを定め、自主的解決ができない場合に、**労働委員会による「斡旋」「調停」「仲裁」**という3種類の手続を定めています。

労働関係調整法を理解するためには、「労働委員会」の役割や権限をよく理解することがキーポイントです。

4 雇用関係法と労働福祉法のしくみ

1 雇用関係の法律

労働基準法は、労働者の労働条件の最低基準や不当な差別的取扱いの禁止を定め、使用者の「契約自由の原則」を大幅に制限しています。しかし、使用者が労働契約を結ぶ前の段階で、誰と契約するか（＝誰を採用するか）は、特に規制していません。

しかし、入口の段階で使用者が相手を選別することについて何の規制もないと、使用者にとって使い勝手の悪い応募者は最初から排除されてしまいますので、たとえ採用後の労働条件が手厚く保障されていても、その恩恵に浴する機会を得られません。そこで、男女雇用機会均等法で、**労働者の募集や採用の段階から一定の規制を加え**て、労働条件の最低基準を定めた制度が無意味にならないようにしています。

2 労働災害・福祉関係の法律

労働者が安心して働くためには、賃金や労働時間のような基本的な労働条件が確保されることが第一ですが、併せて、職場の安全衛生を確保したり、労働災害が生じた場合の補償を手厚くすることも重要です。

労働安全衛生法は、職場の安全衛生のスタッフをおくことを義務付けたり、産業医制度を採用したり、安全衛生教育を施すことを定めたりしています。また、**労働者災害補償保険法**は、労働基準法にある使用者の災害補償義務の規定を前提としつつ、使用者に補償の意思や能力がなかったり、災害の原因などについて争いがあったりして労働者が補償を受けられない場合に備えて、保険制度を定めたものです。いずれも、労働福祉関係の法律の典型と言えます。

巻頭2 「働き方改革」のポイント

1 「働き方改革」で関連法が改正された

1 法改正は広範囲

2018年に「働き方改革」についての関連法を一括改正する法律が成立しました。その内容は、「労働時間法制の見直し」と「雇用形態に関わらない公正な待遇の確保」を柱とするもので、非常に広範囲にわたる制度の見直しが行われました。

大企業については、一部を除き2019年4月からほぼ全面的に改正法が適用されています。また、中小企業についても、残業時間の上限規制や割増率の引き上げなど一部で大企業よりも後れて適用されるものもありますが、2023年には全ての規定が適用になる予定です。

詳しい内容については、厚生労働省のホームページやパンフレットなどを参照していただくのが一番です。数字を含んだ規制が多く、特に経営者や総務・労務の担当者はきちんと読んで正確に理解していただいたほうがいいと思います。

2 正確な理解のために

本書では、「働き方改革」の中で重要と思われる項目を選び出し、厚生労働省のパンフレットを引用しながら内容を解説して行きます。読者の皆さんは、それぞれの項目がいつから施行されるのか（大企業・中小企業別）に注意しながら読んでいってください。

また、本書の本文の該当箇所を記しておきますので、できればそちらも読んでいただいて、どの点が改正されたのかを確認していただきたいと思います。

◆「働き方改革」の見直しの内容

(1) 労働時間法制の見直し
 ① 残業時間の上限の規制⇒巻頭⑫ページ参照
 ②「勤務時間インターバル」制度の導入を促す
 ③ 1人1年あたり5日間の年次有給休暇の取得を企業への義務付け⇒巻頭⑬ページ参照
 ④ 月50時間を超える残業に対する割増賃金の引き上げ⇒巻頭⑬ページ参照
 ⑤ 労働時間の客観的に把握するよう、企業に義務付け
 ⑥「フレックスタイム制」により働きやすくするための制度の拡充⇒巻頭⑭ページ参照
 ⑦「高度プロフェッショナル制度の新設⇒巻頭⑮⑯ページ参照
(1) 雇用形態に関わらない公正な待遇の確保…正規雇用労働者と非正規雇用労働者（パートタイム労働者・有期雇用労働者・派遣労働者）との不合理を待遇の差をなくすことが目的）
 ① 不合理な待遇差をなくすための規定の整理
 ② 労働者に対する待遇に関する説明義務の強化
 ③ 行政による事業主への助言・指導等や裁判外紛争解決手続（ADR）の規定の整備

2 残業時間の上限が規制された

施行：大企業2019年4月～、中小企業2020年4月～（本文112ページ参照）

残業時間の上限について、原則として「月45時間・年360時間」という規制が導入されました（事業や業務の種類によって適用猶予・適用除外があります）。「臨時的な特別の事情」がある場合には、労使の合意によって緩和できますが、それでも「年720時間以内・複数月平均80時間以内（休日労働含む）・月100時間未満（休日労働含む）」でなければなりません。また、月45時間を超えることができるのは、年間6か月までです。

これは残業「時間」そのものの規制であり、「残業代」の抑制を目的とするものではないことに注意してください。残業代をつけなければ時間は関係ない、という考え方がまだまだ労組双方にあるようですが、それは間違いです。

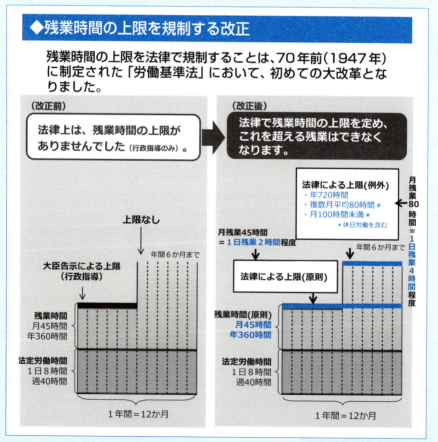

資料：厚生労働省「働き方改革」

3　年5日の有給休暇付与が義務付けられた

施行：大企業・中小企業とも2019年4月～　（本文120ページ参照）

年次有給休暇は労働者の権利ですから、取りたくなければ取らなくても別に構わないはずなのですが、それでは取りにくい、という実情があることから、**「労働者に対して年5日分の有給休暇を付与すること」**を企業に対して義務付けました。最初は労使双方とも混乱するかもしれませんが、徐々に慣れていくしかありません。

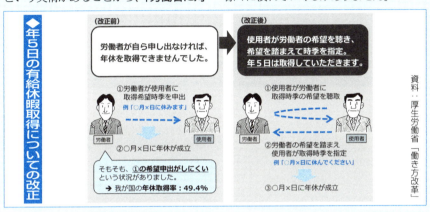

4　月60時間を超える残業の割増率が引き上げられた

施行：大企業は既に適用済み、中小企業は2023年4月～　（本文114ページ参照）

時間外労働の割増率は25％ですが、**月60時間を超える残業が行われた場合には、超える分の「割増率」が「50％」**になります。これは大企業については既に適用されていますが、中小企業では適用を猶予されたままでした。今回の働き方改革で適用猶予がなくなり、2023年からは全ての企業で割増率が「50％」になります。

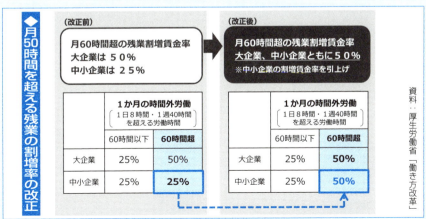

5 「フレックスタイム制」が拡充された

施行：大企業・中小企業ともに2019年4月～（本文100ページ参照）

フレックスタイムというのは、始業時間と就業時間を固定せず、総労働時間に着目して融通することが可能な制度です。これまでは1か月単位で精算することになっていたので、月をまたいで時間を調整したい場合には、使い勝手が悪い制度でした。

「働き方改革」で、これについて3か月単位で清算することができるようになりました。

業種や職種によっては、労使双方とも便利な制度改正であり、この機会に新たに導入を考えてもいいと思います。

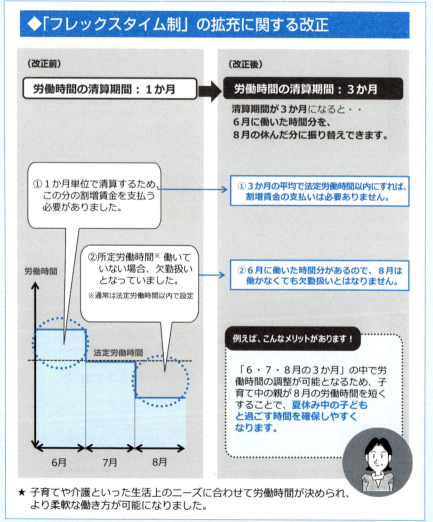

資料：厚生労働省「働き方改革」

6 「高度プロフェッショナル制度」の導入された

施行：大企業・中小企業ともに2019年4月〜（124ページ参照）

法案審議の段階では、この点が非常に大きく採り上げられたので、ご存じの方も多いと思いますが、**一定の職種で一定以上の待遇の労働者について、厳格な手続と健康管理を含む代替措置の導入を条件に、手当の支払いを要しない時間外労働を認める**ものです。

ここだけは、政府のパンフレットをそのまま全部引用しておきます。パンフレットを読んだだけでは、どこをどう改正したのかわかりにくいかもしれませんが、それは条件と手続と代替措置が細かく書かれているからです。

これは、今回の「働き方改革」の中で、唯一異質な新制度です。この「高プロ」以外の法改正は、労働時間や賃金等の基本的な労働条件の最下限を引き上げて労働者を保護する方向の制度といえますが、これだけは、対価を支払わないで労働を義務付けることを認める制度であり、使用者の事情を考慮した制度です。

筆者個人としては、この「高プロ」は憲法違反ではないかと思いますが、いずれにしても、この制度が今後どのように運用されていくか、注目したいと思います。

◆「高度プロフェッショナル制度」の新設

制度の目的
自律的で創造的な働き方を希望する方々が、高い収入を確保しながら、メリハリのある働き方をできるよう、本人の希望に応じた自由な働き方の選択肢を用意します。

要点1　健康の確保
制度の創設に当たっては、長時間労働を強いられないよう、以下のような手厚い仕組みを徹底します。

（1）制度導入の際には、法律に定める企業内手続が必要

① 事業場の労使同数の委員会（いわゆる**「労使委員会」**）で、対象業務、対象労働者、健康確保措置などを**5分の4以上の多数**で決議すること**（＝すなわち、労働者側委員の過半数の賛成が必要になります）**

② 書面による本人の同意を得ること（同意の撤回も可能）

（2）現行の労働時間規制から新たな規制の枠組みへ

現在の労働時間規制とは … ｛ **いわゆる36協定**（時間外・休日労働の規制）
時間外・休日及び深夜の**割増賃金** ｝

高い交渉力を有する高度専門職（具体例は次頁参照）については、その働き方にあった健康確保のための<u>新たな規制の枠組み</u>を設ける

新たな規制の枠組み ＝ 在社時間等に基づく健康確保措置

- **年間104日以上、かつ、4週4日以上の休日確保**を義務付け
- 加えて、以下のいずれかの措置を義務付け
  ※どの措置を講じるかは労使委員会の5分の4の多数で決議
  ① **インターバル規制**（終業・始業時刻の間に一定時間を確保）
    ＋ 深夜業（22〜5時）の回数を制限（1か月当たり）
  ② **在社時間等の上限の設定**（1か月又は3か月当たり）
  ③ 1年につき、**2週間連続の休暇取得**（働く方が希望する場合には1週間連続×2回）
  ④ **臨時の健康診断**の実施（在社時間等が一定時間を超えた場合又は本人の申出があった場合）
- 在社時間等が一定時間（1か月当たり）を超えた労働者に対して、医師による面接指導を実施（**義務・罰則付き**） ⇒ 面接指導の結果に基づき、職務内容の変更や特別な休暇の付与等の事後措置を講じる

要点2　対象者の限定

制度の対象者は、高度な専門的知識を持ち、高い年収を得ている、ごく限定的な少数の方々です。

（1）対象は高度専門職のみ

・高度の専門的知識等を必要とし、従事した時間と成果との関連が高くない業務
  具体例：金融商品の開発業務、金融商品のディーリング業務、アナリストの業務、コンサルタントの業務、研究開発業務など

（2）対象は希望する方のみ

・職務を明確に定める「職務記述書」等により同意している方

（3）対象は高所得者のみ

・年収が「労働者の平均給与額の3倍」を「相当程度上回る水準」以上の方
  ＝交渉力のある労働者・・・具体額は「1075万円」を想定

高度プロフェッショナル制度に関するQ&A

【Q】	【A】
高度プロフェッショナル制度で、みんなが残業代ゼロになる？	高度プロフェッショナル制度の対象は、高収入（年収1075万円以上を想定）の高度専門職のみです。制度に入る際に、対象となる方の賃金が下がらないよう、法に基づく指針に明記し、労使の委員会でしっかりチェックします。
高度プロフェッショナル制度は、後から省令改正など、行政の判断で対象が広がる？	対象業務や年収の枠組みを法律に明確に規定し、限定しています。行政の判断でこれらが広がることはありません。

資料：厚生労働省「働き方改革」

第1部
労働契約法

全22条

労働契約法のしくみ

- 第1章 総則
- 第2章 労働契約の成立及び変更
- 第3章 労働契約の継続及び終了
- 第4章 期間の定めのある労働契約
- 第5章 雑則

◆労働契約法は、平成19年に制定され、平成20年3月から施行された比較的新しい法律です。この法律制定の背景には、個別的労働関係紛争（労働者個人と使用者との紛争）が多発し、労働契約の一般的なルールを定めた法律が必要とされたためです。

労働契約法早わかり

労働契約法は、労働者と使用者と

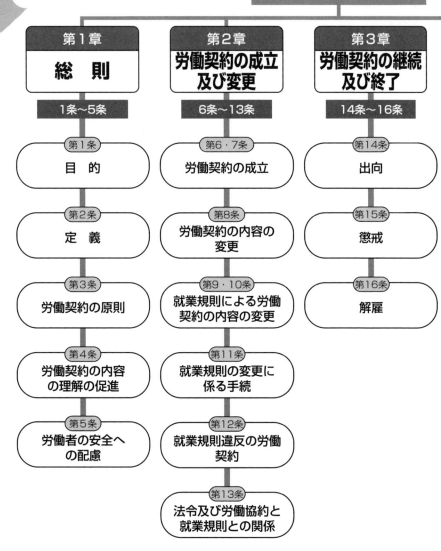

労働契約法のしくみ

第1章 総則 1条〜5条
- 第1条 目的
- 第2条 定義
- 第3条 労働契約の原則
- 第4条 労働契約の内容の理解の促進
- 第5条 労働者の安全への配慮

第2章 労働契約の成立及び変更 6条〜13条
- 第6・7条 労働契約の成立
- 第8条 労働契約の内容の変更
- 第9・10条 就業規則による労働契約の内容の変更
- 第11条 就業規則の変更に係る手続
- 第12条 就業規則違反の労働契約
- 第13条 法令及び労働協約と就業規則との関係

第3章 労働契約の継続及び終了 14条〜16条
- 第14条 出向
- 第15条 懲戒
- 第16条 解雇

※労働契約法は、平成19年12月5日に制定され平成20年3月1日施行、改正法が平成24年に

の労働契約の一般的なルールを定めている

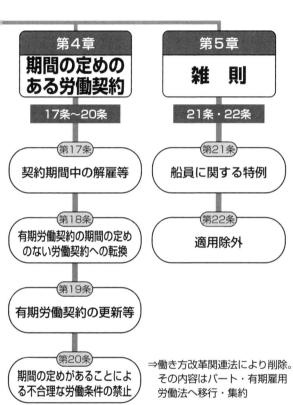

⇒働き方改革関連法により削除。その内容はパート・有期雇用労働法へ移行・集約

※**働き方改革法**（働き方改革を促進するための関係法律の整備に関する法律） 労働時間の見直し（働き過ぎを防止）、雇用形態に関わらない公正な待遇の改善を目的として、働き方改正法が令和元年4月1日（中小企業の残業時間の上限規制は令和2年4月1日、中小企業の月60時間を超える割増賃金率の引上げ適用は令和5年4月1日）に施行された。改正は労働基準法、労働安全衛生法、パート労働法など多岐に及ぶ。内容の概要はは巻頭の「働き方改革」および本文該当の各項目を参照。

公布され公布日および平成25年4月1日に施行された。

■**労働契約法の制定**

労働条件を決定する労使間の合意、すなわち「労働契約」を一つのテーマとして、労働基準法や民法の規定（判例で確立したルールを含む）を整理して、労働契約の一般的ルールを定めたものとして、平成19年に本法の「労働契約法」が制定され、平成20年3月から施行されました。

■労働契約・条件に関連する法律としては、まず、憲法27条「勤労の権利及び義務、勤労条件の基準、児童酷使の禁止」、同28条には「勤労者の団結権」の規定があり、このうちの27条2項の「勤労条件の基準」規定は「賃金、就業時間、休息その他の勤労条件に関する基準は、法律でこれを定める」としています。

また、民法の第3編「債権」第2章「契約」の中の第8節に「雇用」（623条～631条）があり雇用契約について規定しています。

さらに、本書の第2編で解説する労働基準法は労働条件の最低の基準を規定したものですが、この法律の第2章には「労働契約」（13条～23条）」の規定があります。ちなみに労働契約法の制定により、同法18条2の「解雇権の濫用」の規定は、労働契約法16条に移行されています。

この他、労働契約に関するものとして、男女雇用機会均等法、労働者派遣業法、短時間労働者法（いわゆるパート有期雇用労働法）などがあります。

■労働契約法は労働基準法と異なり、罰則はありません。あくまで労働者と使用者の個別的労働契約の一般的なルールを定めたものだからです。

労働契約法

1 労働契約法とは何か

1条〜2条

労働契約法は労働者と使用者との労働契約の一般的ルールを定める

一般的ルールだよ！

▶ 労働者と使用者との紛争（個別的労働紛争）が増えている。こうした状況を背景に労働契約法が制定された。

1 労働契約法の目的

労働契約法1条は、本法の目的を規定しています。すなわち、労働者と使用者の自主的な交渉により、労働契約が合意により成立し、又は変更されるという「合意の原則」、その他「労働契約の基本的事項」を定めることにより、労働者及び使用者による合理的な労働条件の決定又は変更が円滑に行われるようにすることを通じて、「労働者の保護を図りつつ、個別の労働関係の安定に資すること」が法の目的であることを規定したものです。

2 合意の原則

「合意の原則」というのは、労働条件は使用者と労働者の合意で決める、という基本的なルールのことです。労働契約も「契約」である以上、両当事者の合意によって内容を決めるのは当たり前であり、あえて確認しなくてもよさそうにも思えます。しかし、使用者の中には、そのような意識が乏しく、特に基準もなく一存で労働者の給料を上げ下げしたり、ペナルティを科したりする人もいるようです。そのような乱暴なやり方が許されないのは常識であり、合意の原則を確認することにはそれなりの意味があると思います。この合意の原則は、労働契約法の一番基本的な原則です。

3 「労働者」と「使用者」の定義

労働契約法2条は、「労働契約」の締結当事者としての「労働者」および「使用者」について、その定義を規定しています。

① 「労働者」とは

「労働者」とは、「使用者」と相対する労働契約の締結当事者であり、「使用者に使用されて労働し、賃金を支払われる者」のすべてが含まれるとしています。「労働者」に該当するか否かは、労務提供の形態や報酬の労務対償性およびこれらに関連する諸要素を勘案して総合的に判断し、使用従属関係が認められるか否かにより判断され、これが認められる場合には、「労働者」に該当します。これは、労働基準法9条の「労働者」の判断と同様です。

また、民法623条の「雇用」の労働に従事する者は、この「労働者」に該当します。なお、民法632条の「請負」、同法643条の「委任」また非典型契約で労務を提供する者であっても、契約形式にとらわれず実態として使用従属関係が認められる場合には、「労働者」に該当します。

② 「使用者」とは

「使用者」とは、「労働者」と相対する労働契約の締結当事者であり、「その使用する労働者に対して賃金を支払う者」です。「賃金」とは、賃金、給料、手当、賞与その他名称の如何を問わず、労働の対償として使用者が労働者に支払うすべてのもので、労働基準法11条の「賃金」と同義です。したがって、個人企業の場合はその企業主個人、会社その他の法人組織の場合はその法人その者が賃金を支払う者に限定されて、管理職などは含まれません。

労働契約法のしくみ

要旨 労働契約の締結・変更では「労働者の合意」、労働契約の継続・終了では「社会通念上の相当性、客観的な合理性」を基本としている。

```
使用者 ──労働契約の内容について理解を深めるようにする── 労働者
         ↓                              ↓
       労働者の安全へ      合 意      労働契約の遵守、信
       の配慮                          義誠実に権利を行
                                       使し、義務を履行し
                                       なければならない。
                    ↓
              労働契約の成立
                    ↓
```

合理的な労働条件が定められている就業規則を周知させていた場合、その労働条件が労働契約の内容である労働条件の最低基準となる。

労働契約法 17 条～20 条は、期間の定めのある労働契約について定める。

労働契約の継続

就業規則の不利益変更には、原則として労働者の合意が必要。

例外 （就業規則の作成・変更については 182・184ページ参照）

・変更後の就業規則の周知
・労働者の不利益の程度、変更の必要性、変更内容の相当性、労働組合との交渉の状況その他の事情に照らして合理的なものである場合
⇒労働者の合意なしで可能

【出向】
出向の必要性、対象労働者の選定に係る事情等に照らして権利の濫用となる場合は無効。

【懲戒】
行為の性質、態様等の事情に照らして客観的に合理的な理由を欠き、社会通念上相当でない場合は無効。

【解雇】
客観的に合理的な理由を欠き、社会通念上相当でない場合は無効。

労働契約の終了

労働契約法の条文

第1章 総則

（目的）
第1条　この法律は、労働者及び使用者の自主的な交渉の下で、労働契約が合意により成立し、又は変更されるという合意の原則その他労働契約に関する基本的事項を定めることにより、合理的な労働条件の決定又は変更が円滑に行われるようにすることを通じて、労働者の保護を図りつつ、個別の労働関係の安定に資することを目的とする。

（定義）
第2条　この法律において「労働者」とは、使用者に使用されて労働し、賃金を支払われる者をいう。
2　この法律において「使用者」とは、その使用する労働者に対して賃金を支払う者をいう。

労働契約法 2（3条～5条）
労働契約の原則と契約内容の理解促進等

労働契約は労働者と使用者の合意で決まる

原則は守るべきだ！

▶ 労働契約の原則には、「合意」「対等」「就業の実態に応じて均衡を考慮」「仕事と生活の調和の配慮」がある。

1 労働契約の原則

労働契約法3条は、1条の「合意の原則」（前項参照）のもとに、労働契約の基本的な理念、共通する原則を定めています。

①労使対等の原則（1項）

労働契約を締結、変更に当たっては、労働契約の締結当事者（労働者および使用者）の対等の立場における合意によるべきという「労使対等の原則」を定め、労働契約の基本原則を確認したものです（労働基準法2条1項と同趣旨）。

②均衡考慮の原則（2項）

労働契約を締結、変更する場合には、就業の実態に応じて、均衡を考慮すべきものとする「均衡考慮の原則」を定めています。

③仕事と生活の調和への配慮の原則（3項）

近年、仕事と生活の調和が重要となっていることから、労働契約を締結、変更する場合は、仕事と生活の調和に配慮すべきう原則を定めたものです。

④信義誠実の原則（4項）

労働者および使用者は、労働契約を遵守するとともに、信義に従い誠実に、権利を行使し、および義務を履行しなければならないことを規定し、「信義誠実の原則」を労働契約に関して確認したものです（労働基準法2条2項と同様の趣旨）。

⑤権利濫用の禁止の原則（5項）

労働者および使用者は、労働契約に基づく権利の行使に当たっては、それを濫用することがあってはならないことを規定し、「権利濫用の禁止の原則」を労働契約に関して確認したものです。

2 労働契約の内容の理解の促進

労働契約法4条は、労働契約の内容の理解の促進について定めています。

①労働者の理解の促進（1項）

労働条件を提示するのは一般的に使用者であることから、使用者は労働者に提示する労働条件および労働契約の内容について労働者の理解を深めるようにすることを定めています。したがって、これは労働基準法15条1項による労働条件の明示が義務付けられているものより広いもので、労働者が就業規則に記載されている労働条件について説明を求めた場合に使用者がその内容を説明すること等があげられます。

②書面確認（2項）

労働契約の内容について、「できる限り書面で確認する」こととしています。これは労働基準法15条1項により労働条件の明示義務があるものより広く、例えば就業環境や労働条件が変わるときに、話し合った上で使用者が労働契約の内容を記載した書面を交付すること等があげられます。

3 労働者の安全への配慮

5条は、「使用者は、労働契約に伴い、労働者がその生命、身体等の安全を確保しつつ労働することができるよう、必要な配慮をすること」を定めています。

労働者は、使用者の指揮・監督により労働に従事するものであることから、労働契約の内容として具体的に定めずとも、信義則上当然に、使用者は労働者を危険から保護するよう配慮すべき安全配慮義務を負っています。

労働契約の原則のしくみ

要旨 「合意の原則」を基に、「労使対等」「均衡考慮」「仕事と生活の調和への配慮」「信義誠実」「権利濫用の禁止」の各原則がある。

使用者

労働者

労働契約

労働契約における原則

合意の原則　労働契約法1条

＋

労働契約法3条
- 労使対等の原則(1項)
- 均衡考慮の原則(2項)
- 仕事と生活の調和への配慮(3項)
- 信義誠実の原則(4項)
- 権利濫用の禁止の原則(5項)

労働契約法の条文

(労働契約の原則)
第3条 労働契約は、労働者及び使用者が対等の立場における合意に基づいて締結し、又は変更すべきものとする。
2　労働契約は、労働者及び使用者が、就業の実態に応じて、均衡を考慮しつつ締結し、又は変更すべきものとする。
3　労働契約は、労働者及び使用者が仕事と生活の調和にも配慮しつつ締結し、又は変更すべきものとする。
4　労働者及び使用者は、労働契約を遵守するとともに、信義に従い誠実に、権利を行使し、及び義務を履行しなければならない。
5　労働者及び使用者は、労働契約に基づく権利の行使に当たっては、それを濫用することがあってはならない。

(労働契約の内容の理解の促進)
第4条 使用者は、労働者に提示する労働条件及び労働契約の内容について、労働者の理解を深めるようにするものとする。
2　労働者及び使用者は、労働契約の内容(期間の定めのある労働契約に関する事項を含む。)について、できる限り書面により確認するものとする。

(労働者の安全への配慮)
第5条 使用者は、労働契約に伴い、労働者がその生命、身体等の安全を確保しつつ労働することができるよう、必要な配慮をするものとする。

労働契約法 3 労働契約の成立

6条～7条

労働者が働き、使用者は賃金を払うという合意で決まる

> 合意した内容が曖昧だったり、誤解があったりすると後日紛争となりやすいので書面にするのがよい。

労働契約は書面で…

1 労働契約の成立とは

労働契約法6条は、「労働契約は、労働者が使用者に使用されて労働し、使用者がこれに対して賃金を支払うことについて、労働者及び使用者が合意することによって成立する。」と規定しています。

この合意は必ずしも書面によることはなく、口頭の合意でも労働契約は成立します。ただ、口頭の合意や暗黙の合意では内容が曖昧だったり齟齬があり争いとなるおそれがあるので、労働契約法4条では、できる限り書面により確認するものとすることと規定して、書面を作ることを奨励しています。この点は非常に大事で、労働条件の合意内容の曖昧さがトラブルの原因だからです。なお、労働基準法15条1項は労働条件の明示（文書の交付）について規定しています。

2 労働契約の成立の要件

労働契約法6条は、上記の労働契約の成立についての基本原則である「合意の原則」を確認したもので、この合意が契約成立の要素であることを定めています。ただし、労働契約において、労働条件を詳細に定めていなかった場合でも、契約そのものは成立します。

なお、民法623条の「雇用」は、労働契約に該当するものです。

3 労働契約と就業規則の関係

労働契約においては、個別に締結される労働契約では詳細な労働条件は定められず、就業規則によって統一的に労働条件を定めることが多く行われていますが、就業規則で定める労働条件と個別の労働者の労働契約の内容である労働条件との法的関係については法令上必ずしも明確ではなく争いとなった例が多くあります。そこで労働契約法7条において、労働契約の成立場面における就業規則と労働契約との法的関係について定めています。

同法7条は、労働契約において労働条件を詳細に定めずに労働者が就職した場合、「合理的な労働条件が定められている就業規則である」、「就業規則を労働者に周知させていた」という要件を満たしている場合、就業規則で定める労働条件が労働契約の内容を補充し、「労働契約の内容は、その就業規則で定める労働条件による」という法的効果が生じることを規定したものです。したがって、就業規則において合理的な労働条件を定めた部分については法的効果が生じ、合理的でない労働条件を定めた部分については法的効果が生じません。

つまり、同法7条は、就業規則により労働契約の内容を補充することを規定したものであり、法的効果が生じるのは労働契約において詳細に定められていない部分であり、「就業規則の内容と異なる労働条件」を合意していた部分については、同条ただし書により、合意の内容が就業規則で定める基準に達しない場合を除き、その合意が優先することになります。

なお、就業規則の詳細については172ページ以下を参照してください。

労働契約成立のしくみ

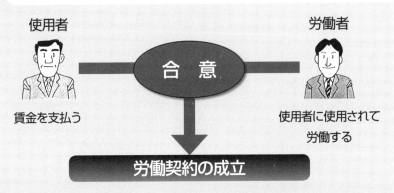

要旨 労働者が使用者に使用されて労働し、使用者が賃金を支払うことに合意することによって成立する。

▶ 就業規則との関係
- 使用者が合理的な労働条件を就業規則で定めて労働者に周知させていた場合⇒就業規則の労働条件による
- 就業規則と異なる労働条件で合意した場合
  ⇒合意内容の労働条件による。ただし、就業規則で定める労働条件に達しない場合は、その部分は無効となり、就業規則の労働条件による(12条)

【判例】労働契約と就業規則の関係(秋北バス事件・最高裁昭和43年12月25日大法廷判決)
「元来、労働条件は、労働者と使用者が、対等の立場において決定すべきものである」(労働基準法2条1項)が、多数の労働者を使用する近代企業においては、労働条件は、経営上の要請に基づき、統一的かつ画一的に決定され、労働者は、経営主体が定める契約内容の定型に従って、附従的に契約を締結せざるを得ない立場に立たされるのが実情であり、この労働条件を定型的に定めた就業規則は、一種の社会的規範としての性質を有するだけでなく、それが合理的な労働条件を定めているものであるかぎり、経営主体と労働者との間の労働条件は、その就業規則によるという事実たる慣習が成立しているものとして、その法的規範性が認められるに至っている(民法92条参照)ものということができる。」として、就業規則による労働契約の成立を認めている。

労働契約法の条文

第2章 労働契約の成立及び変更

(労働契約の成立)
第6条 労働契約は、労働者が使用者に使用されて労働し、使用者がこれに対して賃金を支払うことについて、労働者及び使用者が合意することによって成立する。
第7条 労働者及び使用者が労働契約を締結する場合において、使用者が合理的な労働条件が定められている就業規則を労働者に周知させていた場合には、労働契約の内容は、その就業規則で定める労働条件によるものとする。ただし、労働契約において、労働者及び使用者が就業規則の内容と異なる労働条件を合意していた部分については、第12条に該当する場合を除き、この限りでない。

◆労働契約書のサンプル

※労働契約書は労使間の就職合意書。労働条件は就業規則による場合、別途文書を交付して行う場合があります。

労働契約書

○○○株式会社（以下、甲という）と○○○（以下、乙という）は次のとおり、労働契約を締結する。

1. 甲は乙を令和○年○○月○○日付で甲の従業員として採用する。ただし、2カ月間は試用期間とする。
2. 甲は乙の勤務場所、職務を次のように定める。ただし、業務都合等により、甲は乙に変更を命ずることができる。
   勤務場所
   業務内容
3. 乙の賃金を次のように定める。
   月額給与　　基本給　　○○○円
   　　　　　　職務給　　○○○円
   　　　　　　通勤手当　○○○円
   給与締切日　当月○日
   給与支払日　翌月○日
4. 乙の勤務時間および休日を次のように定める。
   勤務時間　始業　午前○時○○分～終業　午後○時○○分
   　　　　　（休憩時間　午後○時～午後○時）
   休日　毎週○曜日とする。
   休暇　（ア）年次有給休暇
   　　　　6カ月継続勤務した場合　→　○日
   　　　継続勤務6カ月以内の年次有給休暇（有・無）
   　　　（イ）その他の休暇
   　　　　有給（　　　　）　無給（　　　　　）
   時間外および休日勤務
   　　　業務の都合上やむを得ない場合は、労働基準法第36条に定めるところに従い時間外および休日勤務をさせることがある。
5. 乙が次のいずれかに該当するときは、退職とする。
   （ア）退職を願い出て会社から承認されたとき、または退職願を提出して14日を経過したとき

(イ)定年に達したとき(満60歳を定年とする)
(ウ)就業規則第○条に定める休職期間が満了し、なお休職事由が消滅しないとき
(エ)就業規則第○条に定める解雇事由に該当したとき
(オ)死亡したとき
6. 乙は甲の定める就業規則その他の諸規定を遵守し、誠実にその職務を遂行する。就業規則が改廃された場合には、甲乙ともにこれに従う。

　本契約の成立を証するため本書2通を作成し、署名捺印のうえ甲乙各1通を保持する。

　令和○年○○月○○日

　　　　　　　　　　　　甲　(住所)
　　　　　　　　　　　　　　(会社名)
　　　　　　　　　　　　　　　代表取締役　　　　　　　㊞

　　　　　　　　　　　　乙　(住所)
　　　　　　　　　　　　　　(氏名)　　　　　　　　　　㊞

労働契約法 4
労働契約の内容の変更

8条～11条

労働契約の内容を変更するには労働者と使用者の合意が必要

就業規則を変えるって…

▶ 合意が必要だが、合理的理由があれば就業規則の変更で労働条件の不利益変更もできる。

1 労働契約内容の変更とは

労働契約法8条1項は、「労働者及び使用者は、その合意により、労働契約の内容である労働条件を変更することができる。」として、合意により労働条件の内容を変更を認めています（合意の内容が就業規則で定める基準に達しない場合を除く）。「合意の原則」は内容の変更の場面でも適用されます。

問題なのは、合意によることなく労働条件の変更ができるか、という点です。

使用者にとっては、経営環境の変化や人事政策などに基づいて、できるだけ効率よく労働者を配置できるように、労働者の意向にとらわれずに労働条件の変更したい考えるのは理解できます。しかし、労働条件を使用者の一存で変更されては、労働者の立場が弱くなることも否定できません。

そこで、就業規則による労働契約内容の変更を認める規定を設け、一定の歯止めをかけています（次項解説）。

ただし、変更した労働契約の内容を書面で交付することまでは求めていません。

2 就業規則による労働契約の内容の変更

裁判例は、従来、使用者が就業規則を変更するという方法で労働条件を変更する余地を認め、一方で、不利益な内容に変更する場合、変更に「合理性」がある場合に限るという歯止めをかけていました。

労働契約法10条は、これを明文化し、「就業規則の変更が、労働者の受ける不利益の程度、労働条件の変更の必要性、変更後の就業規則の内容の相当性、労働組合等との交渉の状況その他の就業規則の変更に係る事情に照らして合理的なもの」という基準を満たした場合に限り、就業規則による労働条件の不利益変更を認めています。

ただし、労働契約で、就業規則の変更によって契約内容を変更できないとする合意があれば別です。

以上のことなどから、事業場に就業規則がある場合、労働者の労働条件は、次のようになります。

①労働者と使用者の合意により、労働者の労働条件は変更できる。

②就業規則の変更により労働条件を変更する場合、原則として労働者の不利益になる変更することはできない。

③しかし、使用者が「変更後の就業規則を労働者に周知させた」ことに加え、「就業規則の変更が合理的なものである」という要件を満たす場合、就業規則に定める変更後の労働条件によることとなります。

なお、上記の「合理的なもの」については、多くの裁判例があり、第四銀行事件最高裁判決（平成9年2月28日）では7つの考慮要素が列挙されています。

3 就業規則の変更手続

就業規則は、労働基準法の規定に基づいて手順を踏んで作成あるいは変更され、なおかつ労働者に周知されていなければなりません（労働契約法10条、11条）。

なお、就業規則の変更手続等については、別項（184・185㌻）を参照してください。

労働契約変更のしくみ

要旨 労働契約は労働者と使用者の合意、あるいは就業規則の変更によりできるが、一定の制約がある。

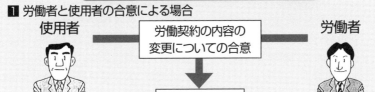

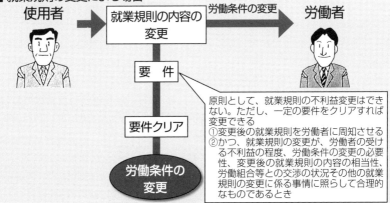

※ただし、労働契約において、就業規則の変更によっては変更されない労働条件として合意していた部分については、就業規則違反の労働条件（12条）に該当する場合を除き、変更できない。

労働契約法の条文

（労働契約の内容の変更）
- **第8条** 労働者及び使用者は、その合意により、労働契約の内容である労働条件を変更することができる。
- **（就業規則による労働契約の内容の変更）**
- **第9条** 使用者は、労働者と合意することなく、就業規則を変更することにより、労働者の不利益に労働契約の内容である労働条件を変更することはできない。ただし、次条の場合は、この限りでない。
- **第10条** 使用者が就業規則の変更により労働条件を変更する場合において、変更後の就業規則を労働者に周知させ、かつ、就業規則の変更が、労働者の受ける不利益の程度、労働条件の変更の必要性、変更後の就業規則の内容の相当性、労働組合等との交渉の状況その他の就業規則の変更に係る事情に照らして合理的なものであるときは、労働契約の内容である労働条件は、当該変更後の就業規則に定めるところによるものとする。ただし、労働契約において、労働者及び使用者が就業規則の変更によっては変更されない労働条件として合意していた部分については、第12条に該当する場合を除き、この限りでない。

（就業規則の変更に係る手続）
- **第11条** 就業規則の変更の手続に関しては、労働基準法（昭和22年法律第49号）第89条及び第90条の定めるところによる。

労働契約法 5　就業規則違反の労働契約等

12条〜13条

就業規則に違反する労働契約は違反の部分は就業規則が適用される

違反だとどうなるか？

▶ 法令に違反する就業規則は違反する部分は無効となり、労働協約は就業規則に優先する。

1 就業規則違反の労働契約

就業規則は、労働条件を統一的に設定するものです。労働契約法7条、10条、12条は、一定の場合には労働契約の内容を就業規則で定めると規定しています。

この就業規則について、同法12条は、①「就業規則を下回る労働契約」は、②「その下回る部分につき無効」とし、③「その部分については就業規則で定める基準まで引き上げられる」と規定しています。

なお、上記でいう「就業規則を下回る労働契約」とは、例えば、就業規則に定められた賃金より低い賃金等が労働契約で定められている場合などです。もっとも就業規則で定める基準以上の労働条件を定める労働契約は有効です。

また、「その下回る部分につき無効」とは、就業規則で定める基準に達しない部分のみを無効とする意味であり、労働契約のその他の部分は有効です。

さらに、同法にいう「その部分につき、就業規則で定める基準まで引き上げられる」とは、労働契約の無効となった部分については、就業規則の規定に従い、労働者と使用者との間の労働条件等の権利義務関係が定まるということです。

2 法令に反する就業規則

労働契約法13条は、就業規則で定める労働条件が法令に反してはならないことを定めています。就業規則が法令に反している場合は、反している部分については労働契約としての適用はありません。

なお、同条に規定する「法令」とは、労働基準法以外の法令も含み、強行法規としての性質を有する法律・政令・省令をいい、罰則のある法令であるか否かは問いません。

3 労働協約に反する就業規則

労働協約に反する就業規則についても、法令に反する就業規則と同様、反する部分について適用がありません。労働組合と使用者との間の合意により締結された労働協約は使用者が作成する就業規則よりも優位に立つ（労働協約優先）ことは、法理上、当然のことであり、就業規則は労働協約に反してはならないのです。

ちなみに同条に規定する「労働協約」とは、労働組合と使用者またはその団体との間で労働条件その他について合意し、書面を作成し、両当事者が署名または記名押印したものをいいます。

また、「労働協約に反する就業規則」とは、就業規則の内容が労働協約において定められた「労働条件」、「その他の労働者の待遇に関する基準」に反する場合をいいます。

なお、事業場の一部の労働者のみが労働組合に加入していて、労働協約の適用が事業場の一部の労働者に限られている場合には、労働協約の適用を受ける労働者のみに、この13条が適用されます。

就業規則違反の労働契約の効力 のしくみ

労働契約で就業規則に達しない労働条件を労働契約を定めた場合、達しない部分は無効となり、その部分は就業規則の基準による。

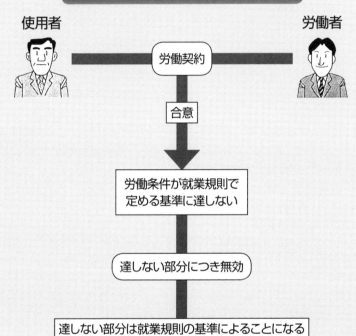

【判例】就業規則違反の労働契約（秋北バス事件・最高裁昭和43年12月25日大法廷判決）
「(略)このように、就業規則の合理性を保障するための措置を講じておればこそ、同法は、さらに進んで、『就業規則で定める基準に達しない労働条件を定める労働契約は、その部分については無効とする。この場合において無効となった部分は、就業規則で定める基準による。』ことを明らかにし(労働基準法93条)就業規則のいわゆる直律的効力まで背認しているのである。」として、就業規則違反の労働契約は無効とし、無効部分は就業規則の労働条件によるとしている。

労働契約法の条文
（就業規則違反の労働契約）
第12条 就業規則で定める基準に達しない労働条件を定める労働契約は、その部分については、無効とする。この場合において、無効となった部分は、就業規則で定める基準による。
（法令及び労働協約と就業規則との関係）
第13条 就業規則が法令又は労働協約に反する場合には、当該反する部分については、第7条、第10条及び前条の規定は、当該法令又は労働協約の適用を受ける労働者との間の労働契約については、適用しない。

労働契約法 6　労働契約の継続と終了
14条～16条

権利の濫用と認められる場合は無効となる

出向・懲戒・解雇は権利の濫用と認められる場合には無効となり、労働契約は従来のまま継続される。

無効にするにはどうするの？

1 労働契約の継続・終了

労働契約法第3章「労働契約の継続及び終了」（14～16条）では、個別労働紛争で多い「出向」「懲戒」「解雇」についての定めています。（期間の定めのある労働契約の場合については次項参照）

2 出向命令の有効性

使用者が業務上の必要性から、自社の労働者を第三者の下で就業させることがあります。「出向在籍」はその一つで、労働者が在籍したまま出向先で働くことで、広く行われています（「転籍」は労働契約が終わることになり出向とは異なる）。

労働契約法は14条は、「使用者が労働者に出向を命ずることができる場合において、当該出向の命令が、その必要性、対象労働者の選定に係る事情その他の事情に照らして、その権利を濫用したものと認められる場合には、当該命令は、無効とする。」と規定しています。

つまり、労働契約や就業規則の中で出向の可能性が示されていて、なおかつ在籍出向であるなど、一定の条件を満たした場合に限られ、これ以外の出向命令は権利濫用となり、出向命令は無効となります。

3 懲戒処分の有効性

使用者が労働者を懲戒処分にする場合ついても、労働契約法に規定があります。

労働契約法15条は、「使用者が労働者を懲戒することができる場合」において、当該懲戒が、当該懲戒に係る労働者の行為の性質及び態様その他の事情に照らして、客観的に合理的な理由を欠き、社会通念上相当であると認められない場合は、その権利を濫用したものとして、当該懲戒は、無効とする。」と規定しました。これも、就業規則で懲戒処分について規定がある場合でも、具体的な事例の中で懲戒の対象となった労働者の行為などに照らして「客観的に合理的な理由を欠き、社会通念上相当であると認められない場合」には、懲戒処分は無効になります。

懲戒処分の規定は、就業規則を定める際の大きなポイントの一つであり、業種・職種に応じた内容を定めることや、「段階的処分」（まず軽い懲戒を科し、効果がない場合に重い懲戒を科す、という方法）を意識することなど、注意点がたくさんあります。これについては180ページ・187ページも参照してください。

3 解雇の有効性

解雇は、使用者による労働契約の解除であり、実務上「普通解雇」と「懲戒解雇」に分かれますが、使用者の一方的な意思表示に労働契約を終了させてしまう行為です。

労働契約法16条は、「解雇は、客観的に合理的な理由を欠き、社会通念上相当であると認められない場合は、その権利を濫用したものとして、無効とする。」と規定しています。これは、労働基準法（旧18条の2）にあった規定で、労働契約法16条に引き継がれたものです。

解説については、第2部60ページ・62ページも参照してください。

出向・懲戒・解雇のしくみ

要旨 「出向命令」「懲戒」「解雇」は権利を濫用したと認められる場合には無効となる。

1 出向

使用者 → 出向を命じることができる場合 → 出向命令 → 労働者

・出向のその必要性
・対象労働者の選定に係る事情その他の事情を考慮
⇩
権利を濫用したものと認められる場合
⇨権利の濫用としては無効
⇩
出向を拒否できる

2 懲戒

使用者 → 懲戒をすることができる場合 → 懲戒処分 → 労働者

・当該懲戒に係る労働者の行為の性質および態様その他の事情を考慮
⇩
客観的に合理的な理由を欠き、社会通念上相当であると認められない場合⇨権利の濫用として無効

3 解雇

使用者 → 解雇の通告 → 労働者

⇩
客観的に合理的な理由を欠き、社会通念上相当であると認められない場合⇨権利の濫用として無効

※具体的にはどのようなケースで権利の濫用になるかは、裁判例などで確認できる。

労働契約法の条文

第3章　労働契約の継続及び終了

（出向）
第14条　使用者が労働者に出向を命ずることができる場合において、当該出向の命令が、その必要性、対象労働者の選定に係る事情その他の事情に照らして、その権利を濫用したものと認められる場合には、当該命令は、無効とする。

（懲戒）
第15条　使用者が労働者を懲戒することができる場合において、当該懲戒が、当該懲戒に係る労働者の行為の性質及び態様その他の事情に照らして、客観的に合理的な理由を欠き、社会通念上相当であると認められない場合は、その権利を濫用したものとして、当該懲戒は、無効とする。

（解雇）
第16条　解雇は、客観的に合理的な理由を欠き、社会通念上相当であると認められない場合は、その権利を濫用したものとして、無効とする。

労働契約法 7 （17条～18条）

契約期間中の解雇は、原則できない
有期労働契約者の解雇制限と無期契約への転換

えっ！定年まで働けるって…

▶ 期間の定めのある労働契約を有期労働契約（本項ではこれで統一）といい、一般社員への転換などが新設された。

1 有期労働契約の問題点

一定期間働く労働契約を「期間をの定めのある労働契約」（以下「有期労働契約」という）をいい、パート労働、派遣労働を始め、いわゆる正社員以外の多くの労働者にみられる労働形態です。しかし、この有期労働契約では、雇止めや雇用期間中の解雇など不安や不合理な労働条件への不満などを抱えている人も多くいます。こうしたことから労働契約法は、有期労働契約の適正な利用のためのルールを定めています。

2 契約期間中の解雇等

労働契約法17条1項は、使用者は、「やむを得ない事由がある場合でなければ、契約期間中は有期契約労働者を解雇することができない」と規定しています。「やむを得ない事由」があるかないかは、個別具体的な事案に応じての判断となりますが、契約期間は労働者と使用者が合意により決定したもので遵守すべきことから、「やむを得ない事由」は解雇権濫用法理における「客観的に合理的な理由を欠き、社会通念上相当であると認められない場合」以外の場合よりも狭いと解されています。つまり、解雇できる場合がより狭くなるということです。

また、同条2項は、契約期間の設定について、労働者を使用する目的に応じて適切にし、必要以上に短い期間を定めてその有期労働契約を反復継続することがないよう配慮を求めています。

3 有期労働契約から無期労働契約へ転換

労働契約法18条は、有期労働契約が5年を超えて反復更新された場合は、有期契約労働者の申込みにより期間の定めのない労働契約（以下「無期労働契約」）に転換させる仕組み（無期転換ルール」）を設けました（平成25年4月1日施行）。申込みにより使用者は承諾したものとみなされます。

無期転換の申込みができる「契約期間の計算方法」は以下のとおりです。

①平成25年4月1日以後に開始する有期労働契約が対象

②契約期間が1年の場合は5回目の更新以降に転換の申込み、契約期間が3年の場合は2回目の更新途中の3年を超えたとき以降に転換の申込み

③カウントの対象となる労働期間が1年以上の場合で契約がない期間がある場合
（1）契約の更新において、契約のない期間が6カ月以上あるときは、その前の期間は含まれまない（その後の新たな期間が5年を超える必要がある）
（2）契約のない期間か6カ月未満は契約期間の前後を通算できる。

④カウントの対象となる労働期間が1年未満の場合で契約のない期間がある場合は、カウントの対象となる有期労働契約の区分に応じて、契約がない期間が一定期間以上の場合は契約期間の通算がリセット（再スタート）されます。この期間は、厚生労働省令で定めています。

期間の定めのない契約への転換 のしくみ

要旨 更新等により有期労働契約が通算で5年を超える場合は、期間の定めのない契約（無期労働契約）への転換の申込みができる。

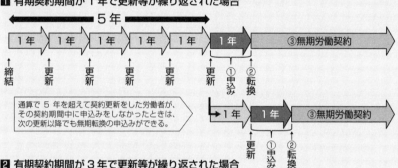

【転換の例】

1 有期契約期間が1年で更新等が繰り返された場合

通算で5年を超えて契約更新をした労働者が、その契約期間中に申込みをしなかったときは、次の更新以降でも無期転換の申込みができる。

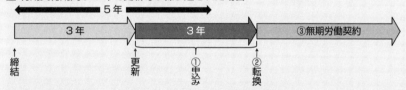

2 有期契約期間が3年で更新等が繰り返された場合

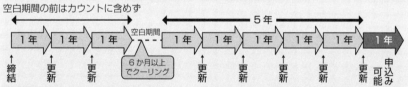

3 更新の間に契約がない期間（空白期間）が6カ月以上あるとき

空白期間の前はカウントに含めず

※前の有期労働契約と次の有期労働契約との間に契約がない期間が6カ月以上ある場合は、その空白期間より前の労働契約は通算契約期間に含まれない（クーリング）。ただし、6カ月未満の場合は前後を通算できる。また、契約期間が1年未満の場合については、契約がない期間が一定期間以上（契約期間に応じて厚生労働省令で定める）に達すると、通算契約期間のカウントは再スタートとなる。

労働契約法の条文

第4章　期間の定めのある労働契約

(契約期間中の解雇等)
第17条　使用者は、期間の定めのある労働契約（以下この章において「有期労働契約」という。）について、やむを得ない事由がある場合でなければ、その契約期間が満了するまでの間において、労働者を解雇することができない。
2　使用者は、有期労働契約について、その有期労働契約により労働者を使用する目的に照らして、必要以上に短い期間を定めることにより、その有期労働契約を反復して更新することのないよう配慮しなければならない。
(有期労働契約の期間の定めのない労働契約への転換)⇨略

労働契約法 8

19条～旧20条

有期労働契約の更新と不合理な労働条件の禁止

一定の要件に該当する労働者からの更新の申込みを使用者は拒否できない

▶ 期間の定めのある労働契約では、更新の拒絶に制限があり、不合理な労働条件は禁止されている。

正社員よりも働いているかも！

1 有期労働契約の更新等

有期労働契約は契約期間の満了によって終了する契約ですが、契約が反復更新された後に雇止めされることによる紛争や、正社員と比較して不合理な労働条件であるなどの紛争がみられます。こうしたことから、労働契約法の改正が行われ、「雇止めの法理」の法定化（19条）、不合理な労働条件の禁止（20条）などが新設され、19条は平成24年8月10日、20条は働き方改革法により削除され、パートタイム労働法にその内容が移管されました。

2 「雇止めの法理」の法定化

労働契約法19条は、最高裁判所判決において確立している雇止めに関する判例法理（いわゆる雇止め法理）により規定を設けています。すなわち、下記の①②場合、使用者が雇止めをすることが、客観的に合理的な理由を欠き、社会通念上相当であると認められないときは、雇止めは認められず、使用者は、従前の有期労働契約と同一の労働条件で労働者による有期労働契約の更新または締結の申込みを承諾したものとみなされ、有期労働契約が同一の労働条件で成立するとしています。

①有期労働契約が反復して更新されたことにより、雇止めをすることが解雇と社会通念上同視できると認められる場合（1号）

②労働者が有期労働契約の契約期間の満了時にその有期労働契約が更新されるものと期待することについて合理的な理由が認められる場合（2号）

3 不合理な労働条件の禁止（参考）

労働契約法20条は、有期契約労働者の労働条件と無期契約労働者の労働条件が相違する場合において、期間の定めがあることによる不合理な労働条件を禁止しています。しかし、有期契約労働者と無期契約労働者（いわゆる正社員）との間で労働条件の相違があれば直ちに不合理とされるものではなく、「業務の内容および当該業務に伴う責任の程度」「当該職務の内容および配置の変更の範囲」「その他の事情」を考慮して「有期労働契約者であること」を理由とした不合理な労働条件の相違と認められれば禁止規定違反となるのです。

上記の「労働条件」には、賃金や労働時間等の狭義の労働条件のみならず、労働契約の内容となっている災害補償、服務規律、教育訓練、付随義務、福利厚生等労働者に対する一切の待遇を含みます。とりわけ、通勤手当、食堂の利用、安全管理などについての労働条件の相違は、特段の理由がない限り合理的とは認められません。

この不合理な労働条件の禁止の規定は、民事的効力のある規定です。これにより不合理とされた労働条件の定めは無効となり、故意・過失による権利侵害（不法行為）として損害賠償が認めらると解されています。また、同規定により、無効とされた労働条件については、無効な契約であり、無期契約労働者と同じ労働条件が認められると思われます。

有期労働契約の更新と終了 のしくみ

更新の申込みに対して、使用者の更新拒絶が客観的に合理的理由を欠き、社会通念上相当と認められないときは承諾したとみなされる。

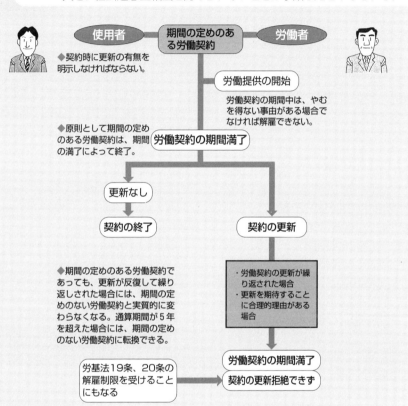

労働契約法の条文

(有期労働契約の更新等)
第19条 有期労働契約であって次の各号のいずれかに該当するものの契約期間が満了する日までの間に労働者が当該有期労働契約の更新の申込みをした場合又は当該契約期間の満了後遅滞なく有期労働契約の締結の申込みをした場合であって、使用者が当該申込みを拒絶することが、客観的に合理的な理由を欠き、社会通念上相当であると認められないときは、使用者は、従前の有期労働契約の内容である労働条件と同一の労働条件で当該申込みを承諾したものとみなす。
一 当該有期労働契約が過去に反復して更新されたことがあるものであって、その契約期間の満了時に当該有期労働契約を更新しないことにより当該有期労働契約を終了させることが、期間の定めのない労働契約を締結している労働者に解雇の意思表示をすることにより当該期間の定めのない労働契約を終了させることと社会通念上同視できると認められること。
二 当該労働者において当該有期労働契約の契約期間の満了時に当該有期労働契約が更新されるものと期待することについて合理的な理由があるものであると認められること。
(期間の定めがあることによる不合理な労働条件の禁止)⇒働き方改革法により削除
第20条⇒パートタイム労働法(改正後名称:短時間労働者及び有期雇用労働者の雇用管理の改善等に関する法律)8条にその内容が移管・集約された。

労働契約法

9

20条～21条

労働契約法は船員や公務員については適用除外となっている

労働契約法の適用除外

▶ 労働契約法には雑則（適用除外）はあるが、罰則についての規定はない。

僕、関係ない公務員だもん！

1 船員についての一部の適用除外等

労働契約法21条1項は、同法の12条（就業規則違反の労働契約）については、船員法に同趣旨の規定が定められていることから、船員に関しては適用しないしています。

また、船員法における雇入契約は、有期契約が原則で、雇入契約の解除事由は、船員法に具体的な規定が定められており、4章（期間の定めのある労働契約）については、船員には適用されません。

2 公務員等の適用除外

①公務員の適用除外

労働契約法は、労働者と使用者との間で成立する労働契約についての一般的ルールを定めるもので、国家公務員および地方公務員は、こうした労働契約でないことから、適用除外としています。

②同居の親族のみ使用する場合の適用除外

同居の親族については経済的関係を中心とする結びつきが強く、一般の労働者、使用者と同様の扱いをすることは適当でないことから、同居の親族（6親等内の血族、配偶者および3親等内の姻族）のみを使用する場合の労働契約については、労働契約法を適用しないことになっています。なお、「同居」とは、世帯を同じくして常時生活を共にしていることをいいます。

◆労働契約法と労働基準法の違い

労働契約法と労働基準の大きな違いは、労働契約法には罰則がありませんが、労働基準法には罰則があるという点です。これは、労働契約法が労働者と使用者間の一般的労働契約についてのルールを定め紛争の予防を目的としているのに対して、労働基準法は労働条件の最低限度を定めてこれを使用者に守らせることを目的としているからです。したがって、労働契約法に反しても罰金もありませんし、労働基準監督署の処分もありません。ただし、違反行為は無効となり、民事上の損害賠償などの問題が発生します。話し合いがつかなければ裁判所の判断となります。また、同種の規定が労働基準法にあり処罰や行政指導の対象となることもあります。

労働契約法の条文

第5章　雑則

（船員に関する特例）
第20条　第12条及び前章の規定は、船員法（昭和22年法律第100号）の適用を受ける船員（次項において「船員」という。）に関しては、適用しない。
2　船員に関しては、第7条中「第12条」とあるのは「船員法（昭和22年法律第100号）第100条」と、第10条中「第12条」とあるのは「船員法第100条」と、第11条中「労働基準法（昭和22年法律第49号）第89条及び第90条」とあるのは「船員法第97条及び第9898条」と、第13条中「前条」とあるのは「船員法第100条」とする。

（適用除外）
第21条　この法律は、国家公務員及び地方公務員については、適用しない。
2　この法律は、使用者が同居の親族のみを使用する場合の労働契約については、適用しない。

第2部
労働基準法

全121条

労働基準法のしくみ

第1章 総則	第2章 労働契約	第3章 賃金
第4章 労働時間、休憩、休日及び年次有給休暇	第5章 安全及び衛生 / 第6章 年少者 / 第6章の2 妊産婦等	第7章 技能者の養成
第8章 災害補償 / 第9章 就業規則	第10章 寄宿舎 / 第11章 監督機関	第12章 雑則 / 第13章 罰則

◆労働基準法は、日本国憲法27条の「賃金、就業時間、休息その他の勤労条件に関する基準は、法律でこれを定める」（2項）という規定などを受けて、昭和22年に制定された法律です。

労働基準法 早わかり

労働基準法は、労働者の労働条件の

労働基準法のしくみ

第1章 総則（1条〜12条）
労働条件の原則、労働条件の決定、均等待遇、男女同一賃金の原則、強制労働の禁止、中間搾取の排除、公民権行使の保障、定義

第3章 賃金（24条〜31条）
賃金の支払、非常時払、休業手当、出来高払制の保障給、最低賃金（最低賃金については「最低賃金法」で定める）

第5章 安全及び衛生（42条〜55条）
労働の安全及び衛生に関しては、「労働安全衛生法」の定めるところによる
43条〜55条まで削除

第6章の2 妊産婦等（64条の2〜68条）
抗内業務の就業制限、危険有害業務の就業制限、産前産後、育児時間、生理日の就業が著しく困難な女性に対する措置

第2章 労働契約（13条〜23条）
この法律違反の契約、契約期間等、労働条件の明示、賠償予定の禁止、前借金相殺の禁止、強制貯金、解雇制限、解雇の予告、退職時等の証明、金品の返還
旧18条の2の解雇の規定は労働契約法16条へ

第4章 労働時間、休憩、休日及び年次有給休暇（32条〜41条）
労働時間、災害等による臨時の必要がある場合の時間外労働等、休憩、休日、時間外及び休日の労働、時間外・休日及び深夜の割増賃金、時間計算、年次有給休暇、労働時間及び休憩の特例、労働時間等に関する規定の適用除外

第6章 年少者（56条〜64条）
最低年齢、年少者の証明書、未成年者の労働契約、労働時間及び休日、深夜業、危険有害業務の就業制限、抗内労働の禁止、帰郷旅費

第7章 技能者の養成（69条〜74条）
徒弟の弊害排除、職業訓練に関する特例
74条削除

最低基準を定めている

※労働に関する諸条件を規定。労働者を守る全121条（附則除く）

第8章 災害補償
75条〜88条

療養補償、休業補償、障害補償、休業補償及び障害補償の例外、遺族補償、葬祭料、打切補償、分割補償、補償を受ける権利、他の法律との関係、審査及び仲裁、請負事業に関する例外、補償に関する細目

第10章 寄宿舎
94条〜96条の3

寄宿生活の自治、寄宿生活の秩序、寄宿舎の設備及び安全衛生、監督上の行政措置

第12章 雑則
105条の2〜116条

国の援助義務、法令等の周知義務、労働者名簿、賃金台帳、記録の保存、無料証明、国及び公共団体についての適用、命令の制定、付加金の支払、時効、経過措置、適用除外

附則 別表
122条〜137条

施行日、経過措置、別表、検討などについての規定

第9章 就業規則
89条〜93条

作成及び届出の義務、作成の手続、制裁規定の制限、法令及び労働協約との関係、労働契約との関係

第11章 監督機関
97条〜105条

監督機関の職員等、労働基準主管局長等の権限、女性主管局長の権限、労働基準監督官の権限、監督機関に対する申告、報告等、労働基準監督官の義務

第13章 罰則
117条〜121条

本法違反の懲役・罰金についての規定

■労働基準法は、労働法の中核をなす法律で、戦後の昭和22年に制定された。
労働組合法、労働関係調整法とともに労働3法（労働契約法を入れて労働4法）と呼ばれる。
■労働基準法は労働条件の最低基準等を定めた法律で、労働者保護の観点から使用者を取り締まることを主目的としている。

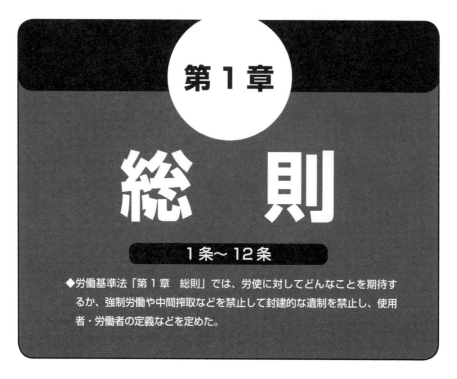

第1章 総則（1条〜12条）

◆労働基準法「第1章 総則」では、労使に対してどんなことを期待するか、強制労働や中間搾取などを禁止して封建的な遺制を禁止し、使用者・労働者の定義などを定めた。

■「第1章 総則」の内容

労働基準法の「第1章 総則」では、労働基準法全体に関係する事項について規定を置いています。この章では、以下の3つについて定めています。

①労働に関するマグナカルタ（憲章）の宣言

労働基準法の「第1章 総則」では、まず、労働条件が人たるに値する生活をすることができるものであることを宣言し、その最低基準を定め、その内容は労使が対等な立場で決定すべきもので、その決定に当たっては、仕事や力量を中心に考慮すべきで、国籍、信条、社会的身分、女性であることを考慮すべきでないことを規定しています。

②封建的遺制の排除

強制労働や中間搾取を禁止し、選挙権などの公民としての権利や公の職務を果たすことができるような措置の規定が置かれています。

③労働基準法の適用範囲等

労働基準法が適用される労働者、使用者の範囲を明確にし、さらに労働基準法で使用している賃金、平均賃金について内容を明らかにしています。

■労働基準法の目指すもの

前記のように、「第1章 総則」では、労働基準法制定の趣旨を明確にし、過去の過酷な労働の反省から一定の事項を禁止し、また、労働基準法全体に関する用語の定義等を行い、労働基準法全体に関する労働者保護の立場を鮮明にしています。

具体的には、労働条件等の最低基準を定めることにより、この基準に違反した使用者を取締り、労働者を保護しようというものです。

◎労働基準法「第1章　総則」の条文の構成

労働基準法 第1章 総則

◎第1章　総則　　　　　　　　（第1条～第12条）

- 第1条…………労働条件の原則
- 第2条…………労働条件の決定
- 第3条…………均等待遇
- 第4条…………男女同一賃金の原則
- 第5条…………強制労働の禁止
- 第6条…………中間搾取の排除
- 第7条…………公民権行使の保障
- 第8条…………削除
- 第9条…………定義（⇒「労働者」）
- 第10条…………定義（⇒「使用者」）
- 第11条…………定義（⇒「賃金」）
- 第12条…………定義（⇒「平均賃金」）

- **◎第2章　労働契約　　　　（第13条～第23条）**
- **◎第3章　賃金　　　　　　（第24条～第31条）**
- **◎第4章　労働時間、休憩、休日及び年次有給休暇（第32条～第41条の2）**
- **◎第5章　安全及び衛生　　（第42条～第55条）**
- **◎第6章　年少者　　　　　（第56条～第64条）**
- **◎第6章の2　妊産婦等　　（第64条の2～第68条）**
- **◎第7章　技能者の養成　　（第69条～第74条）**
- **◎第8章　災害補償　　　　（第75条～第88条）**
- **◎第9章　就業規則　　　　（第89条～第93条）**
- **◎第10章　寄宿舎　　　　（第94条～第96条の3）**
- **◎第11章　監督機関　　　（第97条～第105条）**
- **◎第12章　雑則　　　　　（第105条の2～第116条）**
- **◎第13章　罰則　　　　　（第117条～第121条）**

※公務員の一般職については労働基準法の適用がなく、国家公務員法などによります。

第1章 総則

1 労働条件の決め方と最低基準

労働基準法で定める労働条件は最低基準

1条～2条・労働契約法3条

▶ 労働条件については、労働者が人間らしい生活ができるための必要を充たさなければならないとしている。

労働条件には最低保障がある

1 労働条件とは

労働基準法1条は、労働条件についての基本的な考え方を規定しています。まず、1項では、「人たるに値する生活」という表現で、労働条件は最低でも労働者が人間らしい生活を営めるものでなければならないとしています。他方で、2項では、法律の規定はあくまで最低限のものなので、これを最低限まで切り下げる口実にしたり、労働条件を引き上げる努力を怠ってはいけないということを規定しています。

ここで労働条件とは、憲法27条に書かれている「賃金、就業時間、休息」をはじめとして、休日・年次有給休暇、安全衛生、災害補償など、労働基準法が規定しているすべての事項を含むものです。要するに、労働基準法の規定は、労働者が働く上での最低条件を定めたものなのです。

2 労働条件の決め方

実際に働く場合の具体的な労働条件は、労働基準法の規定を踏まえながら個々に決められることになりますが、労働基準法は、その際、労働者と使用者が対等の立場で決めなければならないと定めています（2条1項）。

これは本来当たり前のことで、わざわざ法律で規定するまでもないように思えますが、使用者と労働者の現実の力関係の強弱や、対等な契約関係という意識の薄い日本の伝統を考えると、当たり前のことでも法律に明記することは意味があると考えられたためです。

また、労働条件の内容は、労働者と使用者の間で定める別個の労働契約だけでなく、労働組合との協議で定める労働協約（労働組合法14条）や、使用者が労働者の意見を聞いて定める就業規則（労働基準法90条）で定められるものもありますが、そのいずれについても、労働者と使用者が対等の立場で定めるべきものであり、その故に、双方がこれを誠実にまもらなければならないとされています（2条2項）。これも当たり前のことであり、このように当たり前のことを繰り返し規定しているのが労働法の特徴の1つといえます。

なお、個別の労働契約と就業規則や労働協約との効力の優先順位について、詳しくは就業規則や労働協約についての項目で説明しますが、ここでは基本的な考え方を説明しておきます。労働協約は使用者と労働組合が合意して定めるものであるのに対し、就業規則は労働者代表の意見は聴きますが、使用者が一方的に定めるものですから、この両者の間では労働協約が優先します。そして、個別の労働契約の労働条件が、労働協約または就業規則の規定より下回っている場合には、労働協約または就業規則が優先し、その水準まで引き上げられることになります。

そして、平成20年に制定された労働契約法はこの原則を適用して、具体的な表現で規定しています（第1部、14㌻以下参照）。

労働条件の基準と決め方 のしくみ

 要旨 労働条件については、労働基準法に最低基準の規定があり、労働条件の内容は、労働協約、就業規則、労働契約で定められる。

憲法の規定と労働基準法・労働契約法

憲法

第27条2項（勤労条件の基準）
賃金、就業時間、休息その他の労働条件に関する基準は、法律でこれを定める。

〈労働条件〉
① 労働者が人たるに値する生活を営むに足りるもの
② 労働基準法で定める労働条件は最低のもの

〈労働条件の決定〉
① 労働者と使用者が対等な立場で決定
② 労働条件の向上を図るよう努めること

 クリア

労働協約、就業規則、労働契約

※労働基準法の規則に違反すると罰則がある

労働基準法・労働契約法の条文

（労働条件の原則）
第1条① 労働条件は、労働者が人たるに値する生活を営むための必要を充たすべきものでなければならない。
② この法律で定める労働条件の基準は最低のものであるから、労働関係の当事者は、この基準を理由として労働条件を低下させてはならないことはもとより、その向上を図るように努めなければならない。

（労働条件の決定）
第2条① 労働条件は、労働者と使用者が、対等の立場において決定すべきものである。
② 労働者及び使用者は、労働協約、就業規則及び労働契約を遵守し、誠実に各々その義務を履行しなければならない。

▶労働契約法第3条（労働契約の原則）⇒ 6㌻参照

第1章 総則

労働条件の均等待遇

2 労働条件の差別的取扱いの禁止

3条・119条

> 労働者の国籍、信条または社会的身分を理由として賃金、労働時間などの労働条件について差別的取扱いをすると処罰される。

差別にもいろいろある

1 差別的取扱いの禁止

労働基準法3条は、使用者が、労働者の「国籍、信条又は社会的身分」を理由として、「賃金、労働時間その他の労働条件」について「差別的取扱い」をすることを禁止しています。理由のない差別は労働者の人間性を否定することにもつながりますし、職場の雰囲気も悪くなって、結局、使用者にもはね返ってきますので、差別的取扱いが禁止されるのは当然です。

なお、女性であることを理由とする賃金の差別については、次の4条に特に規定がありますが、次の項で解説します。

2 禁止の範囲

問題は具体的にどのような場面で、どのような取扱いが禁止されるのか、ということです。

まず、差別についてですが、「信条」については単に宗教的な信条だけではなく政治的信条も含むと解するのが一般的です。それ故、政治的信条だけを理由に差別的取扱いをすることは許されません。また、「社会的身分」というのは、人の生来の身分を意味すると考えるのが一般的であり、「正社員」「パートタイマー」の区別はこれには当たらないと解されます。ですから、雇用形態の違いを理由にした取扱いの差異は一応、本条に抵触することはないと考えられます。

ただし「正社員」と「パート」が全く同じ仕事をしていて外見上区別ができないような場合は、それでも使用者との契約上の地位の違いだけであらゆる取扱いの差異が肯定されるかどうか、議論の余地もあるでしょう。具体的問題については、これからそれぞれの項目で考えていきたいと思います。

次に禁止される場面について、「労働条件」の中に労働者を雇い入れることそれ自体は含まれないと解されますので、採用の段階での取扱いの差異まで規制するものではありません。しかし、一旦、採用が内定すれば、正式採用前の段階でも、「内定の取消しの基準」自体が労働条件の一つに含まれると解されますので、信条によって差別することは本条で禁止されます。

実際に問題になるケースでは、成績や能力、あるいは「査定」など何か別の理由をつけて差別的な取扱いを受けた労働者が、実質は法律で禁じられた差別だと主張し、使用者がそうでないと反論するという構図になることが少なくありません。そうなると紛争が非常に混迷し、双方にとって大きなダメージになりますので、労使双方ともに注意が必要です。

3 罰則

本条の禁止に違反すると、6か月以下の懲役又は30万円以下の罰金に処せられます（119条）。これは、差別的取扱いによる弊害を考慮したものです。

労働条件の差別的取扱いの禁止 のしくみ

 国籍、信条、社会体身分による労働者の差別的取扱いは禁止されている。

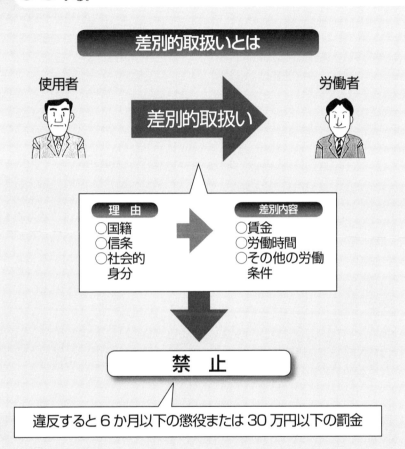

労働基準法の条文

(均等待遇)
第3条　使用者は、労働者の国籍、信条又は社会的身分を理由として、賃金、労働時間その他の労働条件について、差別的取扱をしてはならない。
第119条　次の各号の一に該当する者は、これを6箇月以下の懲役又は30万円以下の罰金に処する。
1　第3条、第4条、第7条、第16条、第17条、第18条第1項、第19条、第20条、第22条第4項、第32条、第34条、第35条、第36条第1項ただし書、第37条、第39条、第61条、第62条、第64条の3から第67条まで、第72条、第75条から第77条まで、第79条、第80条、第94条第2項、第96条又は第104条第2項の規定に違反した者

第1章 総則

3 男女同一賃金の原則
4条・119条

女性を理由とする賃金の差別的取扱いの禁止

▶ 女性を理由とする賃金の差別的取扱いは禁止され、差別的取扱いをすると処罰される。

昇進などで差別は多い

1 第4条の意味

労働基準法4条は、女性であることを理由として賃金について差別的取扱いをすることを禁止しています。

この規定の一つ前の3条で、労働条件の差別的取扱いを一般的に禁止する規定が置かれており、そこで既に性別を理由とする労働条件の差別的取扱いが禁止されていると考えれば、第4条はこれと重複するだけの無意味な規定のように思えます。それでもわざわざ第4条が置かれているのは、女性であることを理由とする賃金の差別は、事例も多く実害も大きいので、特に一条を設けて禁止したものです。

2 合理的理由のない差別

かつては、女性は補助的な労働力として位置づけられ（「お茶くみ」などと言われたこともありました）、ある程度の年齢になったら結婚等でやめていく、という想定で賃金体系が作られていました。しかし、女性の生き方が多様化し、男性と同じ土俵で競い合う人が増えてきたので、賃金の面での差別（男女同一賃金違反）がクローズアップされてきました。

今では、女性であるというただそれだけの理由で賃金体系を変えたりするような目に見えた差別的取扱いはさすがに少なくなりました。しかし、実際上問題となるのは、個人の能力を理由として昇進の面で差をつけてそれが賃金に反映したり、男女の差を念頭に置いて「コース別」に労働条件を定めて異なる賃金体系を適用する、という方法が用いられている場合です。あるいは、住民登録上の「世帯主」にのみ手当を支給する、という規定が問題になることもあります。このような「隠れた男女差別」ともとれる制度は紛争を招きやすいのです。

裁判例も非常に多く、○が×か単純に一つの基準を導き出すことは困難ですが、名目的な査定やコースだけを理由に差別的取扱いが正当化されることはなく、その職場の実態として仕事の内容や昇進のチャンスが平等がどうかに踏み込んだ判断がなされています。

ですから、実質的に同じ内容の仕事をしているにもかかわらず、コースだけを理由に賃金体系を変えるのは違法と判断される可能性が高いと考えてください。

本条によって禁止されている不合理な差別によって損害を受けた女性は、会社に対してその賠償を求めることができます。もっとも、その損害額（＝「差別的取扱いを受けていなければもらえたはずの賃金」との差額）をいくらと設定するかについては、ケースごとに難しい判断になっています。

3 罰則

本条の禁止に違反すると、6か月以上の懲役又は30万円以下の罰金に処せられます（119条）。

男女同一賃金のしくみ

要旨 女性であることを理由とする賃金の差別的取扱いでは、差別を受けた女性は使用者に損害賠償の請求ができる。

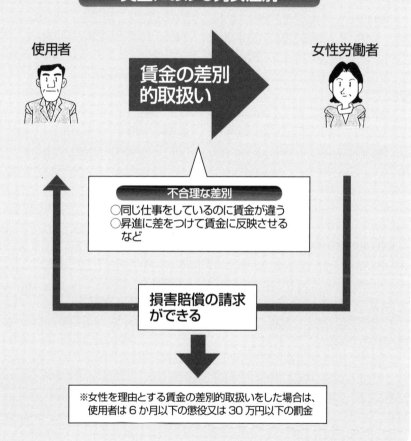

労働基準法の条文
(男女同一賃金の原則)
第4条 使用者は、労働者が女性であることを理由として、賃金について、男性と差別的取扱いをしてはならない。
第119条 次の各号の一に該当する者は、これを6箇月以下の懲役又は30万円以下の罰金に処する。
1 ……、第4条、……の規定に違反した者

第1章 総則 4

強制労働・中間搾取

強制労働の禁止と中間搾取の排除

5条～6条・117条～118条

労働者に強制労働をさせたり就職の世話でピンハネをすると、使用者は処罰される。

今もある強制労働

1 強制労働の禁止

労働基準法5条は、「使用者は、暴行、脅迫、監禁、その他精神又は身体の自由を不当に拘束する手段によって、労働者の意思に反して労働を強制してはならない」と規定しています。

労働条件は労働者と使用者が対等の立場で決めるものであり（2条）、使用者が労働者の精神や身体の自由を拘束して働かせるなどということは本来許されるはずはありません。にもかかわらずこのような規定が置かれたのは、使用者が労働者の人格や自由を支配しているかのように誤った考え方で労働を強制する実情があったからです。

本条の禁止に違反すると、1年以上10年以下の懲役又は20万円以上300万円以下の罰金に処せられます（117条）。これは労働基準法の中で一番重い罰則です。

2 中間搾取の禁止

労働基準法6条は、「何人も、法律に基づいて許される場合の外、業として他人の就業に介入して利益を得てはならない」と規定しています。

職を求める求職者と働き手を求める事業者のように、お互いに相手を求めている状況で、仲介者によって双方が出会うことができればどちらにとってもプラスになります。ですから、職業紹介という事業そのものは社会的に必要であることは否定できません。しかし、労働者の紹介については、労働者側の立場の弱さのために、かつては職業的な仲介者による「ピンハネ」が横行していました。そこで、労働基準法では、そのような行為を原則として禁止し、他の法律に基づいた許可を得た場合だけ許されることとしたのです。

他の法律に基づいて許される場合というのは、職業安定法による許可を得て行う労働者供給事業や労働者派遣法による許可を得て行う労働者派遣事業がこれに該当します。これらの場合は、許可の条件が厳しく定められており、官庁の監督を受けることになっていますので、不当な中間搾取を防止できるからです。

本条の禁止に違反すると、1年以下の懲役又は50万円以下の罰金に処せられます（118条）。

3 古くて新しい問題

かつてのように強制労働や中間搾取が横行していた時代に比べると、今はそのような行為が目立って行われることは少なくなりました。ですから、このような規定は過去の遺物であると考えられがちです。

しかし、景気が悪くて求人そのものがなかったり、求人はあっても正社員としての働き口が少ないなど、労働市場の力関係次第では、違法行為が復活する可能性もあります。それに、今では非常に数が増えた外国人労働者については、パスポートをとりあげるなどによる事実上の強制労働の事例も見受けられます。その意味では、古くて新しい問題といえるでしょう。

強制労働・中間搾取の禁止 のしくみ

要旨 過去の反省から、強制労働や職業仲介業者による中間搾取（法律が認めた者は除く）は重い罰則をもって禁止されている。

◆強制労働の禁止

使用者 → 強制労働 → 禁止 × 労働者

暴行、脅迫、監禁その他の精神又は身体の自由を不当に拘束する手段により、労働者の意思に反する労働の強制

◆中間搾取の禁止

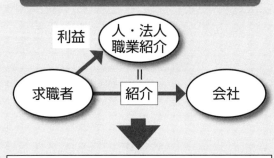

求職者 —利益→ 人・法人 職業紹介 = 紹介 → 会社

他の法律に基づいて許される以外は禁止

労働基準法 第1章 総則

労働基準法の条文

（強制労働の禁止）
第5条 使用者は、暴行、脅迫、監禁その他精神又は身体の自由を不当に拘束する手段によつて、労働者の意思に反して労働を強制してはならない。

（中間搾取の排除）
第6条 何人も、法律に基いて許される場合の外、業として他人の就業に介入して利益を得てはならない。

第117条 第5条の規定に違反した者は、これを1年以上10年以下の懲役又は20万円以上300万円以下の罰金に処する。

第118条① 第6条、第56条、第63条又は第64条の2の規定に違反した者は、これを1年以下の懲役又は50万円以下の罰金に処する。（2項略）

第1章 総則

5 公民権行使の保障
公民権の行使は勤務時間中でもできる

第7条・119条

▶ 公民権・公の職務は、執務時間中でも行使でき、使用者が請求を拒否すると処罰される。

選挙は勤務時間中でも行ける

1 公民権の行使、公の職務の執行

労働基準法7条は、労働者が労働時間中に「選挙権その他公民としての権利」を行使したり「公の職務」を執行するために必要な時間を請求した場合には、これを拒めないことが規定されています。「公民としての権利」とは、国会議員や地方公共団体の長、議員の選挙の際の投票が典型です。

「公の職務」とは、国会議員や地方議会の議員の他に、裁判所で証人になることなども含まれます。平成20年から始まっている「裁判員制度」についても、ここでいう「公の職務」に含まれるといっていいでしょう。議員になるのは、自分で立候補するのが前提ですが、証人や裁判員は、本人の意思と関係なく「職務」につくことになるので、労働者自身にはコントロールできず、労働者を保護する必要性はいっそう高まります。

使用者は、公的な権利の行使や職務の執行を阻害してはならないと規定されていますが、他方で、使用者の都合に配慮し、これらが阻害されない限り、使用者は時刻の変更を求めることができるとされています。

2 公民権・公職と解雇

本条は公民権の行使等を拒んではならないと定めていますが、公民権を行使したことだけを理由に解雇することもできないと考えられています。そうでないと、公民権の行使等を保障した意味がないからです。

しかし、たとえば従業員が地方議会の議員になって活動する場合、これらの活動そのものは「公の職務」ですが、そのような理由で何度も職場を離れることが労働者としての本来の職務に支障を生じることがあり得ます。そこで、このような場合に労働者を解雇することができるかということが問題になります。特に労働組合の支持を受けて当選した議員などの場合には、会社との対立が発生してこのような問題が起きやすくなる素地があります。

これについては、懲戒解雇は許されないという判例がありますが、いわゆる普通解雇については、他の諸条件（業務への支障の程度、解雇後の生活の保障等）も考慮して判断されることになります。ただ、結局公民権の行使を躊躇させることになると本条の規定の意味がなくなるので、実際に解雇が肯定されることはそう多くはないと思われます。労使双方が無駄なエネルギーを使わずにすますためには、双方が協議して、休職等の制度を活用して調整を図るのが望ましいでしょう。

3 罰則

本条の禁止に違反すると、6か月以上の懲役又は30万円以下の罰金に処せられます（119条）。

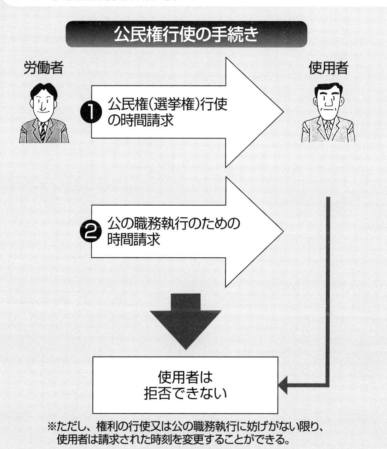

労働基準法の条文

（公民権行使の保障）
第7条 使用者は、労働者が労働時間中に、選挙権その他公民としての権利を行使し、又は公の職務を執行するために必要な時間を請求した場合においては、拒んではならない。
但し、権利の行使又は公の職務の執行に妨げがない限り、請求された時刻を変更することができる。
第119条 次の各号の一に該当する者は、これを6箇月以下の懲役又は30万円以下の罰金に処する。
1 ……、第7条、……の規定に違反した者

第1章 総則

6 労働者の定義
労働基準法で保護される労働者とは

第9条

労働者って何かな？

> 労働者とは、労働基準法が適用される事業に使用される者で、賃金が支払われる者すべてを含む。

1 労働基準法の「労働者」と労働組合法の「労働者」

労働基準法9条は、労働基準法で保護される「労働者」について、「職業の種類を問わず、事業または事務所に使用される者で、賃金を支払われる者」と定義しています。事業で使用されていて、賃金が支払われる者であれば、職業の種類は問いません。

なお、労働組合法3条も「労働者」の定義をしていますが、こちらは「賃金、給与、その他これに準ずる収入によって生活する者」となっていて、現に事業に使用されていない失業者でも、賃金で生活する立場に変わりがない以上、労働組合法では「労働者」に含まれます。

同じ用語でも、法律によって、または適用場面によって違った意味を持つことがありますが、この「労働者」は、その典型です。

2 「労働者」に該当するかどうかの判断基準

労働基準法にいう「労働者」に該当すれば、その人は法律で定める様々な保護を受けることができ、使用者もそれを守る義務を負うことになります。ですから、実際に働いている人が「労働者」といえるかどうかが非常に重要になります。

抽象的に言えば、職務の名称や契約の形式ではなく、実態として「使用従属関係」が認められるかどうかで判断されることになります。そして、「使用従属関係」の有無を判断する要素としては、「仕事の依頼、業務従事の指示等に対する諾否の自由の有無」（⇒言われた仕事を嫌だといって断れるかどうか）、「業務遂行式監督の有無」（⇒指示を受けながらの仕事かどうか）、「勤務場所、勤務時間に関する拘束性の有無」（⇒決まった時間に決まった場所に行くことになっているかどうか）、「労務提供の代替性」（⇒代わりのきく仕事かどうか）、「報酬の労働対償性」（⇒働きに応じた報酬体系になっているかどうか）等があげられます。

出勤・退勤時間が決まっていて、同じ職場で上司の指示の元に働き、決まった給与体系で賃金をもらうという人は、典型的な「労働者」です。しかし、自分で所有するトラックを持ち込んで運送作業をする人などの場合は、請負という形式がとられていることが多く、「労働者」とはいえないように思いがちです。しかし、「労働者」に当たるかどうかはいろいろな要素を考慮して判断することになるので、形は「請負」でも実態に即して「労働者」になることがあります。これについての裁判例はたくさんありますが、単に「請負」という契約形式をとっていることだけを理由にして「労働者」としての保護から外れると判断されることはないので、働く側も使う側もその点をよく理解しておくことが必要です。

労働者の定義のしくみ

要旨 職種を問わず、事業に使用され、賃金を支払われるすべての者は労働者である。

労働者とは

労働者

〈労働基準法上の労働者〉
① 事業(事務所含む)に使用される者で、
② 賃金を支払われる者、であれば

→ 労働基準法の保護を受ける

労働基準法上の労働者の例

〈職種は問わない〉

| 正社員 | パート社員 | 日雇い労働者 | 外国人労働者 |

↓ 労働基準法の適用

※委任、請負契約による場合も、上記の①②の関係にある者は労働者である。

労働基準法の条文

(労働者の定義)
第9条 この法律で「労働者」とは、職業の種類を問わず、事業又は事務所(以下「事業」という。)に使用される者で、賃金を支払われる者をいう。

第1章 総則

7 使用者の定義
労働基準法上の使用者とは

第10条

▶ 使用者とは、事業主または事業主のために行為をするすべての者をいう。

使用者って誰かな！

◼ 「使用者」の概念

労働基準法は「労働者」だけではなく、「使用者」についても定義を置いています。すなわち、労働基準法10条は、「使用者」について、「事業主または事業の経営担当者その他その事業の労働者に関する事項について、事業主のために行為をするすべての者」と定義しています。

労働者の定義に比べるとわかりにくいのですが、ポイントは、「労働者に関する事項について事業主のために行為する」者かどうかです。

たとえば、労働者が休憩を申し出たが、その職場の責任者である上司が休憩を認めなかったという場合を考えてみましょう。

労働者に休憩をとらせずに働かせた使用者は処罰を受けることになっていますが（119条第1号）、この場合の「使用者」として処罰を受けるのは、その上司自身です（事業主にも別途責任が生じることはもちろんあり得ます）。仮にその上司自身が労働組合に属していれば、その意味では「労働者」の一人でもあるわけですが、休憩時間を侵害された労働者との関係では事業主側で行為をしているので、「使用者」として労働基準法の適用を受けます。

ですから、誰が「使用者」になるのかは、場合によって違ってくることに注意してください。

◼ 雇用関係の多様化の影響

このように場面ごとに誰が使用者になるのか変化はありますが、一つの事業の中での役職の分担で決められる場合はまだわかりやすいといえます。

しかし、たとえば、下請業者が発注主の下で働く場合に、下請負人が「労働者」になる場合があります（請負契約でも「労働者」になりうることは、「労働者」について解説した前項を参照してください）。

では、この場合の「使用者」は誰でしょうか。

下請負人を使っているのは元請負人ですから、元請負人が「使用者」になるように考えられがちですが、仕事の実態上、発注者の方が指示を出しているとしたら、そちらが「使用者」であると認定されることもあります。

このように、下請負人である「労働者」に対する関係で「使用者」になるのが誰かということは、単純には決められないのです。また、出向や派遣のように、雇い主と現場で実際に指示をする者とが一致しない場合も、「使用者」性が問題になっています（労働者派遣については、立法で手当がなされています）。

このような場合、就労の実態で決めるという根本は代わりませんが、それぞれの契約関係や指揮監督関係が不明確だとトラブルになることが多いので、特に事業主の側では慎重な配慮が不可欠です。

使用者の定義のしくみ

要旨 事業主、事業の経営担当者などが使用者で、労働基準法に違反した場合には処罰される。

使用者とは

使用者

〈労働基準法上の使用者〉
① 事業主
② 事業の経営担当者
③ 事業の労働者に関する事項について、事業上のために行為をするすべての者

↓

労働基準法によって取締りを受ける

労働基準法上の使用者（処罰される責任者）の例

事業主	事業の経営担当者	その他、経営権限を有する者
会社の社長 個人事業主・など	工場長 店長・など	労基法32条による休憩時間を自由に使わせなかった場合の課長や係長

労働基準法は、労働者に対する監督上の権限を有する者を使用者とみなして責任を課している。監督上の権限は、各条文で異なるので要注意。

【労働基準法の条文】

（使用者の定義）

第10条 この法律で使用者とは、事業主又は事業の経営担当者その他その事業の労働者に関する事項について、事業主のために行為をするすべての者をいう。

第1章 総則 8
第11条
賃金の定義
労働基準法の適用を受ける賃金

賃金って何かな！

▶ 賃金とは、労働の対償として使用者が支払うすべてのもので、賞与なども含める。

1 「賃金」の定義を問題にする意味

労働基準法11条は、「賃金」について、「賃金、給料、手当、賞与その他名称の如何を問わず、労働の対償として使用者が労働者に支払うすべてのもの」と定義しています。

労働基準法は、労働者の保護を最大の目的とした法律であり、賃金で生活する労働者にとっては、賃金の支払いを確保されることが一番重要なことです。そのため、労働基準法は、賃金の確保のために様々な規定を置いています。ですから、ある給付が「賃金」にあたるとされると、労働基準法上賃金について定められたルールがすべて適用されることになります。給与明細書に書いてある項目だけには限られませんので注意して下さい。

たとえば、賃金台帳への記載（108条）、平均賃金への算入（12条）など場面で、賃金として処理しなければなりません。平均賃金については次項で説明しますが、労働者に事故が起こった場合の経済的な補償の基準になる非常に重要な数値であり、厳格な算定が不可欠です。

2 「賃金」かどうかが問題になるケース

いわゆる「基本給」は「賃金」であることに疑問の余地はないでしょう。しかし、事業主から支払われる金銭の中には、ここでいう「賃金」にあたるかどうか、微妙なものもあります。

抽象的には、「労働の対償」、つまり労働者が提供した労務の対価といえる給付かどうかで決められます。たとえば、いわゆるボーナス（賞与）は、かつては使用者による恩恵的な支出と見られていた時期もありましたが、今では労働の対価である「賃金」にあたると考えるのが普通になりました。見舞金や祝い金、あるいは退職金など、一見すると労働の対価かどうかわかりにくいものもありますが、一定の規定があって支給条件が明確になっていれば、「賃金」と扱われるのが普通です。

事業主から支給される金銭であっても、実費弁償の性質を有するもの（作業用品代）や業務上必要な支出に充てるもの（制服代、作業着代）は、通常は賃金とは扱われません。

他方で、金銭ではない給付でも、会社による恩恵的な福利厚生ではなく、一定のルールに基づいて支給が決められている給付（食事、住宅費等）については、金額や支給条件次第では「賃金」に含まれることもあります。

ある給付が賃金であるかどうかを判断する場合、個別の労働契約、あるいは労働協約や就業規則などの規定で支給条件が明確になっているかどうかという点が重要なポイントになります。福利厚生に関わる給付を検討する場合には、「賃金」に含まれるのかどうかについてのチェックも怠らないようにする必要があります。

賃金の定義のしくみ

要旨 賃金は、労働の対償として、使用者が労働者に支払うすべてのものをいう。

賃金とは

 使用者 — 支払責任 → 賃金 → 支払 労働の対償 → 労働者

〈賃金とは〉

賃金、給料、手当、賞与その他名称のいかんを問わず、労働の提供の対償（恩恵としてのものは除く）として支払われるすべてのものを含める。

賃金に該当するもの

労働協約、就業規則、労働契約などによって予め支給条件の明らかなもの
（例）支給条件が明確化された住宅手当、賞与、退職金など

賃金に該当しないもの

恩恵的な手当で、支給条件が明らかでないもの
（例）作業の用品代、基本旅費、支給条件が明確化されていない結婚祝金、死亡弔慰金など

賃金であることの実益

○使用者は賃金台帳に記載しなければならない
○労働基準法の賃金に関する規定が適用される
（例）住宅利益（手当など）などは賃金となり、平均賃金（→ 12 条）、割増賃金（→ 37 条）の計算で算入される

労働基準法の条文

（賃金の定義）
第 11 条 この法律で賃金とは、賃金、給料、手当、賞与その他名称の如何を問わず、労働の対償として使用者が労働者に支払うすべてのものをいう。

第1章 総則

9 平均賃金の定義
第12条

労働基準法の適用を受ける平均賃金とは

平均賃金って何かな！

> 平均賃金（日額）とは、当該日以前の3カ月間に支払われた賃金の総額をその期間の日数で割った金額のことである。

1 平均賃金とは

労働基準法12条は「平均賃金」の定義と計算方法を定めています。すなわち、「平均賃金」は、「これを算定すべき事由の発生した日以前3箇月間にその労働者に対して支払われた賃金の総額」を「その期間の総日数で除した金額」と定義されています（ただし、日給や時間給の場合、あるいは、これらと定額の手当類が一緒に支給される場合には、金額が低くなりすぎないように下限額の定めがあります）。

そして、具体的な計算方法について細かい規定を置いています。詳しくは、右の図解を参照してください。

2 平均賃金を詳細に定める理由

平均賃金の定義をこれだけ細かく決めているのは、労働基準法でこの平均賃金を基準に金銭給付を定めている箇所がたくさんあるからです。列挙すると、解雇予告手当（20条）、休業手当（26条）、年次休暇手当（39条）、休業補償（76条）、障害補償（77条）、遺族補償（79条）葬祭料（80条）、打切補償（81条）、減給の限度額（91条）などがそれにあたります。

詳しい説明はそれぞれの該当項目に譲りますが、名称を見れば想像できるように、解雇や休業、あるいは労働災害等、労働者が正常に働けない事態が生じた場合に、生活の支えとなる手当や補償を算定する基礎になるのが「平均賃金」です。その労働者の通常の生活をできるだけ保障しようという狙いで、仮にそのようなトラブルなしで働いていえれば得られたであろう賃金をできるだけ細かく算定することが規定されています。同様に、労働者が減給処分を受ける場合、やはり通常の生活と大きく離れすぎないように、「平均賃金」という物差しを使って減額の上限を定めて、労働者の生活保障を図っているといえます。

3 他の法令との関係

労働基準法でいう「平均賃金」は、あくまでその労働者個人について、平均賃金を算定しなければならないような事情（解雇、労災等）が生じた場合に、その時点で計算される数値です。ですから、その労働者ごとに固有の金額になりますし、同じ人でも、いつ計算するかによって、金額は変動します。

これに対して、交通事故（特に死亡事故）などで損害賠償額を定める場合に、生きて働いていたら稼げていたはずの収入を算定するために「平均賃金」という言葉を用いることがあります。これは、現実に働いている人たちがもらっている賃金をベースに、男女別、地域別、年齢別などで統計的な処理をして算出したもので、その人の固有の数字ではなく労働基準法の平均賃金とは意味が違いますから、注意してください。

平均賃金の算出方法のしくみ

要旨 平均賃金は、解雇予告手当や労働災害の補償などの場合の支給額算出の基準になる。

平均賃金の算出方法

$$1日の平均賃金 = \frac{\begin{bmatrix}3カ月に支\\払われた賃\\金総額\end{bmatrix} - \begin{bmatrix}下記の期間(1)\\(2)(3)(4)(5)\\中の賃金\end{bmatrix} - \begin{pmatrix}1)臨時に支払われた賃金\\2)3カ月を超える期間ご\\とに支払われる賃金\\3)通貨以外のもので支払\\われた賃金で一定範囲\\に属しないもの\end{pmatrix}}{\begin{bmatrix}3カ月間\\の総日数\end{bmatrix} - \begin{pmatrix}(1)業務上災害のための療養休業期間\\(2)労働基準法上の産前産後の休業期間\\(3)使用者の責に帰すべき休業期間\\(4)育児介護法の育児・介護休業をした期間\\(5)試みの使用期間\end{pmatrix}}$$

※上記平均賃金の算出額が下限額(12条1項1号、2号)より低い場合は、その下限額が平均賃金となる。

労働基準法の条文

(平均賃金の定義)
第12条① この法律で平均賃金とは、これを算定すべき事由の発生した日以前3箇月間にその労働者に対し支払われた賃金の総額を、その期間の総日数で除した金額をいう。ただし、その金額は、次の各号の一によつて計算した金額を下つてはならない。
1　賃金が、労働した日若しくは時間によつて算定され、又は出来高払制その他の請負制によつて定められた場合においては、賃金の総額をその期間中に労働した日数で除した金額の100分の60
2　賃金の一部が、月、週その他一定の期間によつて定められた場合においては、その部分の総額をその期間の総日数で除した金額と前号の金額の合算額
② 前項の期間は、賃金締切日がある場合においては、直前の賃金締切日から起算する。
③ 前2項に規定する期間中に、次の各号の一に該当する期間がある場合においては、その日数及びその期間中の賃金は、前2項の期間及び賃金の総額から控除する。
1　業務上負傷し、又は疾病にかかり療養のために休業した期間
2　産前産後の女性が第65条の規定によつて休業した期間
3　使用者の責めに帰すべき事由によつて休業した期間
4　育児休業、介護休業等育児又は家族介護を行う労働者の福祉に関する法律(平成3年法律第76号)第2条第1号に規定する育児休業又は同条第2号に規定する介護休業(同法第61条第3項(同条第6項及び第7項において準用する場合を含む。)に規定する介護をするための休業を含む。第39条第10項において同じ。)をした期間
5　試みの使用期間
④ 第1項の賃金の総額には、臨時に支払われた賃金及び3箇月を超える期間ごとに支払われる賃金並びに通貨以外のもので支払われた賃金で一定の範囲に属しないものは算入しない。
⑤ 賃金が通貨以外のもので支払われる場合、第1項の賃金の総額に算入すべきものの範囲及び評価に関し必要な事項は、厚生労働省令で定める。
⑥ 雇入後3箇月に満たない者については、第1項の期間は、雇入後の期間とする。
⑦ 日日雇い入れられる者については、その従事する事業又は職業について、厚生労働大臣の定める金額を平均賃金とする。
⑧ 第1項乃至第6項によつて算定し得ない場合の平均賃金は、厚生労働大臣の定めるところによる。

第2章

労働契約

13条～23条

◆労働基準法「第2章 労働契約」では、使用者と労働者の契約について、法律違反の契約から契約期間、労働条件の明示など、使用者が守らなければならない契約事項について規定している。

■**労働契約とは何か**

　労働契約は、労働者が社員などの身分を得て、使用者と契約した労働条件のもとで、労働を継続的に供給する契約のことです。労働契約により、労働者は労働基準法の適用を受けることになります。

　労働基準法は、労働契約について13条～23条に規定を置いていますが、実は民法にも雇用契約の規定(民法621条～631条)があります。労働基準法と民法の関係は、労働基準法が民法の特別法にあたり、労働基準法が優先して適用されますので、民法がそのまま適用される雇用契約は今日ではむしろ例外となっています。

■**労働契約に関する問題点**

　労働契約は、使用者と労働者の間の労働関係の成立させる契約ですが、労働契約なのがどうかで問題となることがあります。その例として採用内定の通知・試用期間(契約)の問題です。労働契約が成立していれば、労働基準法の適用があり、原則として解雇をすることができず、その他、労働者としての多くの保護を受けることができます。

　ちなみに、採用内定は解約権の留保された始期付労働契約(最高裁判例⇒大日本印刷事件)とされ、内定に続く試用についてはその試用契約を解雇権留保付きの期間の定めのない労働契約と見ています(最高裁判例⇒三菱樹脂事件)。また、労働契約の内容についての問題、労働契約の解除の問題もあります。

　なお、労働契約、特に解雇については今日、トラブルも多く、こうしたことから労働契約法の制定がなされました(第1部、16・17ページ参照)。

◎労働基準法「第2章 労働契約」の条文の構成

労働基準法 第2章 労働契約

◎第1章 総則 （第1条～第12条）

◎第2章 労働契約 （第13条～第23条）

- 第13条……………この法律違反の契約
- 第14条……………契約期間等
- 第15条……………労働条件の明示
- 第16条……………賠償予定の禁止
- 第17条……………前借金相殺の禁止
- 第18条……………強制貯金
- 旧第18条の2………解雇（削除⇒現労働契約法16条）
- 第19条……………解雇制限
- 第20条……………解雇の予告
- 第21条……………解雇予告の適用除外
- 第22条……………退職時等の証明
- 第23条……………金品の返還

◎第3章 賃金 （第24条～第31条）

◎第4章 労働時間、休憩、休日及び年次有給休暇 （第32条～第41条）

◎第5章 安全及び衛生 （第42条～第55条）

◎第6章 年少者 （第56条～第64条）

◎第6章の2 妊産婦等 （第64条の2～第68条）

◎第7章 技能者の養成 （第69条～第74条）

◎第8章 災害補償 （第75条～第88条）

◎第9章 就業規則 （第89条～第93条）

◎第10章 寄宿舎 （第94条～第96条の3）

◎第11章 監督機関 （第97条～第105条）

◎第12章 雑則 （第105条の2～第116条）

◎第13章 罰則 （第117条～第121条）

第2章 労働契約

1 労働基準法違反の契約
労働基準法違反の労働契約の無効

13条

契約そのものは無効とはならない

> 労働基準法違反の労働契約は違反の部分は無効で、無効となった部分は労働基準法の定めによることになる。

1 労働基準法違反の労働契約の無効

労働基準法13条は、「この法律で定める基準に達しない労働条件を定める労働契約は、その部分については無効とする。この場合において、無効となった部分は、この法律で定める基準による。」と規定しています。労働基準法の規定は労働条件の最低限を定めるものですから（1条2項）、最低限を更に下回る労働条件が許容されないのは当然です。

この場合、無効になるのは最低基準を割っている個所だけであり、労働契約そのものが無効になるわけではありません。無効になった個所には、最低基準を定めている労働基準法の労働条件が適用されます。

2 「労働契約」とは

上記のとおり労働基準法13条の規定の意味は明確であり、この条項が適用されると決まれば、労働契約で定める労働条件が法律の認める水準まで引き上げられるだけのことであり、その適用の結果にあまり疑問の余地はありません。

問題は、ここでいう「労働契約」の意味です。契約書が作られていて、そのタイトルが「労働契約」「雇用契約」となっていれば、それが労働契約であることは間違いないといっていいでしょう。しかし、口頭の合意だけできちんとした書面がなく、実態として働いているという事実があるだけという場合は、はたしてそれが「労働契約」といえるかどうか、微妙なケースがあります。

労働契約は、労働者が使用者の指揮命令の下で労務を提供し、使用者がその対価として賃金を支払うことを内容とする契約です。この「指揮命令」関係が認められるかどうかが最大のポイントです。いわゆる正社員だけでなく、パートタイマーや派遣社員の場合も労働契約です（ただし、派遣社員の場合の労働契約の当事者は、派遣「先」ではなく派遣「元」です）。また、形式上は外注業者と請負契約を結んでいることになっている場合もありますが、その働き方の実態が指揮命令関係に基づくものと判断されれば、法的には「労働契約」と扱われることになります。そうなると、名目は「請負代金」でも、実態は労働基準法上の「賃金」に他なりませんから、賃金に関する諸規定が全部適用されることになります。

3 「試用期間」と労働契約の内容

会社に入ってからしばらくの間（通常1か月から6か月程度）、「試用期間」として特別な扱いを受ける場合がありますが、この試用期間も法的には労働契約に基づく関係であることに変わりはありません。

ですから、一定の場合に労働契約が解約される可能性があるという、試用期間独自の特殊性を別にすれば、労働基準法の定める最低条件を下回ってはいけないのは当然です。

労基法違反と労働契約の無効 のしくみ

 労働条件で、労働基準法の諸規定に違反した部分は無効となり、労働基準法の規定が適用される。

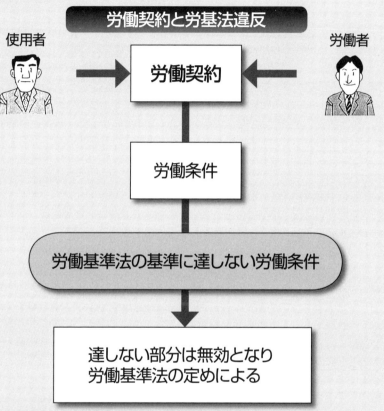

※労働契約そのものが無効となるわけではない

▶**労働契約**……労働者が使用者に対して労務を提供することを約し、使用者がその対価として賃金を支払うことを約する契約。かつて、こうした契約は契約自由の原則から雇用契約（民法623条以下）と考えられていたが、結果として労働者の従属的な身分関係を生じさせた。労働者保護のため、労働基準法、労働組合法などが制定され、こうした労働法の適用がある契約が労働契約と呼ばれ、民法に優先して適用される。

労働基準法の条文

（この法律違反の契約）
第13条　この法律で定める基準に達しない労働条件を定める労働契約は、その部分については無効とする。この場合において、無効となつた部分は、この法律で定める基準による。

第2章 労働契約

2 労働契約の期間等
労働契約の期間を定める場合の上限は
14条・120条

原則、上限3年
例外、上限5年

> 労働契約には期間の定めがないものと期間の定めがある場合とがあり、期間を定める場合のは上限は3年（特別な場合5年）で、これを超えると処罰される。

1 労働契約の「期間」とは

労働契約は、労働者が使用者の指揮命令下で労務を提供し、その対価として賃金を受け取るという契約です。提供する労務の内容によっては1日限りの場合もありますが、多くの場合はある程度の期間継続して働くことが予定されています。そうなると、労働契約の「期間」をどう定めるかが問題になります。

かつては、労働契約の名を借りて封建的な身分拘束が行われるのを防止するため、労働契約の期間を決める場合の最長期間は1年とされていました（労働基準法旧14条）。しかし、専門的知識を有する労働者や高齢者の雇用について、期間を長めに定められるようにというニーズが生じ、二度の法改正を経て、現在の労働基準法14条になりました。

なお、期間を定めない労働契約（有期労働契約）もあります。いわゆる終身雇用を念頭においた正社員の労働契約は、採用から何年で用が済むというものではなく、基本的に定年まで働くことが予定されていると見ることができるので、労働契約の典型といえます。

2 労働基準法14条の内容と問題点

現行の労働基準法14条は、期間を定める場合は、原則として最長でも3年を超えないことを要求しています（14条1項）。ただし、専門的な知識、技能又は経験を有する者、あるいは60歳以上の者の場合は、5年の労働契約を締結することが認められています（14条1項1号・2号）。

有期の労働契約の期間が長くなったということは、その労働者にとっては、働ける保障のある期間が長くなるわけですから、労働側にプラスであるように思えます。また、使用者にとっても、個別的な事情に応じて労働契約の期間を定め、賃金もそれに応じて決めることにして、多様な人材を確保できる、というプラス面もあります。

しかし、実際のところは、それほど単純ではありません。たとえば、以前なら5年も要するような仕事をしてもらうために人を雇う場合は、期間の定めのない労働契約（事実上、終身雇用に近い形態）を用いていました。ところが、今後は有期の契約が用いられるようになり、正社員よりも不安定な、5年経過後の保障のない労働者が誕生します。それでも専門的な知識・技能を有する人なら次の仕事を探せるのかもしれませんが、この有期契約がだんだん日常化していくと、逆に労働者の地位が弱くなるという可能性もあります。

なお、労働契約法の平成25年4月1日施行の改正において、有期労働契約の期間が通算で5年を超えたときは期間の定めのない労働契約に転換できる規定などが設けられました（第1部18☞参照）。また、労働者派遣法業法の平成27年9月30日施行の改正では、派遣期間規制の制限が見直され、事業所単位の期間制限と個人単位の期間制限の制度が設けられました（73☞参照）。

労働契約の期間のしくみ

要旨 労働契約の期間は、期間の定めがないもの（常用）と期間の定めがあるもの（有期労働契約）とがある。

労働契約の期間

常用者

 → 期間の定めのない労働契約

※労働契約は期間の決めがなくてもよく、この常用雇用が原則で定年まで働ける。一般的には正社員と呼ばれている。
なお、定年は60歳を下回ることはできず、老齢厚生年金の支給開始年齢（65歳、経過規定あり）まで雇用確保の措置を講じなければならない（高年齢者雇用保険法）。

有期労働者

 → 期間の定めがある労働契約

→ 原則 上限3年

※契約社員・嘱託社員などど呼ばれ、法律上の正式名称ではない。

→ 例外 上限5年

※専門知識を有する労働者（厚生労働大臣が定める基準に合致する者）
・満60歳以上の労働者

労働基準法の条文

（契約期間等）

第14条① 労働契約は、期間の定めのないものを除き、一定の事業の完了に必要な期間を定めるもののほかは、3年（次の各号のいずれかに該当する労働契約にあつては、5年）を超える期間について締結してはならない。
1　専門的な知識、技術又は経験（以下この号及び第41条の2第1項第1号において「専門的知識等」という。）であつて高度のものとして厚生労働大臣が定める基準に該当する専門的知識等を有する労働者（当該高度の専門的知識等を必要とする業務に就く者に限る。）との間に締結される労働契約
2　満60歳以上の労働者との間に締結される労働契約（前号に掲げる労働契約を除く。）
② 厚生労働大臣は、期間の定めのある労働契約の締結時及び当該労働契約の期間の満了時において労働者と使用者との間に紛争が生ずることを未然に防止するため、使用者が講ずべき労働契約の期間の満了に係る通知に関する事項その他必要な事項についての基準を定めることができる。
③ 行政官庁は、前項の基準に関し、期間の定めのある労働契約を締結する使用者に対し、必要な助言及び指導を行うことができる。

第120条 次の各号のいずれかに該当する者は、30万円以下の罰金に処する。
1　第14条、……の規定に違反した者

第2章 労働契約

3 労働条件の明示
労働契約の際の労働条件明示義務

15条・120条

使用者は労働契約の締結の際に賃金、労働時間などの労働条件を明示しなければ処罰される。

労働条件は明示義務がある

1 労働条件明示義務

使用者は、労働契約締結に際して、労働者に対して、「賃金、労働時間その他の労働条件」を明示することが義務づけられています。そして、「賃金及び労働時間に関する事項その他厚生労働省令で定める事項」については、「厚生労働省令で定める方法」で明示しなければならない、とされています（以上、15条）。

一般に契約をする場合に、契約条件が明確でなければならないのは当然ですが、労働契約は、労使の力関係や古典的な使用者優位の意識が反映して、曖昧な点が労働者の不利になってしまう危険が高いので、労働基準法は、使用者に対して、労働条件を明示することを義務づけて、労働者が意に反する条件で就労を強いられることがないように手当をしています。

2 明示すべき「労働条件」

厚生労働省令によって明示することを義務づけられている「労働条件」は以下のとおりです。

① 労働契約の期間に関する事項
② 期間の定めのある労働契約を更新する場合の基準に関する事項
③ 就業の場所及び従事すべき業務に関する事項
④ 始業・終業時刻、所定労働時間を超える労働の有無、休憩時間、休日、休暇並びに労働者を二組以上に分けて就業させる場合における就業時転換に関する事項
⑤ 賃金（賃金の決定、計算及び支払い方法、賃金の締切り及び支払い時期、昇給）に関する事項
⑥ 退職に関する事項（解雇事由を含む）

※①から⑥までについては、特に重要なので、必ず書面で明示することが義務づけられています。

⑦ 退職金に関する事項
⑧ 臨時払い賃金、賞与等に関する事項
⑨ 労働者に負担させる食費、作業用品等に関する事項
⑩ 安全衛生に関する事項
⑪ 職業訓練に関する事項
⑫ 災害補償等に関する事項
⑬ 表彰及び制裁に関する事項
⑭ 休職に関する事項

以上のとおり、労働条件といわれて思い浮かぶことは、ほとんどすべて厚生労働省令に網羅されています。ですから、使用者としては、後の項で説明する「就業規則」の内容を、ほとんど全部伝えるというくらいの意識が必要でしょう。

3 違反があった場合の措置

最初に明示された労働条件が実際と違っていたという場合、労働者は労働契約を無条件で解除することができます（15条2項）、そして、就業のために転居した労働者が帰郷する場合には旅費を負担しなければならないという規定も置かれています（15条3項）。

また、使用者には30万円以下の罰金が科せられることになっています（120条）。

労働条件の明示のしくみ

要旨 労働契約の締結の際に使用者は労働条件を明示しなければならず、賃金・労働時間などについては書面による必要がある。

労働条件の明示義務

使用者

労働契約の締結の際に
労働条件の明示

労働者

〈労働条件の明示項目〉

○賃金
○労働時間
○その他の厚生労働省令で定める事項
○その他

｝厚生労働省令で定める方法で書面を作成して通知

明示された労働条件が事実と異なる場合

↓

労働者は労働契約を解除できる

※使用者にその労働条件を守ってもらうようにすることが大切である。

労働基準法の条文

（労働条件の明示）
第15条 ① 使用者は、労働契約の締結に際し、労働者に対して賃金、労働時間その他の労働条件を明示しなければならない。この場合において、賃金及び労働時間に関する事項その他の厚生労働省令で定める事項については、厚生労働省令で定める方法により明示しなければならない。
② 前項の規定によつて明示された労働条件が事実と相違する場合においては、労働者は、即時に労働契約を解除することができる。
③ 前項の場合、就業のために住居を変更した労働者が、契約解除の日から14日以内に帰郷する場合においては、使用者は、必要な旅費を負担しなければならない。
第120条 次の各号のいずれかに該当する者は、30万円以下の罰金に処する。
1 ……、第15条第1項若しくは第3項、……の規定に違反した者

第2章 労働契約

4 厚生労働省令で定める事項
厚生労働省令で定める労働契約の方法

15条関連

一定の事項は明示義務あり

▶ 厚生労働省労働基準監督局は、書面の交付モデル様式を作成して通達を出している。

1 労働条件明示義務とモデル書式

使用者には、労働契約締結に際して、労働条件の明示義務があることは、前の項で説明しましたが、説明すべき項目は多岐にわたり、特に、必ず書面で説明しなければならないことになっている項目（契約期間、就業場所・業務内容、労働時間、賃金及び退職に関する事項）に漏れがあるとトラブルのもとになります。

そこで、厚生労働省でモデル書式を作って、その普及に努めています。そのモデル様式は、一般労働者、建設労働者、林業労働者、短時間派遣労働者など、また、常用・有期型と日雇型など、雇用形態や業種に応じて何通りかの種類があります。

2 モデル書式の利用について

これらの書式はあくまでモデル書式であり、必ずこれを利用しなければならない、ということではもちろんありません。ただ、モデル書式を用いると書くべきことに漏れがなく、あとでトラブルになるのを防止しやすいのは確かです。

そこで、これから人を雇う使用者の皆さんは、モデル書式を参考にしながら、労働条件明示義務を守って人を採用するように心がけてください。

モデル書式を利用する上で、何点か注意点をあげておきます（モデル書式例⇒次ページ以下参照）。

① 契約期間は、期間の定めがあるのか、ないのか、明示して下さい。

② 就業の場所や業務の内容は、とりあえず最初のものをきちんと書けば足ります。

③ 労働時間以下の項目は必ず記載しなければなりません。その際、就業規則や労働協約の内容を意識しながら書くようにして下さい（矛盾が生じると、労働者に有利な方が労働条件になります）。

④ 空欄を残したままにするとトラブルの元になりますので、注意してください。

⑤ 労働時間や休日等について、特別な条件をつける場合は、就業規則等できちんと制度が確立されているかどうか、よく確認してください。

⑥ 年次有給休暇については、労働者ごとにその入社日から6か月、1年6か月、とカウントするのか、それとも、全労働者について一定の期間に統一するのか、どちらの制度をとっているのかがわかるように書いた方がいいでしょう（詳しくは、年次有給休暇の項目を参照して下さい）。

⑦ 賃金については、数字が読みにくくならないように、特にきちんと書くことが大切です。

なお、モデル書式は就業規則を引用していますが、肝心の就業規則をきちんと周知することを忘れないようにして下さい。周知の方法については、労働基準法106条1項に定めがありますので、必ずそれに従ってください。

(一般労働者用；常用、有期雇用型)

労働条件通知書

年　　月　　日

_____殿

事業場名称・所在地
使　用　者　職　氏　名

契約期間	期間の定めなし、期間の定めあり（　　年　　月　　日～　　年　　月　　日） ※以下は、「契約期間」について「期間の定めあり」とした場合に記入 1　契約の更新の有無 　［自動的に更新する・更新する場合があり得る・契約の更新はしない・その他（ 　　　　）］ 2　契約の更新は次により判断する。 　・契約期間満了時の業務量　　　・勤務成績、態度　　　・能力 　・会社の経営状況　・従事している業務の進捗状況 　・その他（　　　　　　　　　　　　　　　　　　　　　　　　　　）
就業の場所	
従事すべき業務の内容	
始業、終業の時刻、休憩時間、就業時転換（(1)～(5)のうち該当するもの一つに○を付けること。）、所定時間外労働の有無に関する事項	1　始業・終業の時刻等 (1)始業（　　時　　分）　終業（　　時　　分） 【以下のような制度が労働者に適用される場合】 (2)変形労働時間制等；（　）単位の変形労働時間制・交替制として、次の勤務時間の組み合わせによる。 ┌始業（　時　分）　終業（　時　分）　（適用日　　　　　） ├始業（　時　分）　終業（　時　分）　（適用日　　　　　） └始業（　時　分）　終業（　時　分）　（適用日　　　　　） (3)フレックスタイム制；始業及び終業の時刻は労働者の決定に委ねる。 　　　（ただし、フレキシブルタイム（始業）　時　分から　時　分、 　　　　　　　　　　　　　　　　　　（終業）　時　分から　時　分、 　　　　　　　　　　　　　　コアタイム　　　時　分から　時　分） (4)事業場外みなし労働時間制；始業（　時　分）終業（　時　分） (5)裁量労働制；始業（　時　分）終業（　時　分）を基本とし、労働者の決定に委ねる。 ○詳細は、就業規則第　条～第　条、第　条～第　条、第　条～第　条 2　休憩時間（　　）分 3　所定時間外労働の有無（　有　、　無　）
休　　日	・定例日；毎週　　曜日、国民の祝日、その他（　　　　　　　　　　） ・非定例日；週・月当たり　　日、その他（　　　　　　　　　） ・1年単位の変形労働時間制の場合－年間　　日 ○詳細は、就業規則第　条～第　条、第　条～第　条
休　　暇	1　年次有給休暇　6か月継続勤務した場合→　　　　日 　　　　継続勤務6か月以内の年次有給休暇（有・無） 　　　　　→　　か月経過で　　日 　　　　時間単位年休（有・無） 2　代替休暇（有・無） 3　その他の休暇　有給（　　　　　　　　　） 　　　　　　　　　無給（　　　　　　　　　） ○詳細は、就業規則第　条～第　条、第　条～第　条

(次頁に続く)

賃　金	1　基本賃金　イ　月給（　　　　円）、ロ　日給（　　　　　円） 　　　　　　　ハ　時間給（　　　　円）、 　　　　　　　ニ　出来高給（基本単価　　　円、保障給　　　円） 　　　　　　　ホ　その他（　　　　円） 　　　　　　　ヘ　就業規則に規定されている賃金等級等 　　　　　　　　　　　　　　　　　　　　　　　　　　　　　　　 2　諸手当の額又は計算方法 　　イ（　　手当　　　円　／計算方法：　　　　　　　） 　　ロ（　　手当　　　円　／計算方法：　　　　　　　） 　　ハ（　　手当　　　円　／計算方法：　　　　　　　） 　　ニ（　　手当　　　円　／計算方法：　　　　　　　） 3　所定時間外、休日又は深夜労働に対して支払われる割増賃金率 　　イ　所定時間外、法定超　月60時間以内（　　）％ 　　　　　　　　　　　　　　月60時間超　（　　）％ 　　　　　　　　所定超　（　　）％ 　　ロ　休日　法定休日（　　）％、法定外休日（　　）％ 　　ハ　深夜（　　）％ 4　賃金締切日（　　　）－毎月　日、（　　　）－毎月　日 5　賃金支払日（　　　）－毎月　日、（　　　）－毎月　日 6　賃金の支払方法（　　　　　　　　　　　　） 　　　7　労使協定に基づく賃金支払時の控除（無　、有（　　）） 　　　8　昇給（時期等　　　　　　　　　　　　　　　　） 　　　9　賞与（　有（時期、金額等　　　　　　　　）、　無　） 　　　10　退職金（　有（時期、金額等　　　　　　　）、　無　）
退職に関する事項	1　定年制　（　有　（　　歳）、　無　） 2　継続雇用制度（　有（　　歳まで）　、　無　） 3　自己都合退職の手続（退職する　　日以上前に届け出ること） 4　解雇の事由及び手続 　　[　　　　　　　　　　　　　　　　　　　　　　　] ○詳細は、就業規則第　条～第　条、第　条～第　条
その他	・社会保険の加入状況（　厚生年金　健康保険　厚生年金基金　その他（　　）） ・雇用保険の適用（　有　、無　） ・その他　[　　　　　　　　　　　　　　　　　　　　　] ※以下は、「契約期間」について「期間の定めあり」とした場合についての説明です。 　労働契約法第18条の規定により、有期労働契約（平成25年4月1日以降に開始するもの）の契約期間が通算5年を超える場合には、労働契約の期間の末日までに労働者から申込みをすることにより、当該労働契約の期間の末日の翌日から期間の定めのない労働契約に転換されます。ただし、有期雇用特別措置法による特例の対象となる場合は、この「5年」という期間は、本通知書の「契約期間」欄に明示したとおりとなります。

※　以上のほかは、当社就業規則による。
※　労働条件通知書については、労使間の紛争の未然防止のため、保存しておくことをお勧めします。

【記載要領】
1. 労働条件通知書は、当該労働者の労働条件の決定について権限をもつ者が作成し、本人に交付すること。
2. 各欄において複数項目の一つを選択する場合には、該当項目に○をつけること。
3. 下線部、破線内及び二重線内の事項以外の事項は、書面の交付により明示することが労働基準法により義務付けられている事項であること。また、退職金に関する事項、臨時に支払われる賃金等に関する事項、労働者に負担させるべきものに関する事項、安全及び衛生に関する事項、職業訓練に関する事項、災害補償及び業務外の傷病扶助に関する事項、表彰及び制裁に関する事項、休職に関する事項については、当該事項を制度として設けている場合には口頭又は書面により明示する義務があること。
4. 労働契約期間については、労働基準法に定める範囲内とすること。
5. 「就業の場所」及び「従事すべき業務の内容」の欄については、雇入れ直後のものを記載することで足りるが、将来の就業場所や従事させる業務を併せ網羅的に明示することは差し支えないこと。
6. 「始業、終業の時刻、休憩時間、就業時転換、所定時間外労働の有無に関する事項」の欄については、当該労働者に適用される具体的な条件を明示すること。また、変形労働時間制、フレックスタイム制、裁量労働制等の適用がある場合には、次に留意して記載すること。
　・変形労働時間制：適用する変形労働時間制の種類（1年単位、1か月単位等）を記載すること。その際、替制でない場合、「・交替制」を＝で抹消しておくこと。
　・フレックスタイム制：コアタイム又はフレキシブルタイムがある場合はその時間帯の開始及び終了の時刻を記載すること。コアタイム及びフレキシブルタイムがない場合、かっこ書きを＝で抹消しておくこと。
　・事業場外みなし労働時間制：所定の始業及び終業の時刻を記載すること。
　・裁量労働制：基本とする始業・終業時刻がない場合、「始業………を基本とし、」の部分を＝で抹消しておくこと。
　・交替制：シフト毎の始業・終業の時刻を記載すること。また、変形労働時間制でない場合、「（　　）単位の変形労働時間制・」を＝で抹消しておくこと。
7. 「休日」の欄については、所定休日又は勤務日について曜日又は日を特定して記載すること。
8. 「休暇」の欄については、年次有給休暇は6か月間継続勤務し、その間の出勤率が8割以上であるときに与えるものであり、その付与日数を記載すること。
　また、その他の休暇については、制度がある場合に有給、無給別に休暇の種類、日数（期間等）を記載すること。
9. 前記6、7及び8については、明示すべき事項の内容が膨大なものとなる場合においては、所定時間外労働の有無以外の事項については、勤務の種類ごとの始業及び終業の時刻、休日等に関する考え方を示した上、当該労働者に適用される就業規則上の関係条項名を網羅的に示すことで足りるものであること。
10. 「賃金」の欄については、基本給等について具体的な額を明記すること。ただし、就業規則に規定されている賃金等級等により賃金額を確定し得る場合、当該等級等を明確に示すことで足りるものであること。
　・　法定超えとなる所定時間外労働については2割5分、法定休日労働については3割5分、深夜労働については2割5分、法定超えとなる所定時間外労働が深夜労働となる場合については5割、法定休日労働が深夜労働となる場合については6割を超える割増率とすること。
　・　破線内の事項は、制度として設けている場合に記入することが望ましいこと。
11. 「退職に関する事項」の欄については、退職の事由及び手続、解雇の事由等を具体的に記載すること。この場合、明示すべき事項の内容が膨大なものとなる場合においては、当該労働者に適用される就業規則上の関係条項名を網羅的に示すことで足りるものであることなど。
　なお、定年制を設ける場合は、60歳を下回ってはならないこと。
12. 「その他」の欄については、当該労働者についての社会保険の加入状況及び雇用保険の適用の有無のほか、労働者に負担させるべきものに関する事項、安全及び衛生に関する事項、職業訓練に関する事項、災害補償及び業務外の傷病扶助に関する事項、表彰及び制裁に関する事項、休職に関する事項等を制度として設けている場合に記入することが望ましいこと。
13. 各事項について、就業規則を示し当該労働者に適用する部分を明確にした上で就業規則を交付する方法によることとした場合、具体的に記入することを要しないこと。
14. 労働条件の定め方によっては、この様式どおりとする必要はないこと。

第2章 労働契約 5

労働契約の締結における禁止事項
賠償予定・前借金相殺・強制貯蓄の禁止、社内預金

16条〜18条・119条・120条

労働契約では、過去の反省から違約金を定めることやな前借金と賃金の相殺、に強制貯蓄を禁止している。

強制労働につながることは禁止

1 労働者の足止めの防止

労働基準法は、使用者が労働者の退職の事由を事実上奪ってしまうような金銭的な「約束事」をすることを禁止しています。すなわち、16条では予め違約金を定めることを禁止し、17条では前貸金と賃金との相殺を禁止し、18条1項では強制貯金を禁止しています。これらはいずれも労働者の財産を質にとって労働を強制するに等しく、対等な労使関係とはいえないからです。

たとえば、一定期間内に退職した場合は研修にかかった費用の半額を弁償してもらう、という約束をした場合、労働者はその間退職の事由を事実上制限されることになります。また、昔はよく見られたことですが、使用者が労働者（実際はその家族）に前貸金を渡して、給料のうちの一部を前貸金と相殺しながら長い間働かせるという方法も、形を変えた強制労働に他なりません。更に、使用者が労働者の給与を強制的に「貯金」と称して天引きしてしまうのも、自分の財布を会社に奪われているに等しく、自由な労使関係とはほど遠いものです。

これらの行為に対しては、6か月以下の懲役または30万円以下の罰金が科されることになっています（119条）。

2 社内預金制度

いわゆる社内預金制度といって、労働者が任意に給与の一部を会社に預託する制度を採用している会社があります。これは、銀行などの金融機関を利用するのに比べて、労働者にとってはより高い金利で資金を運用でき、会社の方ではより低い金利で資金を調達できるので、双方にとってメリットがあります。しかし、この制度は、まず労働者が本当に自由に出し入れができるものでないと、事実上、強制貯蓄を強いるに等しくなってしまいます。また、会社が無責任な運用をして預金を食いつぶしてしまった場合には、労働者が多大な損害を被ることになります。

そこで、労働基準法では、厳格な枠組みを定めて社内預金制度を認めています（18条2項以下）。すなわち、労働者の過半数の代表（労働組合または労働者代表）との間で協定を結ぶこと、規程を定めて周知させること、厚生労働省令で定める金利よりも高い金利を付すること、労働者からの返還請求には遅滞なく応じること等が規定されています。そして、厚生労働省令によって、協定に盛り込むべき内容が定められています。ちなみに、令和元年10月1日現在の最低金利は「年0.5％」です。

社内預金が労働者にプラスになるためには、元本と一定以上の金利が保証されていなければなりませんので、特に利率と保全方法について約定が重要です。その点がいい加減だと、結局、強制貯蓄を強いるに等しくなってしまうことに留意して下さい。

労働契約における禁止規定 のしくみ

労働契約では、労働者が過去に酷使等をされた反省から、労働基準法はいくつかの禁止規定を設けている。

労働契約と禁止事項

使用者 → 労働契約 ← 労働者

〈禁止事項〉
- 賠償予定⇒労働基準法16条
- 前借金相殺⇒同法17条
- 強制貯蓄(社内預金制度は認める)⇒同法18条

労働基準法の条文

（賠償予定の禁止）
第16条 使用者は、労働契約の不履行について違約金を定め、又は損害賠償額を予定する契約をしてはならない。

（前借金相殺の禁止）
第17条 使用者は、前借金その他労働することを条件とする前貸の債権と賃金を相殺してはならない。

（強制貯金）
第18条① 使用者は、労働契約に附随して貯蓄の契約をさせ、又は貯蓄金を管理する契約をしてはならない。
② 使用者は、労働者の貯蓄金をその委託を受けて管理しようとする場合においては、当該事業場に、労働者の過半数で組織する労働組合があるときはその労働組合、労働者の過半数で組織する労働組合がないときは労働者の過半数を代表する者との書面による協定をし、これを行政官庁に届け出なければならない。
③ 使用者は、労働者の貯蓄金をその委託を受けて管理する場合においては、貯蓄金の管理に関する規程を定め、これを労働者に周知させるため作業場に備え付ける等の措置をとらなければならない。
④ 使用者は、労働者の貯蓄金をその委託を受けて管理する場合において、貯蓄金の管理が労働者の預金の受入であるときは、利子をつけなければならない。この場合において、その利子が、金融機関の受け入れる預金の利率を考慮して厚生労働省令で定める利率による利子を下るときは、その厚生労働省令で定める利率による利子をつけたものとみなす。
⑤ 使用者は、労働者の貯蓄金をその委託を受けて管理する場合において、労働者がその返還を請求したときは、遅滞なく、これを返還しなければならない。
⑥ 使用者が前項の規定に違反した場合において、当該貯蓄金の管理を継続することが労働者の利益を著しく害すると認められるときは、行政官庁は、使用者に対して、その必要な限度の範囲内で、当該貯蓄金の管理を中止すべきことを命ずることができる。
⑦ 前項の規定により貯蓄金の管理を中止すべきことを命ぜられた使用者は、遅滞なく、その管理に係る貯蓄金を労働者に返還しなければならない。
第119条 次の各号のいずれかに該当する者は、これを6箇月以下の懲役又は30万円以下の罰金に処する。
1 ……、第16条、……の規定に違反した者
第120条 次の各号のいずれかに該当する者は、30万円以下の罰金に処する。
1 ……、第18条第7項、……項の規定に違反した者

第2章 労働契約

6 解雇の制限

合理的理由を欠く解雇の無効と解雇の制限

労契16条、労基19条、119条

> 解雇するには、合理的な理由が必要で、そうでないと解雇権の濫用として無効となる。また、人道的見地、男女平等から解雇が禁止されているケースもある。

解雇では合理的理由が必要

1 解雇と「合理的理由」

労働契約法16条(旧労働基準法18条の2)は、「解雇は、客観的に合理的な理由を欠き、社会通念上相当であると認められない場合は、その権利を濫用したものとして、無効とする。」と規定しています。

解雇というのは使用者が労働者との間の労働契約を終了させることであり、労働者にとっては職を失うことになる重大な出来事です。この解雇を巡っては、仕事の需給に応じて労働者を弾力的に増減したい使用者側の事情と、賃金によって生活の安定を得たい労働者側の事情が衝突し、多くの紛争が起きました。そして、その結果としてできあがったルールが「客観的に合理的な理由を欠き、社会通念上相当と認められない場合」には解雇権の濫用として解雇が無効になる、という基準です。これは、最高裁判所の判例で確立した法理ですが、様々な議論を経た末に平成15年の法改正で労働基準法に明文化された経緯があります。

2 「合理的理由」の判断基準

法律の文言は抽象的なので、実際に解雇が有効かどうかが問題になった場合には、これまでの裁判例でどのような要素が考慮されたのかを手掛かりに考察していく以外にありません。

ごく大雑把に言うと、解雇が労働者個人の事情(規則違反、成績不良など)に基づくものか、会社の事情(人員整理など)に基づくものかでまず分かれます。例えば、労働者の非違行為を理由とする場合は、非違行為の程度の重さ(迷惑の程度、繰返しの程度など)がまず重要ですが、それに加えて、会社側できちんと注意をしたか、それに対して改善が見られたか、などの事実経過も重視されます。他方、人員整理を理由とする場合は、単に人員整理が必要な経営状況にあるというだけでは足りず、人員整理以外の手段を尽くしたかどうか、整理対象者を恣意的に選んでいないかどうか、労働者に説明を尽くしたかどうか、などの点も重視されます。

3 法律による解雇制限

労働基準法上解雇が制限されている場合があります。すなわち、労働基準法19条1項で、「業務上負傷し、又は疾病にかかり療養のために休業する期間及びその後30日間」と「産前産後の女性が第65条の規定(産前産後休暇の規定)によって休業する期間及びその後30日間」については、解雇が禁止されています。

これは、業務上の負傷が理由で就労できない者や出産によって就労できない者について一般の労働者と同じく解雇を認めると、本人に酷な場合があり、半ば無理な就労を強いることになってしまうので、人道的な見地から雇用を保障することにした規定です。ただし、労災の場合に「打切補償」を支払った場合や、天災事変等によって事業の継続が不可能になった場合には、例外が認められています。

解雇の無効・制限のしくみ

要旨 使用者が労働者を解雇するには、客観的に合理的な理由があり、社会通念上相当と認められる場合である。

使用者

解雇理由

◆労働者個人の事情に基づくもの
○規則違反(懲戒解雇)
○成績不良・など

◆会社の事情に基づくもの
○人員整理(整理解雇)・倒産・など

解雇

〈整理解雇の原則〉

①整理解雇の必要性
経営不振により、現状の人員を維持すれば、企業倒産寸前まで追い込まれる場合や、人員整理をしなければ企業閉鎖以外に方法がない場合など。

②整理解雇回避のための努力
昇給の停止や賞与支給の中止、賃金引下げ、一時帰休の実施、希望退職者の募集などの努力が事前になされていたか。

③労働者の説得等
労働組合が存在する場合には労働組合と、ない場合には労働者自身との間で協議・説得が十分に行われたかどうか。

④整理解雇の基準に合理性があるか
解雇対象労働者として合理的であるとされる基準は、年齢が一定以上あるいは一定以下の者、勤続年数が一定以上あるいは一定以下の者、共働きの者、単身者、勤務成績の低い者、欠勤が多い者など。

労働者

労働契約法の条文
(解雇)
第16条 解雇は、客観的に合理的な理由を欠き、社会通念上相当であると認められない場合は、その権利を濫用したものとして、無効とする。

労働基準法の条文
(解雇制限)
第19条① 使用者は、労働者が業務上負傷し、又は疾病にかかり療養のために休業する期間及びその後30日間並びに産前産後の女性が第65条の規定によつて休業する期間及びその後30日間は、解雇してはならない。ただし、使用者が、第81条の規定によつて打切補償を支払う場合又は天災事変その他やむを得ない事由のために事業の継続が不可能となつた場合においては、この限りでない。
② 前項但書後段の場合においては、その事由について行政官庁の認定を受けなければならない。
第119条 次の各号のいずれかに該当する者は、これを6箇月以下の懲役又は30万円以下の罰金に処する。
1 ……、第19条、……の規定に違反した者

第2章 労働契約
7 解雇の予告と予告手当
抜き打ち解雇の禁止
（20条～21条、119条）

> 労働者に期待権があり抜き打ち解雇は許されないが、日雇いなどの臨時労働者を解雇するには予告義務はない。

解雇できる場合も予告が必要

1 抜き打ち解雇の禁止

労働基準法20条1項は、労働者を解雇しようとする場合に、「少なくとも30日前にその予告をしなければならない」とし、30日前に予告をしない場合は「30日分以上の平均賃金を支払わなければならない」と規定しています。賃金で生活を維持している労働者にとっては、生活の糧である賃金がいきなり打ち切られると困るので、雇用継続に対する一種の「期待権」の保護として、最低1か月の時間かその分の賃金を保障して次の職探しの機会を与えようとしたものです。ここで支払われる1か月分の平均賃金に相当する金額のことを「予告手当」と呼びます。

この「時間」と「賃金」とは併用することも可能で（20条2項参照）、例えば15日前に解雇を予告した場合には、予告手当は15日分でいいことになっています。

この規定に違反した使用者には、6か月以上の懲役または30万円以下の罰金が科せられることがあります（119条）。

2 予告手当を支払えば解雇できるのか

労働基準法で予告手当についての規定があることから、「1か月分の賃金を支払えば労働者を解雇できる」と思っている使用者がいるかもしれませんが、それは正しくありません。労働基準法20条の規定は解雇をする場合に必要な条件を定めたものにすぎず、そもそも解雇自体が許されるかどうかは別問題であることを認識しておく必要があります。解雇については、前の項で述べたように、「客観的に合理的な理由を欠き、社会通念上相当と認められない場合」には解雇が許されないというルールがありますので（労契法16条）、そのルールに違反した解雇については、たとえ予告期間や予告手当についての規定を守っていたとしても、解雇自体が無効になります。

3 解雇予告が不要になる場合

労働基準法では、解雇予告が不要になる場合も規定されています。その一つは、「天災事変その他やむを得ない事由のために事業の継続が不可能になった場合」または「労働者の責めに帰すべき事由に基づいて解雇する場合」です（20条1項但書）。前者は事業そのものがなくなってしまう以上やむを得ないですし、また、後者は即時に解雇されても文句を言えないような重大な義務違反や非違行為が労働者にある場合にはやはりやむを得ないという考えに基づきます。ただし、これを口実に予告制度が有名無実になることを防ぐために、いずれの場合も行政官庁の認定を受けなければならないことになっています（20条3項、19条2項）。

解雇予告が不要になる場合のもう一つの類型は、一定の条件に当てはまる臨時雇いの労働者の場合です（21条）。ただし、臨時雇いでも、長期間継続して雇用されることについての「期待権」が発生した場合には、手当が必要になります（21条但書）。

解雇の予告と予告手当のしくみ

解雇の予告は30日前にしなければならず、30日前に予告をしない場合には30日分以上の予告手当を支払わなければならない。

解雇予告と予告手当の支給

 使用者

解雇予告 →

 労働者

解雇予告手当の支払い

※天災事変等による事業継続不可能、懲戒解雇の場合はこの規定は適用されない。

- ○翌日解雇予告⇒平均賃金の30日分以上を支給
- ○2日後〜30日前の解雇の予告⇒30日−就労日×平均賃金の額以上の支給
- ○30日以後の解雇予告⇒解雇予告手当の支払義務なし

※日雇い、2か月以内の期間を定めて試用される者、季節労働者(4か月以内の雇用期間)、試用期間中の者には解雇予告の規定は適用されない。

労働基準法の条文

(解雇の予告)
第20条① 使用者は、労働者を解雇しようとする場合においては、少くとも30日前にその予告をしなければならない。30日前に予告をしない使用者は、30日分以上の平均賃金 を支払わなければならない。但し、天災事変その他やむを得ない事由のために事業の継続が不可能となつた場合又は労働者の責に帰すべき事由に基いて解雇する場合においては、この限りでない。
② 前項の予告の日数は、1日について平均賃金を支払つた場合においては、その日数を短縮することができる。
③ 前条第2項の規定は、第1項但書の場合にこれを準用する。

第21条 前条の規定は、左の各号の一に該当する労働者については適用しない。但し、第1号に該当する者が1箇月を超えて引き続き使用されるに至つた場合、第2号若しくは第3号に該当する者が所定の期間を超えて引き続き使用されるに至つた場合又は第4号に該当する者が14日を超えて引き続き使用されるに至つた場合においては、この限りでない。
 1 日日雇い入れられる者
 2 2箇月以内の期間を定めて使用される者
 3 季節的業務に4箇月以内の期間を定めて使用される者
 4 試の使用期間中の者

第119条 次の各号のいずれかに該当する者は、これを6箇月以下の懲役又は30万円以下の罰金に処する。
 1 ……、第20条、……の規定に違反した者

第2章 労働契約 8

退職時等の使用者の義務

労働者の退職・死亡と使用者の義務

22条～23条、119・120条

金品の返還義務など

労働者の退職では、使用者は請求があれば証明書を発行しなければらず、また、死亡や退職では金品の返還義務がある。

1 退職の際の証明書

労働者が退職して次の職を求める場合、前職でどのような働き方をしていたのかについての情報が必要になる場合があります。労働基準法では、労働者の便宜のためにこれを制度化し、「使用期間、業務の種類、その事業における地位、賃金又は退職の事由」について証明書を労働者が請求した場合には、使用者は遅滞なく交付しなければならないことが規定されています（22条1項）。その反面で、労働者が請求しない事項については記載してはいけないことになっています（同条3項）。労働者によっては、前職の内容や退職理由等を公にしたくない場合もあるからです。

この規定は、労働者がより有利に再就職できるように取りはからったものですが、更に進めて、退職時のトラブル等が原因で再就職が阻害されないように、労働者の再就職にあたって不利益に判断される可能性のある項目について、他社と情報を交換したり、秘密の記号を用いてそれを知らせたりする行為を禁じています（22条4項）。「ブラックリスト」の類はこれによって禁止されることになりますので留意して下さい。

この規定の違反には罰則が定められていますが、前者の証明書の交付義務違反は「30万円以下の罰金」であるのに対して（120条）、後者のブラックリスト作成等は「6か月以下の懲役または30万円以下の罰金」が科せられます（119条）。他社と意を通じて再就職を妨害することに対して、法律が特に厳しく臨んでいることが窺い知れます。

2 死亡時または退職時の金品の保護

労働基準法は、労働者が死亡したり退職した場合に速やかに賃金等の支払いを受けられるように手当をしています。

すなわち、労働者の死亡又は退職の場合について、「権利者の請求があった場合においては7日以内に賃金を支払い、積立金、保証金、貯蓄金その他名称の如何を問わず、労働者の権利に属する金品を返還しなければならない」と規定しています（23条1項）。「7日」というのはかなり短く、通常業務をこなしながら請求に対応することを余儀なくされる使用者にとって厳しい印象もあるかもしれませんが、退職者・死亡者側の緊急性をより重く見た結果であり、きちんと守らなければなりません。この規定の違反には「30万円以下の罰金」が科せられます（120条）。

賃金や返還すべき金品について争いがある場合はどうでしょうか。争いがある場合には支払いを拒めるとしたら使用者が要求を拒否する口実になりかねませんし、かといって常に権利者の言い値を支払わなければならないとすると使用者の正当な主張が害される場合もあります。そこで、労働基準法では、「異議のない部分」を7日の間に支払わなければならないと定めて、この点を調整しています（23条2項）。

退職時の使用者等の義務のしくみ

要旨 労働基準法は、労働者の退職時に使用者がしなければならない義務を定めている。

退職と使用者・労働者の義務

使用者 ／ 労働者

退職＝労働契約の解約・終了

- ○労働者の申し入れ（2週間前）による場合
- ○定年退職の場合
- ○労働者の死亡による場合
- ○整理解雇・懲戒解雇による退職の場合

【定年】
・60歳未満とすることはできない
・65歳まで安定した雇用確保のため
　①当該定年の引上げ
　②継続雇用制度の導入
　③当該定年制度の定めの廃止
　のいずれかを講じなければならない

高年齢者の雇用の安定等に関する法律

労働者の退職に伴う使用者の義務
- ○退職時証明書交付
- ○金品の返還

退職に伴う労働者の義務
- ○事務の引き継ぎ
- ○競業避止義務
- ○秘密保持義務

※退職日の2週間前までに退職の申し入れが必要

労働基準法の条文

（退職時等の証明）

第22条 ① 労働者が、退職の場合において、使用期間、業務の種類、その事業における地位、賃金又は退職の事由（退職の事由が解雇の場合にあつては、その理由を含む。）について証明書を請求した場合においては、使用者は、遅滞なくこれを交付しなければならない。

② 労働者が、第20条第1項の解雇の予告がされた日から退職の日までの間において、当該解雇の理由について証明書を請求した場合においては、使用者は、遅滞なくこれを交付しなければならない。ただし、解雇の予告がされた日以後に労働者が当該解雇以外の事由により退職した場合においては、使用者は、当該退職の日以後、これを交付することを要しない。

③ 前2項の証明書には、労働者の請求しない事項を記入してはならない。

④ 使用者は、あらかじめ第三者と謀り、労働者の就業を妨げることを目的として、労働者の国籍、信条、社会的身分若しくは労働組合運動に関する通信をし、又は第1項及び第2項の証明書に秘密の記号を記入してはならない。

第119条 次の各号のいずれかに該当する者は、これを6箇月以下の懲役又は30万円以下の罰金に処する。
1 ……、第22条第4項……の規定に違反した者

第120条 次の各号のいずれかに該当する者は、30万円以下の罰金に処する。
1 ……、第23条から第27条まで……の規定に違反した者

第2章 労働契約

9 退職金と支払義務
退職手当の支払い

23条関連

> 退職金は、労働基準法上の使用者の当然の義務ではなく、労働契約、就業規則、その他の約束による。

退職金は規定等による

1 退職手当とは

一定の期間以上（3年程度のことが多い）長く勤めた後で会社を退職すると、退職手当（いわゆる退職金）をもらえる場合があります。大きな会社では、就業規則の一部として「給与規程」とともに「退職金規程」が制定され、それに基づいて退職手当が支給されることがほとんどだと思います。

しかし、この退職手当は、労働者の当然の権利ではなく、就業規則や個別の労働契約などに規定があって初めて発生する権利にすぎません。ですから、そのような約束事がない限り、どんなに長く働いても退職金をもらうことはできないわけです。

使用者の側から言うと、そのような約束事がない限り退職金を支払う義務はありません。もっとも、きちんとした明文の規定はないものの、過去の退職者が退職金をもらっている事実がある場合、支給条件が確定していて「慣行」として確立している場合には、規定がある場合と同じく退職金の支払義務がある、という裁判例もあります。

2 退職手当の支給

このように退職手当は何らかの約束事に基づいて発生する権利ですから、権利の内容（金額、支払時期、支払方法等）も基本的にはその約束によって決まります。退職時の基本給に勤続年数に応じた掛け率を乗じて金額を決め、退職理由（自己都合、会社都合、定年）によって加減する、というのが一番の典型ですが、最近では、年功よりも能力主義を重視する傾向に合わせて、「査定ポイント」のような独自の算定方式を取り入れるところも増えてきています。

よく問題になるのは、退職金の不支給事由の定めです。世間では懲戒解雇になったら退職金はもらえないという「常識」があり、事実就業規則にはそのような不支給事由が定められていることがほとんどですが、約束に基づいて発生する権利である以上、その権利が消滅する場合についてもきちんと約束がなされていなければなりません。それに、不支給事由の定め方如何では、使用者のさじ加減次第で退職金の金額を左右できることになってしまい、事実上退職の自由を奪うことにもなりかねません。そのため、不支給事由については、長年の勤続の功を一切抹消するに足りるほどの重大な非違行為・背信行為に限定されるべきであり、それに反するような不支給規定は無効と解される場合もあります。

3 退職手当の法的性質

退職金の法的な性質については、労働の対価である「賃金」（の後払い）なのか、長年の功労に対する報償にすぎないのかという考え方の対立があります。これについては、退職金は労働者の老後の生活設計の中心をなしており、後日まとまった退職金を得られることを念頭に若い頃は安い賃金で働くという事情もあるので、両方の性質を有していると考えるのが妥当でしょう。

退職に伴う労働者の金品の返還 のしくみ

 要旨　労働者の退職に伴い、原則として、一切の金銭関係は一定の期間内に清算しなければならない。

退職と金銭関係

使用者 → 労働者

労働者の退職・死亡による金品の返還（7日以内）

労働者の権利に関する金品

① 未払賃金（遅延利息14.6％含む⇒賃金確保法6条1項）
② 保証金（身元保証金含む）
③ 社内預金
④ 退職金（支払時期は就業規則等で定めがあれば1か月後や分割払でも可）

▶退職金の支給と不支給

　退職金を支給するかどうか、支給する場合の支給金額、時期・方法等については、いずれも労働契約、就業規則、労働協約等、労使の自治で決められるべきものとされている（最高裁判決）。したがって退職金のない会社もある。退職金の金額は、通常、会社都合による場合が最も多く、次いで自己都合退職、懲戒解雇（少しでも支給されればよい方である）となっている。退職金の支給では、規定がない場合に慣行として手払われていた場合や懲戒解雇での減額・不支給が問題となる（本文参照）。

労働基準法の条文

（金品の返還）
第23条① 使用者は、労働者の死亡又は退職の場合において、権利者の請求があつた場合においては、7日以内に賃金を支払い、積立金、保証金、貯蓄金その他名称の如何を問わず、労働者の権利に属する金品を返還しなければならない。
② 前項の賃金又は金品に関して争がある場合においては、使用者は、異議のない部分を、同項の期間中に支払い、又は返還しなければならない。
第120条　次の各号のいずれかに該当する者は、30万円以下の罰金に処する。
　1　……、第23条から第27条まで……の規定に違反した者

第2章 労働契約
10 雇用保険と失業給付

退職等では失業給付がある

雇用保険法

退職・解雇または勤務先の倒産などによって失業した場合には、雇用保険の失業給付がある。

退職・失業では給付がある

1 雇用保険法

雇用保険法1条は、雇用保険の目的について、労働者への失業給付、職業訓練による労働者の生活の安定と、職業安定に資するための諸事業による労働者の福祉の増進を規定しています。

労働者がその意思に反して職を失ったり、再就職に手間取ったりすることは少なくありません。そのような場合、一定の期間、従前の給与に準ずる金額の給付をすることで、再就職のための活動や職業訓練に専念できるようにするのが雇用保険の制度です。この雇用保険の制度は国が管掌することになっています(同法2条)。

2 雇用保険の制度

雇用保険の被保険者は、31日以上引き続きの雇用の見込みがあり、1週間の所定労働時間が20時間以上の労働者が該当します。ただし、65歳を超えたり、短時間労働者や日雇労働者や季節労働者の一部については適用がありません(同法6条)。

雇用保険制度の中心はいわゆる失業給付です。失業者というのは、職に就いていない人すべてを指すのではなく、就業する意思がありながら職に就けていない人を指します。雇用保険の制度は、失業中の生活保障とともに再就職のための準備や教育訓練などに対する支援の意味もあり、失業者ができるだけ早くその人に合った仕事にめぐり会って再就職していくことを念頭においています。「求職者給付の支給を受ける者は、必要に応じ職業能力の開発及び向上を図りつつ、誠実かつ熱心に求職活動を行うことにより、職業に就くように努めなければならない。」という規定(同法10条の2)は、その趣旨を明らかにしたものです。

失業給付の中の基本手当は、原則として離職の日以前2年間に被保険者期間が通算して12か月以上であったときに支給されます。ただし、特定受給離職者(倒産・解雇等)、特定理由離職者(雇止めの非正規労働者や止むを得ない理由での自己都合離職)は、離職の日以前の1年間に被保険者期間が通算6カ月以上あれば支給されます。

基本手当の日額は、原則として賃金日額次第でその5割から8割となっており、最後の半年間の給与の金額を基準に算定されます。そして、原則として失業から1年の間に、年齢や被保険者期間に応じて定められた日数分を上限として支給されます。

3 労働者が我が身を守るためには

雇用保険制度に基づく給付は、雇用保険に加入していることが当然の大前提です。その意味では使用者が雇用保険に加入していないと非常に困ることになり、労働者はその点に注意しなければなりません。使用者は一定の例外を除き雇用保険に加入することを義務付けられていますが、採用面接のときに、自分がその被保険者になるのかどうかを確認しておきましょう。不安な場合は、給料明細の源泉徴収欄を見るか、役所に問い合わせて確認してください。

雇用保険の失業給付・基本手当 のしくみ

 平成15年の雇用保険法改正により、正社員とパート労働者の給付内容が一本化された。

●所定給付日数

1 特定受給資格者および特定理由離職者(3を除く)
※特定受給資格者とは倒産・解雇等による離職者で、特定理由離職者とは期間の定めがある契約が更新されなかった人、止むを得ない理由で自己都合離職した人(一定要件あり)です。

区分＼被保険者であった期間	1年未満	1年以上5年未満	5年以上10年未満	10年以上20年未満	20年以上
30歳未満	90日	90日	120日	180日	―
30歳以上35歳未満	90日	120日	180日	210日	240日
35歳以上45歳未満	90日	150日	180日	240日	270日
45歳以上60歳未満	90日	180日	240日	270日	330日
60歳以上65歳未満	90日	150日	180日	210日	240日

2 特定受給資格者および特定理由離職者以外の離職者(3を除く)

区分＼被保険者であった期間	1年未満	1年以上5年未満	5年以上10年未満	10年以上20年未満	20年以上
全年齢	―	90日	90日	120日	150日

3 障害者等の就職困難者

区分＼被保険者であった期間	1年未満	1年以上5年未満	5年以上10年未満	10年以上20年未満	20年以上
45歳未満	150日	300日	300日	300日	300日
45歳以上65歳未満	150日	360日	360日	360日	360日

●基本手当日額

◆基本手当日額は、離職の日の直前の6カ月に毎月決まって支払われた賃金(ボーナスは含まれない)の合計を180で割って算出した額(これを賃金日額という)の50～80%(60歳以上65歳未満は45～80%)で、賃金の低い人ほど高い率になっている。基本手当日額の上限額は下記のとおり(令和元年8月1日現在)

30歳未満	6,755円	45歳以上60歳未満	8,260円
30歳以上45歳未満	7,505円	60歳以上65歳未満	7,087円

雇用保険法の条文

(目的)
第1条 雇用保険は、労働者が失業した場合及び労働者について雇用の継続が困難となる事由が生じた場合に必要な給付を行うほか、労働者が自ら職業に関する教育訓練を受けた場合に必要な給付を行うことにより、労働者の生活及び雇用の安定を図るとともに、求職活動を容易にする等その就職を促進し、あわせて、労働者の職業の安定に資するため、失業の予防、雇用状態の是正及び雇用機会の増大、労働者の能力の開発及び向上その他労働者の福祉の増進を図ることを目的とする。

第2章 労働契約

11 派遣労働者とは何か

派遣社員は派遣元の企業か雇用

労働者派遣法

労働者派遣法で規制

▶ 人件費等の削減の理由から、最近では正社員を減らして派遣社員を増やす企業が増加している。

1 労働者派遣法

終身雇用と年功賃金制の崩壊に象徴される労働環境の変化に伴い、現実の要請を受けて、それまで原則禁止されていた労働者派遣制度が合法化されることになりました。そこで、労働者派遣法、正式には「労働者派遣事業の適正な運営の確保及び派遣労働者の保護等に関する法律（現法令名）」が制定されて、労働者派遣事業と労働者派遣契約についていろいろな規定がおかれています。

派遣を受ける事業者（派遣先）にとっては、派遣制度は非常に魅力的です。雇用関係の当事者にならずに労働力の提供を受けられるので、採用や解雇という面倒な手続を経ずに労働者を増減できますし、社会保険料等雇用に伴うコストもかかりません。

他方、労働者の立場で考えると、ごく一部の非常に高度で専門的な能力を有する人を除き、多くの労働者はできるだけ失業のリスクのない環境で働くことを望むでしょう。しかし、今の時代はいわゆる「正社員」の働き口を探すのはそれほど容易ではありません。そこで、とりあえず派遣という形態を利用して職に就くことになります。そのような労働者にとってが、派遣による労働条件が不安定で劣悪なものにならないように、法律で規制してもらわないと困ることになります。そのような事情を考慮して、労働者派遣法は、労働者派遣という法律関係を公認した上で、派遣対象となる業務の種類に応じて派遣期間など規制し、労働者派遣業者の資格や届出制度などを定め、更には、実際の労働者派遣に際して労働者の立場を守るための諸規定を定めています。また、平成24年10月から、日雇派遣を制限（原則禁止）するなどの法改正が行われ、派遣労働者の立場が不安定にならないように配慮されています。

2 派遣労働者とは何か

労働者派遣法2条は、「労働者派遣」を「自己の雇用する労働者を、当該雇用関係の下に、かつ、他人の指揮命令を受けて、当該他人のために労働に従事させること」、「派遣労働者」を「事業主が雇用する労働者であつて、労働者派遣の対象となるもの」と定義しています。読んだだけではわかりにくい表現ですが、派遣事業者（派遣元）に雇用されている労働者が、派遣元との雇用関係を維持したままで、他人（派遣先）の指揮命令を受けて労働するように指示されて働く関係が「派遣」です。いわゆる「出向」は、働く先の企業と雇用関係を結んでその指揮命令を受けて働くもので、派遣とは異なります。他方「請負」は、働く先の企業の指揮監督は一切受けずに人を出す方の事業者の指揮監督だけを受ける関係で、これも派遣とは異なります。

派遣対象の業務は、業種によって受け入れ可能期間が異なっていましたが、平成27年9月30日施行の改正で、業種による期間制限は廃止され、事業所単位と個人単位の期間制限が設けられました（73ページ表参照）。

◎労働者派遣法の条文の構成

正式名称：労働者派遣事業の適正な運営の確保及び派遣労働者の保護等に関する法律

◎第1章　総則　　　　　　　　　　　　　（第1条～第3条）

◎第2章　労働者派遣事業の適正な運営の確保に関する措置

第1節　業務の範囲（第4条）
第2節　事業の許可等
　第1款　一般労働者派遣事業（第5条～第15条）
　第2款　特定労働者派遣事業（第16条～第22条）
第3節　補則（第23条～第25条）

◎第3章　派遣労働者の保護等に関する措置

第1節　労働者派遣契約（第26条～第29条）
第2節　派遣元事業主の講ずべき措置等（第30条～第38条）
第3節　派遣先の講ずべき措置等（第39条～第43条）
第4節　労働基準法等の適用に関する特例等（第44条～第47条の2）

◎第4章　雑則　　　　　　　　　　　　　（第47条の3～第57条）

◎第5章　罰則　　　　　　　　　　　　　（第58条～第62条）

◆平成24年労働者派遣法の改正（平成24年10月1日施行）　　資料：厚生労働省

　派遣労働者の保護と雇用の安定を図ることを目的とした改正で、改正のポイントは以下のとおりです。
(1) 派遣会社のマージン率や教育訓練に関する取り組みの状況の公開（事業年度終了後）が義務付けられ、派遣会社についての情報を確認できるようになった
(2) 派遣労働者の派遣料金の額の明示が、①派遣会社と派遣契約を締結するとき、②派遣先に実際に派遣されたとき、③派遣料金が変更になったとき、に義務づけられた。
(3) 派遣会社は派遣労働者の賃金を決定する際に、①派遣先で同種の業務に従事する労働者の賃金水準、②派遣労働者の職務の内容、職務の成果、意欲、能力、経験などを配慮することになった。
(4) 有期雇用の派遣労働者（雇用期間が通算1年以上）の希望により、①期間の定めのない雇用（無期雇用）に転換する機会の提供、②紹介予定派遣の対象とすることで派遣先での雇用の推進、③無期雇用の労働者への転換を推進するための教育訓練などの実施、のいずれか措置をとることが、派遣会社の努力義務となった。
(5) 日雇労働については、雇用期間が30日以内の日雇派遣は原則禁止（例外：①政令で定める業務（ソフトウエア開発・機械設計など）、②以下の人＝㋑60歳以上の人、㋺雇用保険の適用を受けない学生、㋩日雇い派遣に従事する人（生業収入が500万円以上）、㋥主たる生計者でない者（世帯収入が500万円以上））。
(6) 離職後1年以内に派遣労働者として元の勤務先に派遣することの禁止。これは、直接雇用（正社員・契約社員など）の労働者を派遣労働者として労働条件の切り下げを防ぐためである。

第2章 労働契約
労働者派遣業法

12 派遣労働者の契約

派遣社員は派遣元と労働契約

派遣社員は派遣元と契約をする

▶ 派遣労働者と使用者との労働契約は派遣労働者と派遣元との間で締結する。派遣元は派遣先に労働者を派遣して対価を受け取る。

1 労働者派遣の場合の契約関係

派遣労働者は、実際に労働する際には派遣先の指揮監督の下で働きますが、その基本となる労働契約自体は派遣元との間で締結したものです。このような労働者派遣の基本的な構図を念頭において三者間の関係をみていきたいと思います。

2 派遣先と派遣元（労働者派遣契約）

派遣先と派遣元の労働者派遣契約は、それ自体は事業者間の契約であり労働者を当事者とするものではありませんが、派遣労働者の地位に大きな影響を及ぼすので、大幅な規制が加えられています。すなわち、派遣元が派遣業の許可業の許可を受けまたは届出書を提出している旨を明示すること（労働者派遣業法26条4項）、法律で要求された事項を全て盛り込むこと（同法26条1項）を義務づけています。契約事項は、派遣労働者が従事する業務の内容と就業の場所をはじめ、派遣就業の労働時間や安全衛生まで広く規定されており、派遣労働者の労働条件に踏み込んだ内容になっています。また、派遣労働者に対する不当な差別を防止するために、労働者派遣契約の解除事由について制限が加えられています。

3 派遣元と派遣労働者（雇用契約）

派遣元と派遣労働者との間では、雇用契約が結ばれます。労働者は、この労働契約に基づく派遣元の指揮命令を受けて、派遣先で働くわけです。このことを明確にするために、雇用契約の中に派遣労働者となることを明記しなければなりません（同法32条）。また、雇用契約が終了した後で労働者が派遣先と直接雇用契約を結ぶことを原則として禁止してはいけないことになっています（同法33条）。労働者は派遣先との間で正式な雇用契約を結ぶ期待を抱いている場合が多く、そのようなチャンスを派遣元が奪ってはいけないわけです。

なお、派遣労働者は派遣元に雇用されている労働者ですから、賃金や労働契約の終了などに関する労働基準法の規定がそのまま適用されること、また、社会保険等の諸制度についても、法定の資格要件を満たしている限りは派遣元で加入しなければならないことに注意してください。

4 派遣労働者と派遣先

派遣労働者は定められた就業場所に赴いて仕事をするわけですが、そこで派遣労働者に指示をするのは派遣先の関係者です。このように、派遣労働者と派遣先は実際に仕事上接触をするのに、この間には直接の契約関係はありません。しかし、実際に問題が起こった場合に、派遣労働者が雇用主である派遣元にしか法的な主張ができないとなると派遣労働者の保護が手薄になる危険があります。そこで、労働者派遣業法は、労働基準法上の使用者の義務の中で一定範囲のものを派遣先に負わせ（同法44条）、更には、派遣労働者からの苦情に誠意を持って対応することを義務づけるなどの保護規定をおいています。

労働者派遣のしくみ

要旨 労働者派遣については、一般の労働者とは違っていくつかの特別なルールがある。

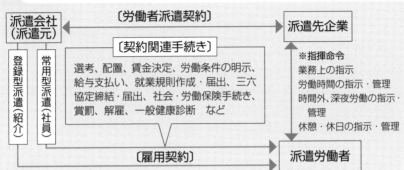

◆平成27年労働者派遣法の改正（平成27年9月30日施行）資料：厚生労働省

改正のポイントは以下のとおりです。
① 派遣先事業所単位の期間制限　派遣先の同一事業所に対して派遣できる期間（派遣可能期間）は、原則として3年が限度。派遣先が3年を超えて派遣を受け入れようとする場合は、派遣先の事業所の過半数労働組合等からの意見を聴かなければならない。
② 派遣労働者個人単位の期間制限　同一の派遣労働者を、派遣先の事業所における同一の組織単位（課やグループなど）に対し派遣できる期間は、3年が限度。
③ 雇用安定措置　派遣元事業主は、同一の組織単位に継続して1年以上派遣される見込みがある等一定の場合には、派遣先への直接雇用の依頼や、新たな派遣先の提供などの派遣労働者の派遣終了後の雇用を継続させるための措置（雇用安定措置）を講じなければならない。
④ キャリアアップ措置　派遣元事業主は、雇用している派遣労働者のキャリアアップを図るため、段階的かつ体系的な教育訓練や希望者に対するキャリア・コンサルティングを実施しなければならない。
⑤ 均等待遇の推進　派遣労働者が希望する場合には、派遣元事業主は、派遣先で同種の業務に従事する労働者との均等な待遇の確保のために考慮した内容を、本人に説明しなければならない。

◆「働き方改革」による労働者派遣法の改正（令和2年4月1日施行）

不合理な差別待遇の解消等を目的とする改正のポイントは以下のとおりです。
① 下記のいずれかによる待遇の確保が義務づけられた。
　(1) 派遣先の労働者との均等・均衡待遇（派遣労働者と派遣先労働者との均等・均衡待遇規定の創設。教育訓練、福利厚生施設の利用など派遣先の措置の規定の強化）。
　(2) 一定の要件を満たす労使協定による待遇（派遣元事業主が、労働者の過半数で組織する労働組合または労働者の過半数代表者と賃金決定方法等一定の要件を満たす労使協定を締結し、当該協定に基づいて待遇決定）。
　※併せて派遣先事業主に、派遣先労働者の待遇に関する派遣元への情報提供の義務。
② 派遣先事業主に、派遣元事業主が上記(1)(2)を順守できるよう派遣料金の額の配慮義務が創設された。
③ 均等・均衡待遇規定を明確化するために、ガイドライン（指針）が策定された。

労働者派遣業法の条文

(目的)
第1条　この法律は、職業安定法（昭和22年法律第141号）と相まって労働力の需給の適正な調整を図るため労働者派遣事業の適正な運用の確保に関する措置を講ずるとともに、派遣労働者の保護等を図り、もつて派遣労働者の雇用の安定その他福祉の増進に資することを目的とする。

第2章 労働契約

13 会社の分割等の場合の労働契約の承継

労働契約承継法

一定の場合には労働契約は承継される

> 会社の合併については労働契約は当然維持されるが、会社分割においても労働契約は承継される。

労働契約は承継される

1 会社分割に伴う労働契約の承継等に関する法律

会社法の規定に従って会社の分割が行われる場合、そこに勤務する労働者の地位はどうなるでしょうか。労働者にとって最大の関心事は分割後の自分の労働条件ですが、それぞれの会社が何をどのように分け合うのかを知らないと、分割後の労働条件を想定することができません。

そこで、会社分割制度が正式に定められたのを機に、平成13年から「会社分割に伴う労働契約の承継等に関する法律」、いわゆる労働契約承継法が制定されました。

2 労働契約承継法の規定

まず、労働者に対して早めに正確な情報を提供しなければなりません。労働契約承継法2条は、新会社に承継される営業に主として従事する労働者と、新会社に承継される営業に従として従事する労働者のうち分割計画書に記載のある者に対して、分割計画を承認する株主総会の会日の2週間前までに、書面による通知を行うことを義務づけています。この事前通知の制度は、分割によって自分が所属することとされた会社に行くことが労働者にとって不利益になるかどうかを判断するためのものです。そのため、通知にはそのような判断をするに足りる事項を記載しなければ意味がありません。法律で規定されているのは、労働契約が承継される旨が分割計画書に記載されているかどうかと、分割会社に対して異議を申し出る場合の期限の2項目ですが、これ以外に厚生労働省令で定められた事項についても記載しなければなりません。

分割会社との間で労働協約を締結している労働組合があるときは、その労働組合に対しても通知しなければなりません。

分割によって新会社に承継されるかどうかは、対象となる労働者によって異なります。すなわち、新会社に承継される営業に主として従事する労働者については、分割計画書の記載に従って分割会社に承継されます。ただし、分割計画書では承継されない旨定められた労働者は、その意に反して今までと異なる職務に従事することを強いられることのないように、異議を述べる機会が与えられています（労働契約承継法4条）。異議を述べると、その労働者の労働契約は新会社に承継されます。

これに対して、新会社承継される営業に従として従事する労働者のうち分割計画書に記載のある者については、原則として新会社に承継されますが、前記の場合と逆の意味で、主として従事していなかった職務を強いられることになるので、同じく異議を述べる機会が与えられています（同法5条）。異議を述べると、その労働者の労働契約は新会社に承継されません。

要するに、原則として分割計画書の記載に従って承継の有無が決まりますが、分割の前後で従事する職務が変わる場合には異議を述べる機会が保障されているわけです。

会社分割と労働契約の承継 のしくみ

要旨 会社分割では、原則として分割計画書に従って労働契約の承継の有無が決まる。

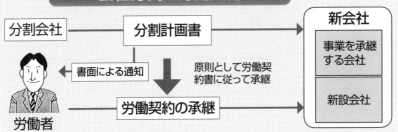

※1 新会社に承継される営業に主として従事する者で分割計画書に承継されない旨を記載された労働者⇒異議を述べると労働契約は新会社に承継される
※2 新会社に承継される営業に従として従事する者で分割計画書に記載のある労働者⇒異議を述べると労働契約は新会社に承継されない

会社分割に伴う労働契約の承継等に関する法律の条文

(目的)
第1条 この法律は、会社分割が行われる場合における労働契約の承継等に関し会社法(平成17年法律第86号)の特例等を定めることにより、労働者の保護を図ることを目的とする。(第2条(労働者等への通知)⇒略)

(承継される事業に主として従事する労働者に係る労働契約の承継)
第3条① 前条第1項第1号に掲げる労働者が分割会社との間で締結している労働契約であって、分割契約等に承継会社等が承継する旨の定めがあるものは、当該分割契約等に係る分割の効力が生じた日に、当該承継会社等に承継されるものとする。
第4条 第2条第1項第1号に掲げる労働者であって、分割契約等にその者が分割会社との間で締結している労働契約を承継会社等が承継する旨の定めがないものは、同項の通知がされた日から異議申出期限日までの間に、当該分割会社に対し、当該労働契約が当該承継会社等に承継されないことについて、書面により、異議を申し出ることができる。
② 分割会社は、異議申出期限日を定めるときは、第2条第1項の通知がされた日と異議申出期限日との間に少なくとも13日間を置かなければならない。
③ 前2項の「異議申出期限日」とは、次の各号に掲げる場合に応じ、当該各号に定める日をいう。
　1 第2条第3項第1号に掲げる場合　通知期限日の翌日から承認株主総会の日の前日までの期間の範囲内で分割会社が定める日
　2 第2条第3項第2号に掲げる場合　同号の吸収分割契約又は新設分割計画に係る分割の効力が生ずる日の前日までの日で分割会社が定める日
④ 第1項に規定する労働者が同項の異議を申し出たときは、会社法第759条第1項、第761条第1項、第764条第1項又は第766条第1項の規定にかかわらず、当該労働者が分割会社との間で締結している労働契約は、分割契約等に係る分割の効力が生じた日に、承継会社等に承継されるものとする。

(その他の労働者に係る労働契約の承継)
第5条 第2条第1項第2号に掲げる労働者は、同項の通知がされた日から前条第3項に規定する異議申出期限日までの間に、分割会社に対し、当該労働者が当該分割会社との間で締結している労働契約が承継会社等に承継されることについて、書面により、異議を申し出ることができる。
② 前条第2項の規定は、前項の場合について準用する。
③ 第1項に規定する労働者が同項の異議を申し出たときは、会社法第759条第1項、第761条第1項、第764条第1項又は第766条第1項の規定にかかわらず、当該労働者が分割会社との間で締結している労働契約は、承継会社等に承継されないものとする。

第2章 労働契約
14 パートタイム労働法

パートは短時間労働者である

パート（短時間労働者）はどうなっているか

パートにも労働法の適用あり

> パートには、パートタイム労働法があり、また、労働基準法等の労働法の適用があり保護を受ける。

1 パートタイム労働の問題点

パートタイムという働き方が増えています。使用者にとっては、景気の変動や業務の繁閑によって労働者の人数や時間数を調整するには、正社員を雇うよりもパートタイマーを利用した方がコストを削減できる、というメリットがあります（ただし、パートタイマーにも労働法の保護があるので、本当はそれほど安易に「調整」に利用できないことに注意する必要があります）。他方、労働者にとっても、たとえば女性が家事の合間に家計の補助として働くなどという場合には、正社員よりもパートの方が向いており、個人個人の事情に応じた働き方が選べる、というメリットがあります。

その反面で、正社員に比べて福利厚生や待遇が低いことが多く、労働組合にも入れない場合があるなど、パートタイマーが正社員に比べて劣悪な労働環境におかれやすいということも事実です。特に、パートタイマーでも正社員と同じだけ働いているような労働者の場合は、正社員との待遇の差異が際立ちます。そこで、パートという働き方の利点を活かしつつ、労働法上の保護をどのように及ぼしていくかが課題です。

2 「パート労働法」について

実は、パート労働者を定義した法律はありません。俗にパート労働法と呼ばれる「短時間労働者の雇用管理の改善等に関する法律」では、「短時間労働者」という概念を創設して、「通常の労働者」の労働時間と比べながら「短時間労働者」にあたるかどうかを定める、という形式をとってい

ますが、パート労働者がイコール短時間労働者とは限りません（正社員と同じ時間だけ働いているパート労働者はたくさんいます）。ただ、正社員よりも短時間しか働かないパート労働者も多く、法律の規定にはやはり大きな意味があります。

パート労働法では、「短時間労働者」に該当する労働者に対して、労働条件についての文書の交付（同法6条）や就業規則作成にあたっての短時間労働者の過半数代表からの意見聴取（同法7条）など、特別に保護する制度を定めています。

3 パートタイマーと労働基準法

パート労働者も「労働者」であり、正社員と同じく労働基準法や労働組合法の適用があります。労働条件についていえば、労働契約の規制、賃金、労働時間、休暇、労働契約の終了など、労働基準法の規定の多くがそのまま適用になります。もちろん、労働基準法自身が短時間の労働者の特則をおいている場合（たとえば、年次有給休暇の日数についての労働基準法39条3項等）には、その特則が適用になりますが、そうでない限りは正社員と同じです（121ページ図参照）。

4 パートタイマーと社会保険

現在は週30時間（正社員の4分の3）以上働く等の人が社会保険加入者ですが、平成28年10月からは、①週20時間以上働く、②給料が月8万8000円以上、③従業員が501人以上の会社に勤務、④1年以上働くことが見込まれる場合、健康保険・厚生年金の加入対象者となりました。

パートの労働条件のしくみ

要旨 パートタイマーであっても、労働基準法やパートタイム労働法によって労働条件の明示義務が定められている。

●明示が必要な労働条件

労働基準法	1	労働契約の期間　有期労働契約の場合には、期間満了後における契約更新の有無、更新するかしないかの判断基準
	2	就業の場所、従事すべき義務
	3	始業・就業の時刻、所定労働時間を超える労働の有無、休憩時間、休日、休暇、労働者を複数の組に分けて就業させる場合の就業時転換に関する事項
	4	賃金
	5	退職、解雇の事由
パートタイム労働法	1	昇給に関する事項
	2	退職手当、臨時に支払われる賃金、賞与等に関する事項
	3	所定労働日以外の日の労働の有無
	4	所定労働時間を超えて、または、所定労働日以外の日に労働させる場合のその程度
	5	安全衛生に関する事項
	6	教育訓練に関する事項
	7	休職に関する事項

●パートタイマーに適用されるその他の労働条件

(1) 年次有給休暇（121㌻図参照）
(2) 母性保護措置　・妊産婦に係る危険有害業務の就業制限・産前産後休業と軽易な業務への転換・妊産婦に対する変形労働時間制の適用制限・妊産婦の時間外労働、休日労働、深夜業の制限・育児時間
(3) 育児・介護休業制度、子の看護休暇、勤務時間の短縮等の措置

◆平成27年4月1日施行「パートタイム労働法」改正ポイント　　資料；厚生労働省

①有期労働契約を締結しているパート労働者でも、職務の内容、人材活用の仕組みが正社員と同じ場合には、正社員との差別的取り扱いが禁止された。また、パート労働者と正社員の待遇を相違させる場合、不合理と認められるものであってはならない。
②パート労働者を雇い入れるときは、雇用管理の改善措置の内容について、事業主が説明しなせればならない。
③雇用管理の改善措置の規定に違反し、厚生労働大臣の勧告に従わない場合は、厚生労働大臣は事業主を公表することができる。

◆「働き方改革」による「パートタイム・有期雇用労働法」改正ポイント

①法律の名称が「短時間労働者の雇用管理の改善等に関する法律」から「短時間労働者及び有期雇用労働者の雇用管理の改善等に関する法律」に変わり、略称も「パートタイム・有期雇用労働法」になった。
②個々の待遇（基本給・賞与・福利厚生など）ごとに、待遇の性質・目的に照らして適切と認められる事情を考慮して判断されるべき旨を明確化
③均等待遇規定に関して、新たに有期雇用労働者も対象とされた。
④待遇ごとに判断することを明確化するため、ガイドライン（指針）が策定された。
　施行：令和2年4月1日、中小企業は令和3年4月1日

第2章 労働契約 15

外国人には就労制限がある

外国人労働者はどうなっているか

出入国管理及び難民認定法

▶ 外国人が日本で就労するためには就労ビザが必要で、外国人労働者も労働法上の保護を受ける。

外国人労働者も保護される

1 労働法上は労働者の国籍は関係ない

外国人労働者が増えていることは街を歩いているだけでも分かる場合があります。労働条件の厳しさなどから日本人があまりやりたがらない仕事を中心に、いろいろな分野に進出しています。

労働基準法では、外国人労働者に特別な規定はありません。労働基準法3条で、国籍を理由とする差別的取扱いが明文で禁止されており、外国人であるという理由で特別扱いをすることは許されないのす。

2 在留資格による就労の可否

ただ、そうはいっても、実際に外国人を雇用するとなると、日本人の場合にはない問題が起きることがあります。特に、その外国人の在留資格によっては、賃金を得て働くことが禁止されていたり、職種が限定されていたりする場合があり、それに違反した「不法就労」が問題になることがあります。現在外国人の就労については、何の制限もなく日本人と全く変わらない在留資格(「永住者」「日本人の配偶者等」「定住者」など)、特定分野の就労が認められている在留資格(「芸術」「報道」「医療」など)、原則として就労できないが法務大臣の許可を受ければ一定の条件でアルバイトが認められる在留資格(「留学」「就学」など)に分けられます。事業主としては、外国人を雇用する場合は、その在留資格の確認だけは怠りなくやっておいて下さい。

3 外国人労働者におきやすい問題

反面で、在留資格上問題がなければ、労働関係について日本人と違うところはありません。労働基準法も労働組合法も同じく適用されます。たとえその労働者が不法就労者であっても、労働者として働いている限りは、同じく保護を受けます。

その上で、比較的外国人の場合に起きやすい問題がないか考えてみましょう。

まず、本当は就労資格がないのにその点を偽って就職した外国人について、後で就労資格がないことが判明した場合は、採用時に告げるべき重大な事情を偽っていたのですから、解雇もやむを得ない場合が多いでしょう。しかし、採用の時点で使用者も分かっていた場合(「うすうす」分かっていても同じです)には、他に解雇理由がない限りは解雇権の濫用になるでしょう。

研修生や実習生という形で、多くの労働者が働いている職場があります。いずれも法律で認められた制度ですが、実際には実習とは名ばかりで、要するに実習を口実にした低賃金長時間労働を正当化する方便に使われているようなケースもあるようです。そして、働いている外国人も、それを重々承知で労働のために働いている場合が少なくないでしょう。しかし、もしそのような事例が発覚して非難を受けると、企業として大きな打撃を被ることになりますので、十分注意が必要です。

外国人労働者の就労のしくみ

 要旨 外国人が新規に日本国内で就労するためには、在留資格認定証明書あるいは在留資格変更許可(資格外活動の許可)が必要。

外国人労働者の就労

外国人労働者

海外から労働者として新規に来日する場合

- 外国人労働者と就労する会社との労働契約
- ↓
- 法務省地方入国管理局への在留資格認定証明書の交付申請および同証明書の交付
- ↓
- 在外日本大使館・総領事館での査証(ビザ)申請および発給
- ↓
- 来日、就労。来日後、90日以内に居住地の市区町村役場で新規外国人登録

すでに日本に住んでいる場合

- 外国人労働者と就労する会社との労働契約
- ↓
- 法務省地方入国管理局への在留資格変更認可申請を行い許可を得る
- ↓
- 許可後、就労可能。許可日から14日以内に居住地の市区町村役場で外国人登録の記載事項変更許可手続きを行う

※外国人労働者にも労働基準法の適用がある。なお、留学生・就学生については就労時間の制限がある

■在留資格と就労(原則)■

(1) 在留資格に定められた範囲で就労が認められる在留資格18種類……外交、公用、教授、芸術、宗教、報道、投資・経営、法律・会計業務、医療、研究、教育、技術、人文知識・国際業務、企業内転勤、興行、技能、技能実習、特定活動(ワーキングホリデー、EPAに基づく外国人看護師・介護福祉士・ポイント制等)

(2) 原則として就労が認められない在留資格5種類……文化活動、短期滞在、留学、研修、家族滞在。「留学」、「就学」及び「家族滞在」の在留資格をもって滞在する外国人の方がアルバイト等の就労活動を行う場合には、地方入国管理局で資格外活動の許可を受けることが必要です。

(3) 就労活動に制限がない在留資格4種類……永住者、日本人の配偶者等、永住者の配偶者等、定住者

※詳しくは、地方入国管理局にお尋ねください。

出入国管理及び難民認定法の条文

(目的)
第1条 出入国管理及び難民認定法は、本邦に入国し、又は本邦から出国する全ての外国人の在留の公正な管理を図るとともに、難民の認定手続を整備することを目的とする。

(就労資格証明書)
第19条の2 ① 出入国在留管理庁長官は、本邦に在留する外国人から申請があつたときは、法務省令で定めるところにより、その者が行うことができる収入を伴う事業を運営する活動又は報酬を受ける活動を証明する文書を交付することができる。

② 何人も、外国人を雇用する等に際し、その者が行うことができる収入を伴う事業を運営する活動又は報酬を受ける活動が明らかな場合に、当該外国人が前項の文書を提示し又は提出しないことを理由として、不利益な取扱いをしてはならない。

第2章 労働契約
16 家内労働法

家内労働は、いわゆる「内職」である

家内労働者はどうなっているか

家内労働法は、家内労働者の工賃の支払、支払場所、最低工賃などについて定めている。

内職者にも保護法がある

1 家内「労働者」とは何か

かつては、布きれにボタンを付けたり、結び昆布を作ったりなどの作業が、主婦の「内職」として多く行われていました。今でも、どうしても手作業によらざるを得ない仕事については、「内職」として行われていると思われます。

内職の仕事は、多くの場合、その契約関係は「請負」と考えられます。この場合、その人は法律的には（極めて零細ながらも）一事業者ということになり、事業者間の契約ですから、「労働法」が登場する余地は本来はありません。

しかし、内職の場合の契約条件の決定はほぼ100％発注者側が支配しており、非常に低廉な工賃で多数の作業をこなしていくのがほとんどです。その実情は、発注者の経営する工場のラインで一労働者として作業をするのとほとんど変わりません。

そこで、「家内労働法」では、厚生労働省の管轄の元に内職に関する契約条件を規制し、実質的に労働基準法や最低賃金法に準ずる体系を作っています。

2 家内労働法の規定の内容

家内労働法1条は、「この法律で定める家内労働者の労働条件の基準は最低のものであるから委託者及び家内労働者は、この基準を理由として労働条件を低下させてはならないことはもとより、その向上を図るように努めなければならない。」と規定しています。家内労働者の生活の安定を図って「労働条件」の最低限を定めたものであることを宣言し、家内労働法が事実上「労働法」であることを明らかにしています。

同法2条は基本的な用語を定義した規定ですが、その2項で、「家内労働者」について、一定の業者からの委託で製造加工に従事するもので「その業務について同居の親族以外の者を使用しないことを常態とするもの」と定義しています。親族以外の従業員を常時使用している場合は、いくら零細でも労働者扱いは受けられません。

家内労働者に対する委託について、家内労働者保護の観点から、いくつかの規制を定めています。すなわち、委託者は「家内労働手帳」を交付して委託の都度に委託の内容や工賃についての約定を記載しなければなりません（同法3条）。また、労働時間が長くなりすぎないように、使用者と家内労働者双方に努力義務を課し、問題のある事例に対しては労働局長が是正を勧告できることを定めています（同法4条）。更に、6か月を超える長期間委託を受けている家内労働者については、委託打ち切りの際は早めその旨を予告するように定めました（同法5条）。

工賃については、労働者の賃金の支払いに準じて通貨払いと全額払いを義務付け、工賃の支払いサイトを1か月に制限しています（同法6条）。また、最低賃金制度に準じて、最低工賃制度を定めています（同法8条、同13条、同14条）。

家内労働のしくみ

労働基準法 第2章 労働契約

要旨 家内労働とは、いわゆる内職のことであり、この内職について定めた法律が家内労働法である。

家内労働者の保護規定

家内労働者

委託

製造業者や加工業者など

〈家内労働者の要件〉　※以下の5つの要件をすべて満たすもの
① 物品の製造、加工等若しくは販売またはこれらの請負を業とする者(いわゆるブローカーを含む)から委託を受けること
② 物品の提供を受け、その物品を部品・付属部品または原材料とする物品の製造、加工等に従事すること
③ 業者の業務の目的物である物品を対象とし製造・加工などを行うこと
④ 主として、労働の対償を得るために働くものであること
⑤ 自己1人で、または同居家族とともに仕事をし、常態として他人を使用しないこと

〈家内労働者の保護の内容〉
①家内労働手帳の交付⇒委託条件・工賃などの必要事項を委託者が記入
②就労時間⇒委託者は家内労働者・補助者が長時間就労しなければならないような委託をしないよう努めなければならない
③打切り予告⇒継続して6か月以上委託している家内労働者との委託を打ち切る場合には、直ちにその予告をしなければならない
④工賃の支払い⇒工賃は原則として納品された日から1か月以内に通貨でその金額を支払う。また、最低工賃の制度もある
⑤その他、工賃や物品の受け渡し場所、安全衛生のための措置についての規定がある

家内労働法の条文

(目的)
第1条① この法律は、工賃の最低額、安全及び衛生その他家内労働者に関する必要な事項を定めて、家内労働者の労働条件の向上を図り、もつて家内労働者の生活の安定に資することを目的とする。
② この法律で定める家内労働者の労働条件の基準は最低のものであるから、委託者及び家内労働者は、この基準を理由として労働条件を低下させてはならないことはもとより、その向上を図るように努めなければならない。

〔雇用対策法・職業安定法・高年齢者等の雇用の安定等に関する法律〕
●雇用対策法～労働者の職業の安定と経済的・社会的地位の向上を図る等を目的とする
〔内容〕第1章　総則／第2章　求職者及び求人者に対する指導等／第3章　職業訓練等の充実／第4章　職業転換給付金／第5章　事業主による再就職の援助を促進するための措置等／第6章　外国人の雇用管理の改善、再就職の促進等の措置／第7章　雑則
●職業安定法～公共職業安定所その他の職業安定機関が行う職業紹介事業等
〔内容〕第1章　総則／第2章　職業安定機関の行う職業紹介及び職業指導／第3章　職業安定機関以外の者の行う職業紹介／第3章の2　労働者の募集／第3章の3　労働者供給事業／第3章の4　労働者派遣事業等／第4章　雑則／第5章　罰則
●高年齢者等の雇用の安定等に関する法律～高年齢者の安定した雇用の確保の促進など
〔内容〕第1章　総則／第2章　定年の引上げ、継続雇用制度の導入等による高年齢者の安定した雇用の確保の促進／第3章　高年齢者等の再就職の促進等／第4章　高年齢者職業経験活用センター等／第5章　定年退職者等に対する就業の機会の確保／第6章　シルバー人材センター等／第7章　国による援助等／第8章　雑則／第9章　罰則

第3章

賃金

24条～31条

◆労働基準法「第3章 賃金」では、労働者にとって生活の糧である賃金（給与等）について、賃金支払いの原則、最低賃金などについて規定し、労働者の保護を図っている。

■**賃金についての規定**

賃金は労働者にとって生活のための収入源です。労働基準法では、労働者が家族を含めて人間らしい生活をするために、いくつかの規定をおいています。

まず、賃金を確保する必要があることから、賃金の支払の原則（24条）について定め、また、非常時の場合は賃金支払日でなくてもそれまでの労働分を支払うべき措置を規定（25条）し、使用者に責任のある休業については休業期間中の賃金を支払うことを定め（26条）、更に、出来高払の保障等（27条）、最低賃金（28条）について、いわゆる生活保障給と呼ばれるものについて規定を設けて、労働者の保護を図っています。

なお、前記の賃金支払いの原則とは、賃金を通貨で、直接労働者に、その全額を支払わなければならないというものです。

■**労働基準法以外の賃金に関する規定**

賃金に関しては、労働基準法以外にも、労働者を保護するためのいくつかの規定があります。

民法では、先取特権（会社の倒産などで他の一般債権者に先がけて優先的に弁済を受けることができる権利⇒306条2号、308条、311条8号）、賃金の相殺禁止（510条）の規定があり、さらに民事執行法では賃金の差押えの禁止（152条1項2号、2項）についての規定を設けています。

また、最低賃金に関しては、最低賃金法があり、倒産などのときの労働者の未払賃金の確保については「賃金の確保等に関する法律」があります。

◎労働基準法「第3章　賃金」の条文の構成

労働基準法 第3章 賃金

- ◎**第1章**　総　則　　　　　　　　（第1条～第12条）
- ◎**第2章**　労働契約　　　　　　　（第13条～第23条）
- ◎**第3章**　賃金　　　　　　　　　（第24条～第31条）
  - 第24条……………………賃金の支払
  - 第25条……………………非常時払
  - 第26条……………………休業手当
  - 第27条……………………出来高払制の保障給
  - 第28条……………………最低賃金
  - 第29条～31条（削除）
- ◎**第4章**　労働時間、休憩、休日及び年次有給休暇（第32条～第41条）
- ◎**第5章**　安全及び衛生　　　　　（第42条～第55条）
- ◎**第6章**　年少者　　　　　　　　（第56条～第64条）
- ◎**第6章の2**　妊産婦等　　　　　（第64条の2～第68条）
- ◎**第7章**　技能者の養成　　　　　（第69条～第74条）
- ◎**第8章**　災害補償　　　　　　　（第75条～第88条）
- ◎**第9章**　就業規則　　　　　　　（第89条～第93条）
- ◎**第10章**　寄宿舎　　　　　　　（第94条～第96条の3）
- ◎**第11章**　監督機関　　　　　　（第97条～第105条）
- ◎**第12章**　雑則　　　　　　　　（第105条の2～第116条）
- ◎**第13章**　罰則　　　　　　　　（第117条～第121条）

第3章 賃金

1 賃金支払いに関する5つの原則

賃金の支払いと非常時払い

24条〜25条・120条

▶ 賃金は、通貨で、直接労働者に、全額を、毎月1回以上、一定の期日を定めて支払わなければならない。

搾取は許されない

1 賃金の重要性

労働者は、使用者から支払われる賃金によって生活しています。そのため、賃金の支払いについては、労働基準法等の法令によって様々なルールが規定されています。ここでは、まずその一番基本的なルールである5つの原則(24条)を説明します。

2 通貨払いの原則

賃金は通貨で支払わなければなりません。通貨というのは強制通用力のある貨幣、すなわち紙幣や硬貨のことです。これは、要するに現物支給を禁止するという趣旨です。賃金を現物でもらうと、生活するためにはそれを換金しなければならず、労働者に不利益です。逆にいうと、そのような弊害のない場合は例外の余地も認められており、通勤定期券の支給がその典型です。

なお、今では常識になっている給与の銀行口座振込みも、厳密には「通貨」による支払いではありませんが、労働者の意思に基づいて本人名義の口座に支払われ、即日全額引き出せる状況にある場合には、採用できることになっています。この場合、事業上の過半数代表の労働組合または過半数の労働者代表者との間で、所定の書面による協定等を結ばなければなりません。

3 直接払いの原則

賃金は直接労働者に支払わなければなりません。代理人への支払いは禁止されています。たとえ、親権者(親)や後見人のような法定代理人でも同じです(59条)。

代理人への支給を認めると労働者、特に年少者や女性などの弱者が、「代理人」によって搾取される危険があるからです。

4 全額払いの原則

賃金は全額労働者に支払わなければなりません。使用者が一方的に相殺などの理由で賃金を差し引くことは許されません。

使用者が一方的に差し引くことが禁止されているのであり、労働者の意思に基づく控除であれば禁止されていません。ですから、労働者が自由な意思で同意している場合には控除も許されることになります。たとえば、社内の売店での購買代金、社宅費や寮費、社内預金などを使用者が控除するケースです。あるいは、労働組合との協定で組合費を差し引くこと(チェックオフといいます)も、一定の条件があれば認められます。

問題になりやすいのは、会社からの貸付金や損害賠償金を差し引く場合です。労働者との合意によれば、一応は可能ですが、その「合意」が労働者の真意によるものかどうかが争いになることが多く、裁判例もその点の判断で分かれています。労働者名義の「同意書」や「承諾書」が存在するだけでは、控除が正当化されるとは限らないことに注意してください。

5 毎月1回以上定期支払いの原則

賃金は毎月1回以上、決まった日に支払わなければなりません。いずれも労働者の生活を不安定なものにしないためです。

賃金支払いのしくみ

賃金の支払いについては、一定のルールがあり、守らないと使用者は罰せられる。

使用者

労働者

賃金支払いのルール

❶通貨払いの原則
❷直接払いの原則
❸全額払いの原則
❹毎月1回以上支払いの原則
❺定期日払いの原則

非常時払い

非常の場合
①出産
②疾病
③災害その他

→ 支払い期日前であっても既往の労働に対する賃金の支払い

違反すると

30万円以下の罰金

労働基準法の条文

(賃金の支払)

第24条① 賃金は、通貨で、直接労働者に、その全額を支払わなければならない。ただし、法令若しくは労働協約に別段の定めがある場合又は厚生労働省令で定める賃金について確実な支払の方法で厚生労働省令で定めるものによる場合においては、通貨以外のもので支払い、また、法令に別段の定めがある場合又は当該事業場の労働者の過半数で組織する労働組合があるときはその労働組合、労働者の過半数で組織する労働組合がないときは労働者の過半数を代表する者との書面による協定がある場合においては、賃金の一部を控除して支払うことができる。

② 賃金は、毎月1回以上、一定の期日を定めて支払わなければならない。ただし、臨時に支払われる賃金、賞与その他これに準ずるもので厚生労働省令で定める賃金(第89条において「臨時の賃金等」という。)については、この限りでない。

(非常時払)

第25条 使用者は、労働者が出産、疾病、災害その他厚生労働省令で定める非常の場合の費用に充てるために請求する場合においては、支払期日前であつても、既往の労働に対する賃金を支払わなければならない。

第120条 次の各号の一に該当する者は、30万円以下の罰金に処する。
 1 ……、第23条から第27条まで、……の規定に違反する者

第3章 賃金 2

休業手当ての支給
休業手当てを支払わなければならない場合

26条・120条

使用者の責任による労働者の休業の場合には、使用者の休業期間中の平均賃金の60％を支払わなければならない。

会社都合の休業の賃金

1 労働基準法26条（休業手当）の意味

労働基準法26条は、「使用者の責に帰すべき事由による休業の場合においては、使用者は、休業期間中当該労働者に、その平均賃金の100分の60以上の手当を支払わなければならない。」と規定しています。これは、いわゆる「休業手当」の支給を義務づけた規定であり、簡単に言うと、会社の都合で仕事ができない場合でも平均賃金（第1章の該当部分を参照して下さい）の6割は保障される、という内容です。

2 民法の「危険負担」の規定との関係

よくよく考えてみると、労働者としては、自分に何の落ち度もないのに、会社の事情で仕事が出来ないために賃金の6割しかもらえないのは変ではないか、という疑問が湧いてきます。そこで、民法536条2項を読むと、使用者の「責に帰すべき事由」によって労働者の労務提供義務が履行できない状態になっても、労働者は「反対給付」である賃金請求権を失わないと解されます。つまり、民法では6割ではなく10割保障されるように読めます。

これはどちらが正しいのでしょうか。結論からいうと、労働者が自らの判断でどちらを根拠にして請求してもいいと解されています。たしかに、民法の10割保障の規定が適用される場面であることが明らかならば、労働者はその規定を利用したほうが有利に違いありません。しかし、民法536条2項の「責に帰すべき事由」というのは、使用者側の故意または過失（信義則上これと同視できる場合を含む）を意味すると解されていますが、労働基準法26条の「責に帰すべき事由」はこれより広く、「使用者側に起因する経営、管理上の障害」も含むと解されています。それに、労働基準法違反行為については罰則や行政官庁の監督による履行確保手段が整っており、救済の実効性が大きいことも見逃せません。ですから、労働者は、上記の事情を考慮しながらどちらでも自分に有利な規定を利用することができます。

3 休業中に他で収入を得ていた場合

休業期間中に他の職場でアルバイトをして収入があった場合、その収入はどのように考慮されるのでしょうか。

前記の民法536条2項の考え方に従えば、会社で本来どおりに働いていた場合よりも労働者が得をすることを認める必要はないということになり、使用者はアルバイト収入を控除して差額を支払えばいいということになります。しかし、労働基準法26条は、たとえそのような場合でも、控除の限界は4割までであり、たとえ総額が本来の給料を超えたとしても6割は支払わなければならない、という意味を有すると解されています。要するに、平均賃金の6割は生活保障として確保する、ということになります。

休業手当の支払いのしくみ

要旨 使用者の責に帰すべき事由（理由）による休業では、平均賃金の6割以上を支払わなければならない。

休業手当の支払い原因とは

使用者 → 休業手当 → 労働者

休業手当の支払原因

使用者の責に帰すべき事由

※民法532条2項（債務者の危険負担等）よりも広く、使用者に起因する経営・管理上の障害を含むとされている。
（例）

❶支払原因に当たるもの
- 経済産業省の操短勧告による休業
- 中小企業安定法による生産制限による休業
- 経済事情その他外部の事情による休業
  - ㋑ 原材料の不足による休業
  - ㋺ 倉庫充満による一部休業
  - ㋩ 親会社の経営難による下請工場の一部休業
  - ㊁ 解雇が裁判所の仮処分で無効とされて場合など

❷支払原因に当たらないとされるもの
- 自然現象（災害など）による止むをえない休業（使用者側が管理上の通常の注意をすれば防止できた場合は別）
- 労基法第33条の代休付与命令等による休業
- 争議（スト）による休業など

平均賃金の100分の60以上の支払い

支払わないと

使用者は30万円以下の罰金

労働基準法の条文

（休業手当）
第26条 使用者の責に帰すべき事由による休業の場合においては、使用者は、休業期間中当該労働者に、その平均賃金の100分の60以上の手当を支払わなければならない。
第120条 次の各号の一に該当する者は、30万円以下の罰金に処する
 1 ……第23条から第27まで、……の規定に違反した者

第3章 賃金

3 出来高払制の場合の一定額の賃金保障

労働契約には出来高払い制もある

27条・120条

▶ 出来高払制の場合、使用者は労働時間に応じ、一定の額の賃金を保障しなければ罰せられる。

請負労働者の保護

1 出来高払制

労働基準法27条は、「出来高払制その他の請負制で使用する労働者については、使用者は、労働時間に応じ一定額の賃金の保障をしなければならない。」と規定しています。

出来高払制というのは、労働の成果に応じて賃金を決める仕組みのことです。働いた時間や日数に関係なく、「出来高」すなわち労働の結果産みだした成果を基準に賃金を決めることになると、成果が極端に少なかったり、ときにはゼロだったりすると、その労働者は賃金を受け取れないことになります。

賃金は労働者の生活の基本であり、いくら働いても成果がゼロだと1円ももらえないのでは、労働者は生活していくことができません。そのため、労働基準法では、労働時間に応じた一定の賃金を保障しなければならないことを規定しました。

ただし、労働基準法には、実際に保障すべき金額についての規定はありません。ですから、労働時間に応じて賃金が保障されることが定まっていれば、本条に違反することはないわけです。ただ、賃金は労働者の生活の基本であり、労働者の生活がきちんと守られないと労働者が定着せず勤労意欲も湧かないので、使用者が賃金の保障を怠ると、そのツケは、結局、使用者に回ってくることになります。

ですから、本条の趣旨を考慮して、通常の水準とあまり隔たりのない程度の金額を保障することが望ましいでしょう。

2 請負制労働者と請負業者

本条の保障が及ぶのは、あくまで労働者、つまり、「職業の種類を問わず、事業又は事務所に使用される者で、賃金を支払われる者」(9条)です。

労働者ではなく、企業との間で請負契約を締結している外部の業者は、契約で定められた仕事(たとえば、物品の運送、販売など)を完成させなければ、報酬をもらえませんし、仕事の完成に費やした時間は報酬には関係しないのが普通です。そうすると、成功報酬制で働いている人が本条の保障を受けるかどうかは、労働者にあたるかどうか、すなわち、実態として「使用従属関係」がある間柄かどうかで判断されます。

具体的には、仕事の依頼に対する諾否の自由の有無、業務遂行上の指揮監督の有無、勤務場所や時間についての拘束性の有無などの事情を考慮して判断されます。

ですから、形式上は請負業者扱いで契約していても、作業の実態としては注文者の指揮監督が及んでいるような場合には、請負制の労働者と見なされて、本条の賃金保障が適用される場合があり得ることに注意が必要です。労働法では、契約の形式よりも働き方の実態の方が重視されると考えて下さい。

出来高払制（請負制）のしくみ

事業または事務所に使用される請争労働者には、使用人は一定の額を保障しなければてらない。

請負制

請負労働者

| 労働基準法27条に該当する請負労働者 | 労働基準法27条に該当しない請負 |

出来高払制その他の請負制で使用する労働者

具体的には職種を問わず、事業又は事務所に使用される者で、賃金を支払われる者
(例)セールスマンで歩合給
工場労働者等の出来高払に応じた賃金など

民法の請負の規定（632条〜642条）が適用され、特別の保護はない

※支払(報酬)に関しては、仕事の目的物の引渡しと同時にしなければならない。目的物の引渡しを要しないときは、その労働が終わった後でなければ報酬を請求することはできない。また、期間によって定めた報酬は、その期間を経過した後に、請求することができる(民法632条、624条)

使用者は労働時間に応じた一定額を保障
※最低賃金法の額を下回ることはできない

家内労働(内職) ➡ 80ページ参照

労働基準法の条文

（出来高払制の保障給）

第27条 出来高払制その他の請負制で使用する労働者については、使用者は、労働時間に応じ一定額の賃金の保障をしなければならない。

第120条 次の各号のいずれかに該当する者は、30万円以下の罰金に処する
1 ……第23条から第27まで、……の規定に違反した者

第3章 賃金

4 最低賃金の保障

生活保障のため最低賃金は確保できる

28条・最低賃金法

▶ 賃金の最低基準に関しては最低賃金法があり、最低賃金法の規定を受けて地域別・産業別に最低賃金が決定される。

最低賃金の額は最低賃金法による

1 最低賃金法とは

労働基準法28条は、「賃金の最低基準に関しては、最低賃金法の定めるところによる。」と規定しています。賃金は労働者の生活を支えるものであり、労働基準法では賃金の決め方や支払い方についていろいろな規制を定めています。しかし、現実に賃金の金額を定めるのは労働者と使用者の契約であり、そこで決められた金額が労働者の生活を支えられるものになっていなければ、労働基準法は絵に描いた餅になってしまいます。そこで、最低賃金法という法律で賃金の最低額を規定し、それを下回る賃金の定めを許さないことにしました。

2 最低賃金制度の概要

まず、最低賃金法1条は、「この法律は、賃金の低廉な労働者について、事業若しくは職業の種類又は地域に応じ、賃金の最低額を保障することにより、労働条件の改善を図り、もつて、労働者の生活の安定、労働力の質的向上及び事業の公正な競争の確保に資するとともに、国民経済の健全な発展に寄与することを目的とする。」と定めています。この長い文章は、最低賃金法の目的を宣言したものですが、職種と地域に応じて賃金の最低額を定めるという点に注目して下さい。最低生活を保障するのに必要な金額は地域によって異なりますし、職種によっても異なるので、それを考慮して決めることになっています。

他方、同法3条は、「最低賃金は、労働者の生計費、類似の労働者の賃金及び通常の事業の賃金支払能力を考慮して定められなければならない。」として、労働者の生計費や賃金相場とともに、事業者側の支払能力も考慮することを定めています。

実際の賃金の最低額は、原則として「時間、日、週又は月」によって定めることになっています(同法4条)。ただ、賃金が労働時間ではなく成果をベースにして定められている労働者については、別の定めが適用されることあります。

3 最低賃金の定めの法的な効力

同法5条1項は、「使用者は、最低賃金の適用を受ける労働者に対し、その最低賃金額以上の賃金を支払わなければならない。」と定めて、最低賃金額として定められた金額以上の賃金を支払うことを義務付けています。そして、「最低賃金の適用を受ける労働者と使用者との間の労働契約で、最低賃金額に達しない賃金を定めるものは、その部分については無効とする。この場合において、無効となつた部分は、最低賃金と同様の定をしたものとみなす。」と規定して(同法5条2項)、労働契約の内容を自動的に最低賃金額以上に改定する効力を認めています。

ですから、労働者は、個別の労働契約の内容如何に関わらず、最低賃金額以上の賃金を請求する権利があるわけです。なお、使用者には最低賃金の概要を周知させる措置が義務付けられています(同法19条)。

最低賃金のしくみ

　最低賃金には、地域別最低賃金と特定（産業別）最低賃金とがあり、この賃金以下だと使用者は処罰される。

令和元年度地域別最低賃金改定状況

都道府県名	令和元年度最低賃金 時間額(単位：円)	発効年月日 (令和元年)	都道府県名	令和元年度最低賃金 時間額(単位：円)	発効年月日 (令和元年)
北海道	861	10月3日	滋　賀	866	10月3日
青　森	790	10月4日	京　都	909	10月1日
岩　手	790	10月4日	大　阪	964	10月1日
宮　城	824	10月1日	兵　庫	899	10月1日
秋　田	790	10月3日	奈　良	837	10月5日
山　形	790	10月1日	和歌山	830	10月1日
福　島	798	10月1日	鳥　取	790	10月5日
茨　城	849	10月1日	島　根	790	10月1日
栃　木	853	10月1日	岡　山	833	10月2日
群　馬	835	10月6日	広　島	871	10月1日
埼　玉	926	10月1日	山　口	829	10月5日
千　葉	923	10月1日	徳　島	793	10月1日
東　京	1,013	10月1日	香　川	818	10月1日
神奈川	1,011	10月1日	愛　媛	790	10月1日
新　潟	830	10月6日	高　知	790	10月5日
富　山	848	10月1日	福　岡	841	10月1日
石　川	832	10月2日	佐　賀	790	10月4日
福　井	829	10月3日	長　崎	790	10月3日
山　梨	837	10月1日	熊　本	790	10月1日
長　野	848	10月4日	大　分	790	10月1日
岐　阜	851	10月1日	宮　崎	790	10月4日
静　岡	885	10月4日	鹿児島	790	10月3日
愛　知	926	10月1日	沖　縄	790	10月3日
三　重	873	10月1日	全　国	901	－

令和元年10月現在

※最低賃金には、割増賃金、精皆勤手当、通勤手当、家族手当などは含まれない
※より詳しい内容の問い合わせは、各都道府県の労働局または最寄りの労働基準監督署へ

労働基準法の条文

(最低賃金)
第28条　賃金の最低基準に関しては、最低賃金法(昭和34年法律第137号)の定めるところによる。

最低賃金法の条文

(目的)
第1条　この法律は、賃金の低廉な労働者について、事業若しくは職業の種類又は地域に応じ、賃金の最低額を保障することにより、労働条件の改善を図り、もつて、労働者の生活の安定、労働力の質的向上及び事業の公正な競争の確保に資するとともに、国民経済の健全な発展に寄与することを目的とする。

第3章 賃金 5

会社の倒産などで活用できる

賃金の確保はどうするか

賃金の確保等に関する法律

未払賃金には立替払がある

▶ 労働者はこの法律により、倒産などで賃金が支払われない場合に、請求により賃金の一部の立替払い（条件あり）をしてもらえる。

1 賃金の支払の確保等に関する法律

　労働基準法は、賃金の決め方と支払い方を定めて、使用者の恣意で労働者の賃金が左右されないように規制しています。また、最低賃金法は、賃金の最低額を定めて、労働者の生活を損なうような賃金で働かせることを規制しています。

　法律がこのように手厚く賃金の制度を規定しているのは、賃金が労働者の生活を保障するものだからに他なりません。生活するに足りる賃金が約束どおりに支払われて初めて、労働者が安心して働くことができるのです。

　ところが、事業の状態が悪化したり、使用者が無責任だったりしたために、法律上支払うことを義務付けられた賃金を支払うだけの能力がなくなってしまったらどうでしょうか。法律で権利だけ保障しても、実際に使用者が賃金を支払えないのでは意味がありません。そこで、「賃金の支払の確保等に関する法律」、いわゆる賃金確保法という法律で、現実の支払いを確保する手段を規定しています。

2 賃金確保のための制度

　賃金確保法が規定する制度は、二つあります。一つは、使用者が賃金や退職金を支払う原資を確保することを義務付けて、使用者自身の支払能力を確保する制度です。もう一つは、事業が破綻して賃金の不払いが生じてしまった場合に、公的な資金を使って賃金の立替払いをする制度です。いずれも、最終的に労働者の手に賃金が支払われることを目的としたものです。

　まず、前者の使用者の支払能力の確保についてですが、賃金確保法は、賃金の支払い原資を確保するために、厚生労働省令で定める条件に従って、一定の水準の貯蓄金をおいておくことを義務付けています（同法3条、同4条）。更に、退職手当についても、それが労働契約、就業規則、労働協約などに規定されているときには賃金と同じ性質を持つ請求権の対象になることを考慮して、同じような措置をとることを努力義務として規定しています（同法5条）。

　なお、退職した労働者に対して賃金の不払いがあった場合に民法の規定する利率の3倍近くの利率で遅延損害金を付けるという規定（同法6条）は、使用者の支払い能力とは直接の関係はありませんが、使用者の不払いによって労働者に不利益が生じないようにするとともに、使用者に対して支払期限を守らないと損をすることを明確にすることで、賃金の支払いの確保に資する規定といえます。

　次に、後者の公的資金による立替払の制度ですが、同法7条は、事業主が破産手続開始決定を受けた場合等に、破産管財人による証明などの手続を経れば、年齢や勤続年数などによって規定された比率で、国の機関が未払いの賃金を立て替えてくれる制度を規定しています。

賃金の支払確保のしくみ

倒産などによる未払賃金については、一定範囲の金額を労働者健康福祉機構が事業者に代わって支払う。

未払賃金の立替払いの手続き

企業 → (1)破産、特別清算、民事再生、会社更生の場合
(2)中小企業における事実上の倒産の場合

労働者

未払賃金の発生

※未払賃金の額等についての証明。労働基準監督署長の認定等の書類が必要

未払賃金の立替払請求

※請求期間(2年以内)がある

労働者健康福祉機構

立替払い:未払賃金の100分の80の額(ただし、下表の限度額あり)

● 賃金の支払の確保等に関する法律施行令に基づく限度額

	年齢	未払賃金の限度額	立替払の上限額
退職労働者の退職時における年齢	45歳以上	370万円	296万円
	30歳以上45歳未満	220万円	176万円
	30歳未満	110万円	88万円

※申請書類は労働基準局にある。わからないことがれば、最寄りの労働基準監督署に問い合わせを。

賃金の支払の確保等に関する法律の条文

(目的)
第1条 この法律は、景気の変動、産業構造の変化その他の事情により企業経営が安定を欠くに至つた場合及び労働者が事業を退職する場合における賃金の支払等の適正化を図るため、貯蓄金の保全措置及び事業活動に著しい支障を生じたことにより賃金の支払を受けることが困難となつた労働者に対する保護措置その他賃金の支払の確保に関する措置を講じ、もつて労働者の生活の安定に資することを目的とする。

第4章

労働時間、休憩、休日及び年次有給休暇
32条～41条

◆労働基準法「第4章 労働時間、休憩、休日及び年次有給休暇」では、労働時間、休憩、休日及び年次有給休暇の労働条件について最低基準を定めている。

■**労働時間と休憩等の規定**

労働基準法第4章では、労働時間と休憩等について規定しています。まず、労働時間についてですが、原則として労働者の労働時間は1週間に40時間とし、休憩時間を除き1日に8時間を超えて労働させると使用者は罰せられます（32条。ただし三六協定による残業は可。36条）。また、労働時間については、変形労働時間制（32条の2、32条の4、32条の5）およびフレックスタイム制（32条の3）が認められています。

つぎに、休憩については、労働時間が6時間を超える場合には少なくとも45分、8時間を超える場合には少なくとも1時間の休憩時間を与えなければならない（34条）としています。

休日については、毎週少なくとも1回の休日を与えること（35条1項）を原則としていますが、4週間を通じて4日以上の休日を与える場合には、必ずしも毎週1回以上の休日を与えなくても使用者は罰せられません（35条2項）。

最後に年次有給休暇ですが、使用者は、労働者の雇い入れ日から起算して6か月間勤務しその全労働日の8割以上出勤した場合、10労働日の有給休暇を与えなければなりません（39条。以後、継続勤務年数が増すごとに一定の日数を加算）。

■**法改正の多い分野**

労働時間等に関する第4章の規定は、度重なる改正が行われています。法改正が多い分野で、しかも施行までの期間が短い場合もありますので、改正の動向には常に気をつけるようにして下さい。

◎労働基準法「第4章 労働時間、休憩、休日及び年次有給休暇」の条文の構成

第4章 労働時間、休憩、休日及び年次有給休暇

- ◎第1章　総　則　　　　　　　（第1条～第12条）
- ◎第2章　労働契約　　　　　　（第13条～第23条）
- ◎第3章　賃　金　　　　　　　（第24条～第31条）
- ◎第4章　労働時間、休憩、休日及び年次有給休暇（第32条～第41条）

第32条	労働時間
第32条の2	労働時間（1カ月単位の変形労働時間制）
第32条の3	労働時間（フレックスタイム制）
第32条の4	労働時間（1カ年単位の変形労働時間制）
第32条の4の2	労働時間（対象期間より短い労働者の割増賃金の取扱い）
第32条の5	労働時間（1週間単位の非定型的変形労働時間制）
第33条	災害等による臨時の必要がある場合の時間外労働等
第34条	休憩
第35条	休日
第36条	時間外及び休日の労働
第37条	時間外、休日及び深夜の割増賃金
第38条	時間計算（事業場を異にする場合および坑内における労働時間）
第38条の2	時間計算（事業場外労働の算定方法）
第38条の3	時間計算（専門業務型裁量労働の労働時間の算定方法）
第38条の4	時間計算（企画業務型裁量労働制の拡大適用の条件整備）
第39条	年次有給休暇
第40条	労働時間及び休憩の特例
第41条	労働時間に関する規定の適用除外

- ◎第5章　安全及び衛生　　　　（第42条～第55条）
- ◎第6章　年少者　　　　　　　（第56条～第64条）
- ◎第6章の2　妊産婦等　　　　（第64条の2～第68条）
- ◎第7章　技能者の養成　　　　（第69条～第74条）
- ◎第8章　災害補償　　　　　　（第75条～第88条）
- ◎第9章　就業規則　　　　　　（第89条～第93条）
- ◎第10章　寄宿舎　　　　　　（第94条～第96条の3）
- ◎第11章　監督機関　　　　　（第97条～第105条）
- ◎第12章　雑則　　　　　　　（第105条の2～第116条）
- ◎第13章　罰則　　　　　　　（第117条～第121条）

第4章 労働時間、休憩、休日及び年次有給休暇

1 労働時間のルール

労働時間は、原則、週40時間、1日8時間

32条・119条

> 労働時間は、週40時間、1日8時間（休憩時間除く）が原則で、これを超えて労働させると使用者は処罰される。

週40時間、1日8時間

1 週40時間労働の原則

労働基準法32条は、①「使用者は、労働者に、休憩時間を除き1週間について40時間を超えて、労働させてはならない。」、②「使用者は、1週間の各日については、労働者に、休憩時間を除き1日について8時間を超えて、労働させてはならない。」と規定しています。この週40時間、1日8時間というのは、労働時間についての一番基本となる規定です。国際的な労働時間短縮の流れが週休2日制の定着を呼び、労働時間についても昭和63年にこのような規定が置かれました。施行後しばらくの間は、段階的に労働時間を短縮していく経過措置もありましたが、今では、特に指定された業種を除き、全労働者に適用されるに至っています。

2 労働時間の意味

労働時間としてカウントされるのは、工場で作業をしている時間のように本来の業務をしている時間に限られません。それ以外でも、使用者の指揮に服する時間は労働時間に含まれます。

具体的にどのような時間が使用者の指揮に服する時間といえるかについては、微妙な場合があります。厚生労働省の通達や裁判所の判例を参考にして考察すると、まず、作業前後の着替えや履替えのような準備の時間については、本来の作業の遂行上必要不可欠ないし不可分な行為といえる場合には、労働時間に含まれます。また、トラックの運転手が使用者の指揮下でいつ指示が出るかもしれない状況で待機している手待ち時間についても、労働時間に含まれます。研修や訓練への参加、安全衛生のための会合への参加などについても、労働者が任意に自分自身の資格取得のために参加しているような場合は別ですが、通常は使用者の指揮命令で参加することが多いと思われ、その場合は労働時間になります。

この指揮命令は黙示的な指示の場合も含まれることに留意して下さい。「○○に参加せよ」とはっきり言わなくても、上司の言動や周囲の状況（殊に勤務評定との関係が重要です）から、労働者にNOといえない事情があると認められれば、労働時間に含まれると解されてしまう可能性があります。労働時間に含まれると、使用者は対価として賃金を支払わなければならず、また、週40時間1日8時間という時間制限にも服することになります。

3 労働時間についての例外的な規定

このように、労働基準法は、労働者の健康維持の観点から労働時間について枠をはめていますが、ありとあらゆる業種に杓子定規に適用すると、仕事の性質上支障が生じる場合もあります。そこで、一定の業種（商業、興業、保健衛生、接客娯楽）についてが週40時間ではなく週44時間制を認めています。また、労働者との間の協定等を条件に、月単位・週単位、または年単位で変形労働時間制を認めています。

労働時間 のしくみ

　労働時間は、原則として週40時間、1日8時間だが、協定を結ぶことなどにより、使用者は時間外労働をさせることができる。

労働時間

原則⇒週40時間、1日8時間
例外⇒・一定の業種（商業・興行・保健衛生・接客娯楽）については週44時間
　　　・三六協定による残業（112ページ参照）
　　　・変形労働時間制の導入による労働など

違反すると

使用者は6か月以下の懲役
または30万円以下の罰金

労働基準法の条文

（労働時間）
第32条① 　使用者は、労働者に、休憩時間を除き1週間について40時間を超えて、労働させてはならない。
② 　使用者は、1週間の各日については、労働者に、休憩時間を除き1日について8時間を超えて、労働させてはならない。
第119条　次の各号のいずれかに該当する者は、これを6箇月以下の懲役又は30万円以下の罰金に処する。
　1　……第32条、……の規定に違反した者

第4章 労働時間、休憩、休日及び年次有給休暇

2 変形労働時間制①　1か月単位の変形労働時間制

32条の2・120条

曜日等で繁閑の差があるとき

▶ 1か月単位の変形労働時間制の採用では、特定の週または日において法定労働時間を超え労働をさせることができる。

1 1か月単位の変形労働時間

労働基準法32条の2は、一定の条件のもとに、「1箇月以内の一定の期間を平均し1週間当たりの労働時間が前条(注：32条)第1項の労働時間を超えない定めをしたときは、同条の規定にかかわらず、その定めにより、特定された週において同項の労働時間又は特定された日において同条第2項の労働時間を超えて、労働させることができる。」と定めています。要するに、1か月平均で法定労働時間を超えていなければ、その中の特定の週や日に法定労働時間を超えても違反にならないという規定で、曜日等によって繁閑の差がある仕事に対して、弾力的な労働時間の定めができることを認めたものです。

2 変形労働時間制採用のための条件

変形労働時間制を採用するには、いくつかの条件をクリアしなければなりません。

まず、変形の定めは、労働組合や労働者の過半数を代表する者との書面による労使協定か、就業規則その他これに準ずるもの(就業規則並に文章化されて周知されているものでなければなりません)でしなければなりません。定めの内容が曖昧だと、労働者に犠牲が及ぶ可能性があるからです。労働者代表を選ぶ際、会社が恣意的に代表者を選んで書類だけ整えても、あとで問題になることがありますので、労働者代表の選出には注意が必要です。

次に、所轄の行政官庁に届け出なければなりません。届出の際は、対象となる労働者の範囲や変形期間の起算日、期間内の労働日等所定の事項を届けなければなりません。

そして、肝心の内容ですが、1か月以内の一定の期間内で、労働時間が法定労働時間を超えないように定めなければなりません。法定労働時間は通常は週40時間ですから、4週間を1単位として考えると、4週間で160時間以内になるように定めなければなりません。「1か月」を単位にすると、その月の日数が28日から31日間で変動するので、平均時間の超過が起きないように特に注意が必要です。

更に、変形によって法定労働時間を超える週や日は特定されていなければなりません。この特定が十分でないと、労働者の生活スケジュールを無用に不安定にすることになり、違法になります。

3 採用の際の留意点

この規定による変形労働時間制は、労働時間の上限がなく、割増賃金を節約でき、しかも就業規則という(労働者の意見を聴く必要はあるものの、)使用者が一方的に定めることのできる形式で規定できるので、使用者にとっては採用するメリットは小さくありません。しかし、だからといってあまり無理な定めをすると、労働者の健康管理に問題が生じたり、勤労意欲が萎えたりしかねませんので、採用にあたっては、職場の実情をよく考慮することが大事です。

1か月単位の変形労働時間制のしくみ

要旨 1か月単位の変形労働時間制では、特定された週または特定された日において、1週40時間、1日8時間を超え労働させることができる。

1か月単位の変形労働時間制の導入

労働者 → **書面による協定** ← 使用者

- 労働者の過半数で組織する労働組合がある場合は、その労働組合との書面による協定
- 上記の労働組合がない場合は、労働者の過半数を代表する者との書面による協定

協定の内容

① 1か月以内の一定の期間を平均し、1週間当たりの労働時間が法定労働時間の40時間を超えない定めをする。
② 4週にしろ1か月単位にするにしろ、起算日は明確にすべきである。
③ 特定の日、特定の週の定めをする。

↓

行政官庁(労働基準監督署)に提出

↓ 提出しないと

使用者は30万円以下の罰金

〔変形労働時間制における残業代〕
平均した時間が法定時間内であれば残業代の支払いは不要だが、それを超えると残業代の支払いが必要で、また三六協定も必要となる。

労働基準法の条文

第32条の2 使用者は、当該事業場に、労働者の過半数で組織する労働組合がある場合においてはその労働組合、労働者の過半数で組織する労働組合がない場合においては労働者の過半数を代表する者との書面による協定により、又は就業規則その他これに準ずるものにより、1箇月以内の一定の期間を平均し1週間当たりの労働時間が前条第1項の労働時間を超えない定めをしたときは、同条の規定にかかわらず、その定めにより、特定された週において同項の労働時間又は特定された日において同条第2項の労働時間を超えて、労働させることができる。
② 使用者は、厚生労働省令で定めるところにより、前項の協定を行政官庁に届け出なければならない。
第120条 次の各号のいずれかに該当する者は、30万円以下の罰金に処する。
　1　……第32条の2第2項、……の規定に違反した者

第4章 労働時間、休憩、休日及び年次有給休暇

3 変形労働時間制② フレックスタイム制度と労働時間

32条の3 始業と終業の時刻が自由

> 1か月以内の範囲の一定期間における総労働時間を労使協定で定め、その範囲で就業の時間を自由に選ぶことができる制度。

1 フレックスタイム制度

労働基準法32条の3は、一定の条件のもとに、「清算期間として定められた期間を平均し1週間当たりの労働時間が第32条第1項の労働時間を超えない範囲内において、同条の規定にかかわらず、1週間において同項の労働時間又は1日において同条第2項の労働時間を超えて、労働させることができる。」と規定して、フレックスタイム制度の採用を認めています。

フレックスタイム制度は、始業と終業の時刻をその労働者の決定に委ねて、労働者自身が生活との調整を図りながら仕事を進めるための制度です。通勤の混雑を避けたり、私生活との調整をしながら仕事ができるため、うまく機能すれば労働者にとっても使用者にとってもとても都合のいい仕組みです。しかし、他方で、使用者にとっては、労働者に対する管理が難しく、また労働者にとっては、フレックスの名の下に法定の労働時間の制限を逸脱した働き方を強いられる危険もあります。そこで、法律では、一定の条件を定めて、これを満たした場合だけに制度を採用することが認められました。

2 導入のための条件

フレックスタイム制の定めは、就業規則その他これに準ずるもの（就業規則並に文章化されて周知されているものでなければなりません）で、適用される労働者について始業と終業の時刻をその労働者の決定に委ねることを定めなければなりません。

次に、フレックスタイム制の採用については労働組合等の過半数の労働者代表との間で書面による協定を結ばなければなりません。その協定で定めるべき内容は、①フレックスタイム制が適用される労働者の範囲、②3か月以内（旧規定は1か月以内）の清算期間（この清算期間内を平均して労働時間の規定が守られているかどうかを判定することになる）、③清算期間内の総労働時間、④その他厚生労働省令で定める事項です。この④についての厚生労働省令では、年休や出張の場合に労働時間をどのようにして計算するか等の事項を定めることとされています。また、いわゆる「コアタイム」、つまりフレックスタイムの労働者が必ず労働していなければならない時間帯を定める場合には、その開始時間と終了期間も協定で決めなければなりません。

当然、「清算期間」の範囲内で1週間あたりの労働時間が法定労働時間を超えていないことが必要です。1か月単位の変形労働時間制と異なり、労働時間を超えていい週は決まっておらず、その労働者自身の決定で決めることなっていますが、清算期間全体を通算した結果が法定労働時間の範囲内に納まっていなければなりません。

3 〔働き方改革〕清算期間が3か月に

いわゆる「働き方改革」で、フレックスタイム制の「清算期間」を3か月とすることができるようになりました（巻頭⓮参照）。

フレックスタイム制のしくみ

要旨 フレックスタイム制とは、就業規則、その他これに準ずるものにより、始業および終業を労働者に委ねる制度。

フレックスタイムの導入

労働者 → 就業規則、その他これる準ずるものを作成 ← 使用者

書面による協定

■ 協定の内容
① フレックス制による労働をさせることができる労働者の範囲
② 清算期日（3か月以内に限る）⇒「働き方改革」による改正
③ 清算期間における総労働時間
④ その他、厚生労働省令で定める事項

■ 協定の方法
協定は、労働者の過半数で労働組合がある場合は、その労働組合と、ない場合は、労働者の過半数を代表する者と書面でする

✕ 不要

行政官庁への届出

※ただし、就業規則の変更は届出義務あり

〔働き方改革によるフレックスタイム制の見直し〕 フレックスタイム制の「清算期間」（上記■②）上限が1か月から3か月に延長された（令和元年4月1日施行）。これにより、3か月の中で労働時間の調整ができ、柔軟な働き方が可能となった。

労働基準法の条文

第32条の3 使用者は、就業規則その他これに準ずるものにより、その労働者に係る始業及び終業の時刻をその労働者の決定に委ねることとした労働者については、当該事業場の労働者の過半数で組織する労働組合がある場合においてはその労働組合、労働者の過半数で組織する労働組合がない場合においては労働者の過半数を代表する者との書面による協定により、次に掲げる事項を定めたときは、その協定で第2号の清算期間として定められた期間を平均し1週間当たりの労働時間が第32条第1項の労働時間を超えない範囲内において、同条の規定にかかわらず、1週間において同項の労働時間又は1日において同条第2項の労働時間を超えて、労働させることができる。
1 この項の規定による労働時間により労働させることができることとされる労働者の範囲
2 清算期間（その期間を平均し1週間当たりの労働時間が第32条第1項の労働時間を超えない範囲内において労働させる期間をいい、3箇月以内の期間に限るものとする。以下この条及び次条において同じ。）
3 清算期間における総労働時間
4 その他厚生労働省令で定める事項

第32条の3②・③、第32条の3の2 ⇒「働き方改革」による新設（清算期間に関する規定）

第4章 労働時間、休憩、休日及び年次有給休暇

4 変形労働時間制③ 1年単位の変形労働時間制

32条の4～32条の4の2

季節単位で繁閑があるとき

1年の内、忙しいときに労働者を多く働かせ、暇なときは労働時間を少なくして調整する制度。

1 1年単位の変形労働時間制

労働基準法32条の4は、一定の条件のもとに、「……対象期間として定められた期間を平均し1週間当たりの労働時間が40時間を超えない範囲内において、……特定された週において同条第1項の労働時間又は特定された日において同条第2項の労働時間を超えて、労働させることができる。」と規定しています。

この制度は1か月を超えて1年以内の期間を対象にするもので、最長で1年単位で変形労働時間制の採用を認めるものです。労働基準法32条の2が規定する1か月単位の変形労働時間制と同じ狙いの制度であり、季節単位で繁忙期と閑散期が訪れるような業種には適した制度ですが、弾力的な取扱いの範囲が長くなるため、労働者を保護する必要性もそれだけ高くなります。そのために、法律で一層厳格な条件が定められています。

2 導入のための条件

まず、労働組合等の過半数の労働者代表との間で書面による協定を結ぶことが必要です。その協定の中では、①適用対象となる労働者を定めなければなりません。なお、中途採用者や中途退職者のように対象期間の一部しか勤務しないものについても、この制度を適用することができます（その場合の賃金について、労働基準法32条の4の2参照）。②対象期間を決めなければなりません。これは1か月を超えて1年以内の期間で、始期日と終期日を決めなければなりません。たとえば、3か月とか6か月という決め方も可能です。③一番重要なのは、対象期間中の労働日と、労働日ごとの労働時間を定めることです。ここでは1日の労働「時間」について定めることが要求されていますが、就業規則で始業「時刻」と終業「時刻」が定まっていてその「時刻」の規定を変更することになるので、結果的には「時刻」のレベルまで定めなければならないことになります。ただし、最低限最初の期間について規定があれば、その後は各期間の30日前までに労働者代表の同意を得て各期間の労働日と労働時間を定めていくことができます。④対象期間内の労働日数、1日・1週間の労働時間、連続労働日数について、法定の制限超えないように定めることが必要です。⑤有効期間の定めが必要です。⑥そして、その協定の内容を行政官庁に届け出なければなりません。

3 導入にあたって

この1年単位の制度は、一度始まると期間が長く、その分労働者の生活リズムに対する影響も大きくなります。労働者代表との間で双方の立場を理解し合った協定が締結できればいいのですが、使用者がその点を軽視して、時間外割増賃金の節約のための便法という程度の理解しかしていないと、労働者の勤労意欲が低下して使用者にも跳ね返ってくることになります。

1年単位の変形労働時間制のしくみ

要旨 1年単位の変形労働時間制は、1か月を超えて1年以内の期間を対象とし、その総労働時間が法定労働時間を超えない場合である。

1年単位の変形労働時間制の導入

使用者 →

協定内容
① 1年単位の変形労働時間制により、労働をさせることができる労働者の範囲
② 対象期間(1か月を超え1年以内)
③ 対象期間における労働日および当該労働者、当該労働日ごとの労働時間
④ その他、厚生労働省令で定める事項

← 労働者

労働者の過半数で組織する労働組合がある場合はその労働組合、ない場合は労働者の過半数を代表する者

監督官庁への届出

労働基準法の条文

第32条の4 使用者は、当該事業場に、労働者の過半数で組織する労働組合がある場合においてはその労働組合、労働者の過半数で組織する労働組合がない場合においては労働者の過半数を代表する者との書面による協定により、次に掲げる事項を定めたときは、第32条の規定にかかわらず、その協定で第2号の対象期間として定められた期間を平均し1週間当たりの労働時間が40時間を超えない範囲内において、当該協定(次項の規定による定めをした場合においては、その定めを含む。)で定めるところにより、特定された週において同条第1項の労働時間又は特定された日において同条第2項の労働時間を超えて、労働させることができる。
1 この条の規定による労働時間により労働させることができることとされる労働者の範囲
2 対象期間(その期間を平均し1週間当たりの労働時間が40時間を超えない範囲内において労働させる期間をいい、1箇月を超え1年以内の期間に限るものとする。以下この条及び次条において同じ。)
3 特定期間(対象期間中の特に業務が繁忙な期間をいう。第3項において同じ。)
4 対象期間における労働日及び当該労働日ごとの労働時間(対象期間を1箇月以上の期間ごとに区分することとした場合においては、当該各期間のうち当該対象期間の初日の属する期間(以下この条において「最初の期間」という。)における労働日及び当該労働日ごとの労働時間並びに当該最初の期間を除く各期間における労働日数及び総労働時間)
5 その他厚生労働省令で定める事項
② 使用者は、前項の協定で同項第4号の区分をし当該区分による各期間のうち最初の期間を除く各期間における労働日数及び総労働時間を定めたときは、当該各期間の初日の少なくとも30日前に、当該事業場に、労働者の過半数で組織する労働組合がある場合においてはその労働組合、労働者の過半数で組織する労働組合がない場合においては労働者の過半数を代表する者の同意を得て、厚生労働省令で定めるところにより、当該労働日数を超えない範囲内において当該各期間における当該総労働時間を超えない範囲内において当該各期間における労働日ごとの労働時間を定めなければならない。
③ 厚生労働大臣は、労働政策審議会の意見を聴いて、厚生労働省令で、対象期間における労働日数の限度並びに1日及び1週間の労働時間の限度並びに対象期間(第1項の協定で特定期間として定められた期間を除く。)及び同項の協定で特定期間として定められた期間における連続して労働させる日数の限度を定めることができる。
④ 第32条の2第2項の規定は、第1項の協定について準用する。
第32条の4の2 使用者が、対象期間中の前条の規定により労働させた期間が当該対象期間より短い労働者について、当該労働させた期間を平均し1週間当たり40時間を超えて労働させた場合においては、その超えた時間(第33条又は第36条第1項の規定により延長し、又は休日に労働させた時間を除く。)の労働については、第37条の規定の例により割増賃金を支払わなければならない。

第4章 労働時間、休憩、休日及び年次有給休暇

5 変形労働時間制④ 1週間単位の変形労働時間制

32条の5

日によって繁閑があるとき

一定の曜日が忙しいことがわかっている場合、週の法定労働時間内で忙しい曜日の労働時間を多くし、他を少なくする制度。

1 1週間単位の変形労働時間制

労働基準法32条の5は、「日ごとの業務に著しい繁閑の差が生ずることが多く」、かつ、「これを予測した上で就業規則その他これに準ずるものにより各日の労働時間を特定することが困難であると認められる」場合について、1週間単位で変形労働時間制を採用することを認めています。

社会が複雑化すると、業種によっては、日によって業務の繁閑の程度が大きく変動することは避けられません。それでもある程度の企業規模であれば、労働者のシフトを工夫することで予め対処することも可能ですが、小規模な企業ではそれも困難です。そこで、労働基準法は、厚生労働省令で定める業種と労働者数の少ない企業については、1週間単位での変形労働時間の採用を認めました。

2 導入の条件

まず、業種と労働者数の制限があります。即ち、常時使用する労働者の数が30人未満の小売業、旅館、料理店及び飲食店に限られています。

また、他の変形労働時間制度と同様に、労働組合等の過半数の労働者代表との間で書面による協定を結ぶことが必要です。小規模な企業なので労働組合がないことが多いと思いますが、その場合でも使用者はきちんと選ばれた労働者代表との間でよく理解を得て手続を進めなければなりません。会社に都合のよさそうな人を選んでこっそり作ると、後で問題になったときに申し開きができなくなります。

規定の内容については、1週間の労働時間が40時間を超えないことが必要です。40時間を超えなければ1日8時間を超えても構いませんが、10時間を超えることはできません。8時間を超える日については、他の変形制度と異なって予め労使協定で決めておく必要はありませんが、各労働者に対して1週間の各日の労働時間を文書で通知しておかなければなりません。その時間の指定にあたっては、労働者の意思を尊重するように努めなければならないとされています。

労使協定の内容は監督官庁に届け出なければなりません。

3 導入にあたって

指定されている業種はいずれも曜日や時間帯によって繁閑の差が大きく、小規模な企業にとってはある程度の弾力性がないと困る、という必要性は否定しがたいところです。しかし、この制度は、労働時間の具体的な指定は使用者の決定に委ねられ、労働者の意思の尊重については努力義務という形式に止まっています。ですから、使用者が労働者の実情をよく理解していないと、単に労働者に無理を押しつけるだけの制度になってしまいかねません。使用者には、そのあたりを考えながら計画を立てていく創意工夫が求められます。

1週間単位の変形労働時間制 のしくみ

要旨 一定の業種で、常時使用する労働者の数が30人未満の場合、書面による協定により、1週間単位の変形労働時間制を導入できる。

1週間単位の変形労働時間制の導入

使用者

※小売業、旅館、料理店、飲食店
※常時使用する労働者の数が30人未満

書面による協定
① 1週間の労働時間が40時間を超えない
② 1日の労働時間が10時間を超えない

労働者

労働者の過半数で組織する労働組合がある場合はその労働組合、ない場合は労働者の過半数を代表する者

↓

監督官庁への届出

※届出をしないと罰則あり

1週間単位の労働をさせる場合の通知

使用者

1週間の各自の労働時間 → 通知 →

労働者

労働基準法の条文
第32条の5 ① 使用者は、日ごとの業務に著しい繁閑の差が生ずることが多く、かつ、これを予測した上で就業規則その他これに準ずるものにより各日の労働時間を特定することが困難であると認められる厚生労働省令で定める事業であつて、常時使用する労働者の数が厚生労働省令で定める数未満のものに従事する労働者については、当該事業場に、労働者の過半数で組織する労働組合がある場合においてはその労働組合、労働者の過半数で組織する労働組合がない場合においては労働者の過半数を代表する者との書面による協定があるときは、第32条第2項の規定にかかわらず、1日について10時間まで労働させることができる。
② 使用者は、前項の規定により労働者に労働させる場合においては、厚生労働省令で定めるところにより、当該労働させる1週間の各日の労働時間を、あらかじめ、当該労働者に通知しなければならない。
③ 第32条の2第2項の規定は、第1項の協定について準用する。

第4章 労働時間、休憩、休日及び年次有給休暇

6 労働時間のルールの適用除外

労働時間等の規定が適用されない場合

33条・40条・41条

> 時間外労働は三六協定が必要（別項参照）だが、特別な場合、行政官庁に届出て時間外労働や休日労働をさせることができる。

行政官庁への届出が必要

1 労働時間の規定が適用されない場合

労働基準法は、週40時間、1日8時間という労働時間についての大原則を定め、その原則をベースに労働時間の変形や時間外労働等についてのルールを定めています。しかし、一定の例外的な場合には、労働時間についての規定そのものが適用されない場合があることも定めています。

労働基準法33条では、災害その他避けることのできない事由によって臨時の必要がある場合には、行政官庁の許可を受けて時間を延長したり休日出勤を命じたりすることができることを認めています。

労働基準法40条では、鉱業や建築業等の一定の業種について、厚生労働省令によって労働時間や休憩についての特別の定めをすることを認めています。

労働基準法41条では、一定の業種や職種の労働者には、労働時間、休憩、休日についての規定を適用しないと定めています。

2 管理監督者の労働時間

法律が定める適用除外の中で一番多くの問題を含んでいるのは、労働基準法41条2項の「事業の種類にかかわらず監督若しくは管理の地位にある者又は機密の事務を取り扱う者」という類型です。管理職には労働時間や休憩、休日についての規定は適用されない、というものです。

労働時間についての適用除外を定める規定のうちの多くは、監督官庁の事前の関与のもとに例外を認めるもので、濫用を防止する仕組みがありますが、この管理監督者についての例外規定は、そのような仕組みがありません。ややもすると、使用者が労働者に対して、労働時間や休憩、休日についての法規制を逃れる手段として、形だけ管理監督者のような名称を与えて、事実上ただ働きを強いるために使われかねない制度であるともいえます。

これについては、多くの裁判例がありますが、経営者と一体的な立場にあるかどうかなどの実態を考慮して決められています。

3 基本的な考え方

そもそも、なぜ管理監督者には労働時間の法規制が適用されないのでしょうか。

企業の経営上生じるいろいろな事態に対応するためには、責任者が必要な場合があり、必ずしも1日何時間とか、週に何日という硬直的な規定を守れないことはあるでしょう。しかし、適用除外を認めるには、この必要性に加えて、その労働者が自主的に休憩や休日をとることができるだけの裁量権が必要です。つまり、法律が定める杓子定規な保護規定よりも、経営上の必要性を考慮しながら自主的に自分自身の健康を保つようにしたほうが適しているといえる立場になければなりません。

使用者も労働者も誤解している場合が多いと思いますが、単に形式的に「○○長」という役職がついただけで管理監督者になるわけではないのです。

労働時間の適用除外 のしくみ

要旨 1日8時間、週40時間という労働時間の原則には、例外がいくつかある。

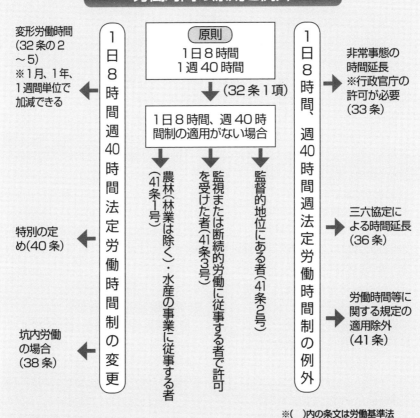

労働基準法の条文

（災害等による臨時の必要がある場合の時間外労働等）

第33条① 災害その他避けることのできない事由によつて、臨時の必要がある場合においては、使用者は、行政官庁の許可を受けて、その必要の限度において第32条から前条まで若しくは第40条の労働時間を延長し、又は第35条の休日に労働させることができる。ただし、事態急迫のために行政官庁の許可を受ける暇がない場合においては、事後に遅滞なく届け出なければならない。

② 前項ただし書の規定による届出があつた場合において、行政官庁がその労働時間の延長又は休日の労働を不適当と認めるときは、その後にその時間に相当する休憩又は休日を与えるべきことを、命ずることができる。

③ 公務のために臨時の必要がある場合においては、第1項の規定にかかわらず、官公署の事業（別表第1に掲げる事業を除く。）に従事する国家公務員及び地方公務員については、第32条から前条まで若しくは第40条の労働時間を延長し、又は第35条の休日に労働させることができる。

第4章 労働時間、休憩、休日及び年次有給休暇

7 休憩に関する3大原則

一定の労働時間を超える場合の休憩

34条・119条

> 労働時間が6時間を超える場合は少なくとも45分、8時間を超える場合は少なくとも1時間を与えなければならない。

休憩時間は自由に使える

1 休憩に関する3大原則

労働基準法34条は、労働者の休憩時間について規定しています。即ち、「使用者は、労働時間が6時間を超える場合においては少くとも45分、8時間を超える場合においては少くとも1時間の休憩時間を労働時間の途中に与えなければならない。」「前項の休憩時間は、一斉に与えなければならない。」「使用者は、第1項の休憩時間を自由に利用させなければならない。」という規定です。

人間の集中力は一定の限界があり、連続して働いても能率が上がりませんし、逆に労働者の健康管理に支障を生じて、使用者にも労働者にもマイナスです。そこで、法律で休憩時間のとり方を規定し、休憩を活かしながら使用者と労働者の双方にプラスになるように調整しています。

以下、労働基準法34条の規定を3つの原則という形で説明します。

2 休憩時間についての原則

労働時間が6時間を超える場合は少なくとも45分、8時間を超える場合は少なくとも1時間の休憩を、労働時間の途中で与えなければなりません。「休憩」といえるだけの内実があるかどうかについては、自由利用原則に関して後述します。

3 一斉休憩の原則

休憩時間は一斉に与えなければなりません。一人ずつバラバラに抜け出すような方法では、休憩している気分にもなりませんし、職場の仲間と交流する時間もとれないからです。

ただし、本当に一斉に全員が休憩をとってしまうと業務に支障を来す場合があることも否定できません。そこで、まず坑内労働者などの一定の業種については、公益上の見地から例外が認められています。また、労働組合等過半数の労働者代表との間で労使協定を結べば、一斉休憩の原則に対する例外を定めることができます。労使協定の内容については細かい規制はありませんが、五月雨式にひっそりと交替休憩をとる方式が常態化したり、昼食時間が大きく変動したりするようでは、休憩の意味がなくなってしまうので、そのような協定にならないように協議が必要です。

4 休憩時間自由利用の原則

労働者は、休憩時間を自由に利用することができます。警察官や福祉施設の職員等高度の公益的な必要から職場を離れることが制限されている職種もありますが、一般には、職場を離れることも労働者の自由です。また、その時間内に組合活動を行っても、それが経営秩序を侵害するような場合を除き、懲戒の対象にはなりません。

一見休憩しているように見えても、いつ仕事に呼び出されるかわからないような状態にある場合は、仕事のための拘束時間に他ならず、休憩時間とはいえません。「休憩」といえるためには、使用者の拘束から解放された状態でなければならないわけです。

休憩 のしくみ

 要旨 労働時間が一定の時間を超える場合、使用者は労働者に休憩を与えなければならない。

休憩に関する原則

使用者

労働者

休憩時間を与える

休憩に関する3大原則
① 労働時間が6時間を超える場合は少なくとも45分、8時間を超える場合は少なくとも1時間
② 休憩時間は一斉に与えなければならない（一斉休暇の原則）
③ 休憩時間は労働者が自由に利用できる（休憩時間自由利用の原則）

・休憩時間は労働時間には含まれない。

・警察官や福祉施設の職員などについては制限がある。

・労働協定がある場合、または一斉休暇例外許可を受けている場合

・仕事のための待機期間は、自由に利用できないから休憩とはいえない

休憩時間中に労働させる

使用者は6か月以下の懲役または30万円以下の罰金

労働基準法の条文

（休憩）
第34条① 使用者は、労働時間が6時間を超える場合においては少くとも45分、8時間を超える場合においては少くとも1時間の休憩時間を労働時間の途中に与えなければならない。
② 前項の休憩時間は、一斉に与えなければならない。ただし、当該事業場に、労働者の過半数で組織する労働組合がある場合においてはその労働組合、労働者の過半数で組織する労働組合がない場合においては労働者の過半数を代表する者との書面による協定があるときは、この限りでない。
③ 使用者は、第1項の休憩時間を自由に利用させなければならない。
第119条 次の各号の一に該当する者は、これを6箇月以下の懲役又は30万円以下の罰金に処する。
　1 ……、第34条、……の規定に違反した者

第4章 労働時間、休憩、休日及び年次有給休暇

8 休日の原則
休日は週に1回以上が原則
35条・119条

労働義務がないことを労働契約や就業規則で定められている日を休日という。

週休2日制が主流

1 休日に関する原則

労働基準法35条は、「使用者は、労働者に対して、毎週少くとも1回の休日を与えなければならない。」「前項の規定は、4週間を通じ4日以上の休日を与える使用者については適用しない。」と規定しています。週休2日制を採用する企業が多くなってきましたが、法律上は、毎週1回以上、あるいは4週間で4日以上の休日を与えれば違法ではないことになっています。

毎週1回というのは、日曜日から土曜日までの間に、どこか1日、午前0時から午後12時までの間の休業を意味します。ただし、昼夜交替勤務の場合や、旅館業、自動車運転手のように日付をまたいで仕事をせざるを得ない職種については、午前0時から午後12時まで、という点については弾力的な扱いが認められてます。

2 休日の意味と振替え扱いについて

休日は特定の日（「毎週日曜日」「毎週土曜日と日曜日」「毎週日曜日と第2・第4土曜日」など）に与えなければなりません。労働基準法の規定上は特定の日に決めなければならないとまではいえませんが、労働者にとって休日は、仕事の疲れを休めたり、家族や友人と時間を過ごすなど自分の好きなことに使える貴重な時間であり、事前に決まっていなければ計画を立てることもできませんので、特定しておくことが要請されていると解されています。

ところが、事業上の必要から、本来は休日になっている日に労働者に出勤してもらわなければならない場合が生じることもあります。その場合、休日であることを前提に勤務させて（労使協定や割増賃金等の諸条件はクリアしなければなりません）、後日代休を与える、という方式もありますが、事前に休日自体を振り替えて、その日を休日でなくする方法もあります。このような場合を休日の振替えといい、就業規則で振替え制度を決めておくこと、予め振替先の日が決まっていること、4週間を通じて4日以上という原則を維持すること等を条件に、振替えが認められています。そのような振替制度が予めきちんと決まっていれば、労働者の個別の同意がなくても休日の振替えは可能です。

3 週休2日制への対応など

法律では週1日休日を与えればいいことになっていますが、現在の日本では週休2日制が主流です。まだ週休1日や1.5日で頑張っている中小企業も少なくないと思われますが、世界の潮流は労働時間の短縮です。そうすると、中小企業でも週休2日制に対応していかなければならないことになります。労働者にとって休日は、仕事の疲れを休めたり、家族や友人と時間を過ごすなど自分の好きなことに使える貴重な時間であり、重要な労働条件です。世間に比べて低い水準の労働条件では、労働者の勤労意欲が減退し、仕事の能率が下がって事故が増えることになりかねません。

休日 のしくみ

要旨 使用者は労働者に対して、毎週1回以上の休日を与えなければならない。

第4章 労働時間、休憩、休日及び年次有給休暇 / 労働基準法

休日に関する原則

使用者 → 休日を与える → 労働者

休日の原則

① 毎週1回以上の休日（4週間以内に4回以上の休日を与えることでもよい）
② 休日は、特定の日（毎週日曜日など）に与えなければならない
※週休2日制は法定されているわけではない

- 代休をとる場合も休日労働となる
- 振替え休日制度を設けることもできる

違反すると

使用者は6か月以下の懲役または30万円以下の罰金

※休日については、就業規則で定められている

労働基準法の条文

（休日）
第35条① 使用者は、労働者に対して、毎週少くとも1回の休日を与えなければならない。
② 前項の規定は、4週間を通じ4日以上の休日を与える使用者については適用しない。
第119条 次の各号のいずれかに該当する者は、これを6箇月以下の懲役又は30万円以下の罰金に処する。
1 ……、第35条、……の規定に違反した者

第4章 労働時間、休憩、休日及び年次有給休暇

9 時間外労働・休日労働
時間外や休日労働をさせるには協定が必要

36条・119条

時間外労働、休日労働をさせるには三六協定を締結することが必要で、割増賃金の支払義務がある。

時間外労働は三六協定が必要

1「三六協定」とは

労働基準法36条は、使用者が労働組合または労働者代表と協議をすることで、時間外労働と休日労働をさせることができる、と規定しています。

労働組合との間で労働基準法36条に規定する協定を結んで時間外労働や休日労働のルールを定めることから、これを俗に「三六協定（さんろくきょうてい・さぶろくきょうてい）」と呼んでいます。

2「三六協定」の条件

「三六協定」は、事業場ごとに、労働者の過半数で代表する労働組合か労働者代表との間で締結します。その協定は必ず書面によらなければならず、所轄の行政官庁に届け出なければなりません。労働組合がない場合や組合はあっても過半数の労働者を組織していない場合には、労働者代表との間で協定を結ぶことになりますが、労働者代表の選出の仕方が恣意的なものであると後で問題になることは、この本の中で何度も述べてきたとおりです。

「三六協定」に書かれるべき項目は以下のとおりです。

①時間外労働あるいは休日労働をさせる必要がある具体的な理由。②その業務の種類。できるだけ明確に決めなければなりません。③労働者の数。④1日に延長することができる時間、1日を超える一定期間内に延長することができる総時間、または労働させることができる休日。なお、延長できる時間の限度についても規制があります。⑤有効期間。

これ以外にも、事前通知のための制度や労働組合との協議について規定している例もあります。

3「三六協定」の運用について

三六協定は時間外労働・休日労働のための必要条件ですが、一旦、三六協定が成立すれば、それに基づいて時間外労働・休日労働が行われることになります。裁判例では、就業規則の中に三六協定があればそれに従って残業・休日出勤させることがある、という規定がある場合、その就業規則の内容が合理的である限りが就業規則に基づいて残業・休日出勤の義務があるということになっています。

そうすると、三六協定を作る時点で、労働者の立場もきちんと考慮した内容と手続を決めておくことが非常に大事になります。そのようなルールが決まっていること自体がその企業の対外的な評価を高めることもあるといえるでしょう。

4〔働き方改革〕残業時間の上限規制

いわゆる「働き方改革」で、残業時間の上限が定められました。業種によって猶予や適用除外があります（巻頭⑫参照）。

施行は令和元年4月1日からですが、中小企業は令和2年4月1日です。

なお、労働時間等に関する適用除外の規定として「高度プロフェッショナル制度」が新設されました（巻頭⑮⑯参照）。

三六協定のしくみ

要旨 労使間の三六協定により、使用者は労働者に残業をさせたり、休日出勤をさせることができる。

三六協定とは

使用者

労働時間の原則
・1週40時間
・1日8時間

休日の原則
・週に1回以上
・日を決めなければならない

労働者

残業や休日出勤をさせるには

→ **三六協定** ←

所轄労働基準監督署長に提出

労働者の過半数で組織する労働組合がある場合はその労働組合、ない場合は労働者の過半数を代表する者

時間外協定
労働時間の延長
※坑内労働については、最大延長2時間

休日協定
休日に働かせることができる

残業時間については、「働き方改革」により、労働基準法36条が改正され、上限規制がなされた。

◆残業時間の上限（改正労働基準法）

原　則	臨時的な特別の事情
・月45時間 ・年360時間 ※月45時間は、1日2時間程度の残業	・年720時間 ・複数月平均80時間以内（休日労働含む） ・月100時間未満（休日程度の残業労働含む） ・月45時間を超えることができるのは年間6か月まで

※令和元年4月1日施行。中小企業については令和2年4月1日施行

労働基準法の条文

（時間外及び休日の労働）
第36条① 使用者は、当該事業場に、労働者の過半数で組織する労働組合がある場合においてはその労働組合、労働者の過半数で組織する労働組合がない場合においては労働者の過半数を代表する者との書面による協定をし、厚生労働省令で定めるところによりこれを行政官庁に届け出た場合においては、第32条から第32条の5まで若しくは第40条の労働時間（以下この条において「労働時間」という。）又は前条の休日（以下この項において「休日」という。）に関する規定にかかわらず、その協定で定めるところによつて労働時間を延長し、又は休日に労働させることができる。②〜⑪略。

　なお、②〜⑤については、「働き方改革」による新設で、上記三六協定の事項および残業時間（休日労働含む）の上限等について定める。上限規制の内容は巻頭⑫☞も参照のこと。

第4章 労働時間、休憩、休日及び年次有給休暇

時間外労働・休日労働の賃金

10 時間外、休日、深夜勤務の割増賃金

37条〜38条の2・119条・120条

> 時間外労働、休日労働、深夜勤務では、定められた最低の割増賃金以上の支払義務がある。

時間外労働は割増賃金

1 割増賃金制度

労働基準法37条は、第1項で「使用者が第33条又は前条第1項の規定により労働時間を延長し、又は休日に労働させた場合においては、その時間又はその日の労働については、通常の労働時間又は労働日の賃金の計算額の2割5分以上5割以下の範囲内でそれぞれ政令で定める率以上の率で計算した割増賃金を支払わなければならない。」と規定し、第3項では「使用者が、午後10時から午前5時まで……の間において労働させた場合においては、その時間の労働については、通常の労働時間の賃金の計算額の2割5分以上の率で計算した割増賃金を支払わなければならない。」と規定しています（次ページ表参照）。

割増賃金の制度は、本来休める時間に労働をすることになる労働者に対する補償の意味と、使用者が必要以上に残業や休日出勤を強いて労働時間に対する法規制が無意味になることを抑制する狙いがあります。

2 割増賃金の計算について

意外に面倒なのが割増賃金の計算方法です。まず基礎になる賃金に算入するかどうかについては、家族手当、通勤手当、その他厚生労働省令で定める賃金（住宅手当など）は算入しないと規定されています。これは、労働の量や質とは直接関係のない個人的な色彩の強い賃金や臨時払い的な賃金を除くものです。しかし、これ以外の賃金については、それが「賃金」といえる以上は原則として算入されることになります。

算入される項目が決まった後は、一時間当たりの金額を計算しますが、時間給以外のしくみの場合は所定の計算方法で時間当たりの賃金を算定しなければなりません。

年俸制を採用する企業や個別に年俸契約をする労働者が増えてきていますが、その場合、年俸の中に既に割増賃金分が入っている、という主張が出されて紛争になることがあります。結論は事案によって分かれますが、年俸の中にどこまでは含まれていてどこから先が含まれていないのかをきちんと決めておかないと、無用の争いを招くことになるので、双方に注意が必要です。

割増事由が重複する場合があります。時間外労働が深夜に及んだ場合は5割に、休日労働が深夜に及んだ場合は6割に、それぞれ割増率を加算します。しかし、時間外労働と休日労働が重なった場合は、多少疑問がありますが、加算ではなく単に3割5分になるという扱いが行政機関の解釈です。これについても三六協定の中で明確にしておくことが望ましいでしょう。

3 〔働き方改革〕残業60時間問題は一律50％に

すでに大企業では導入済みでしたが、60時間を超える残業については、割増率を「50％」にする制度が、中小企業にも適用され(巻頭⓭ページ参照)。

なお、平成22年の改正で、割増に代えて、代替休暇を与える方法も導入されています。

時間外労働などの割増賃金のしくみ

 要旨 使用者は、時間外労働・休日労働・深夜業においては、割増賃金を支払わなければならない。

※1 法定時間外労働が休日労働に重複した場合→割増率35％以上
※2 法定時間外労働が法定の深夜労働に重複した場合→割増率50％以上
※3 法定の休日労働が法定の深夜労働に重複した場合→割増率60％以上

【改正】1カ月60時間を超える時間外労働、割増賃金率50％以上(中小企業は令和2年4月1日より適用)。
※1 深夜労働との関係→深夜割増賃金率25％以上＋時間外割増賃金率50％以上＝75％以上
※2 法定休日労働との関係→法定休日(例えば日曜日)の労働は含まれないが、それ以外の休日(例えば土曜日)に行なった労働は含まれる。
※3 引上げ分の割増賃金の代わりに代替休暇(月末の翌日から2か月以内)を設けることができる(中小企業は令和5年4月1日より適用)。

労働基準法の条文

(時間外、休日及び深夜の割増賃金)
第37条① 使用者が、第33条又は前条第1項の規定により労働時間を延長し、又は休日に労働させた場合においては、その時間又はその日の労働については、通常の労働時間又は労働日の賃金の計算額の2割5分以上5割以下の範囲内でそれぞれ政令で定める率以上の率で計算した割増賃金を支払わなければならない。ただし、当該延長して労働させた時間が1箇月について60時間を超えた場合においては、その超えた時間の労働については、通常の労働時間の賃金の計算額の5割以上の率で計算した割増賃金を支払わなければならない。
② 前項の政令は、労働者の福祉、時間外又は休日の労働の動向その他の事情を考慮して定めるものとする。
③ 使用者が、当該事業上に、労働者の過半数で組織する労働組合があるときはその労働組合、労働者の過半数で組織する労働組合がないときは労働者の過半数を代表する者との書面による協定により、第1項ただし書の規定により割増賃金を支払うべき労働者に対して、当該割増賃金に代えて、通常の労働時間の賃金が支払われる休暇(第39条の規定による有給休暇を除く。)を厚生労働省令定めるところにより与えることを定めた場合において、当該労働者が当該休暇を取得したときは、当該労働者の同項ただし書に規定する時間を超えた時間の労働のうち当該取得した休暇に対応するものとして厚生労働省令で定める時間の労働については、同項ただし書の規定による割増賃金を支払うことを要しない。
④ 使用者が、午後10時から午前5時まで(厚生労働大臣が必要であると認める場合においては、その定める地域又は期間については午後11時から午前6時まで)の間において労働させた場合においては、その時間の労働については、通常の労働時間の賃金の計算額の2割5分以上の率で計算した割増賃金を支払わなければならない。
⑤ 第1項及び前項の割増賃金の基礎となる賃金には、家族手当、通勤手当その他厚生労働省令で定める賃金は算入しない。
第119条 次の各号のいずれかに該当する者は、これを6箇月以下の懲役又は30万円以下の罰金に処する。
1 ……、第37条、……の規定に違反した者違反した者

11 専門業務型の裁量労働制

第4章 労働時間、休憩、休日及び年次有給休暇

38条の3

> 裁量労働とは、一定の業務について、使用者の具体的な指示や監督を受けないで行う業務のことである。

所定労働時間の勤務とみなされる

1 裁量労働制の意味

労働基準法38条の3は「使用者が、当該事業場に、労働者の過半数で組織する労働組合があるときはその労働組合、労働者の過半数で組織する労働組合がないときは労働者の過半数を代表する者との書面による協定により、次に掲げる事項を定めた場合において、労働者を第1号に掲げる業務に就かせたときは、当該労働者は、厚生労働省令で定めるところにより、第2号に掲げる時間労働したものとみなす。」としています。これが裁量労働制の規定です。

つまり、裁量労働とは、その性質上業務遂行の方法や手段、時間配分について、使用者の具体的な指示・監督を受けない業務です。裁量労働制を適用した場合、実際の労働時間がどうであれ、所定労働時間勤務したとみなしてしまうことができます。これを「みなし労働時間」といいます。

裁量労働制を適用することによって、コア・タイムのないフレックスタイム制と似た形態になりますが、フレックスタイムの場合には、使用者に時間管理義務があるのに対して、裁量労働制の場合にはこれがないという違いがあります。

なお、裁量労働制には残業という概念がありませんので注意が必要です。

2 裁量労働制の導入手続き

みなし労働時間を適用するためには、その事業場の労働者の過半数で組織する労働組合または労働者の過半数を代表する者との間で、書面によって労使協定を締結しなければなりません。その労使協定で、①対象となる業務、②具体的な指示をしない旨、③みなすべき時間、④健康・福祉確保、苦情処理措置等を定めて、⑤労働基準監督署長への届出が必要です。

なお、⑤の労働基準監督署長への届出を怠ると、6か月以下の懲役または30万円以下の罰金に処せられます（119条）。

3 裁量労働制の対象となる業務

対象となる業務は、「業務の性質上その遂行の方法を大幅に当該業務に従事する労働者の裁量にゆだねる必要があるため、当該業務の遂行の手段及び時間配分の決定等に関し使用者が具体的な指示をすることが困難なものとして厚生労働省令で定める業務のうち、労働者に就かせることとする業務」とされ、具体的には、次の業務です。

①新商品、新技術の研究開発または人文科学・自然科学に関する研究の業務
②情報処理システムの分析または設計の業務
③新聞・出版事業の記事の取材・編集または放送番組制作のための取材・編集の業務
④衣服・室内装飾・工業製品・広告等の新たなデザインの考案に関する業務
⑤放送番組・映画等の制作事業におけるプロデューサー、ディレクターの業務
⑥コピーライター、公認会計士、弁護士、一級建築士、不動産鑑定士、弁理士の業務
⑦大学における教授・研究の業務

専門業務型裁量労働制のしくみ

要旨 一定の業務については、業務遂行の手段・方法・時間配分について、使用者が指示・監督しないものとすることができる。

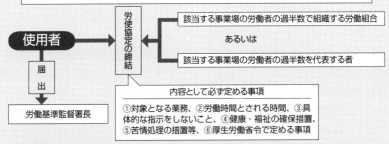

裁量労働制の導入手続き

■厚生労働省令で定める業務■
① 新商品、新技術の研究開発または人文科学・自然科学に関する研究の業務
② 情報処理システムの分析または設計の業務
③ 新聞・出版事業の記事の取材・編集または放送番組制作のための取材・編集の業務
④ 衣服・室内装飾・工業製品・広告等の新たなデザインの考案に関する業務
⑤ 放送番組・映画等の制作事業におけるプロデューサー、ディレクターの業務
⑥ コピーライター、公認会計士、弁護士、一級建築士、不動産鑑定士、弁理士の業務
⑦ 大学における教授・研究の業務

使用者 → 労使協定の締結 ← 該当する事業場の労働者の過半数で組織する労働組合 あるいは 該当する事業場の労働者の過半数を代表する者

届出 → 労働基準監督署長

内容として必ず定める事項
① 対象となる業務、② 労働時間とされる時間、③ 具体的な指示をしないこと、④ 健康・福祉の確保措置、⑤ 苦情処理の措置等、⑥ 厚生労働省令で定める事項

◆ 労使協力で定めるみなし労働時間は、1日あたりの労働時間をみなすものであり、週ないし月単位の労働時間をみなすことはできない(基発、昭和63年3月4日)。
◆ 裁量労働制の適用がある場合でも、深夜業、休日、休憩に関する労基法の規定は適用されるので、深夜の労働となったときは割増賃金の支払いが必要となり、休日に出勤したときは休日労働となり、また、労基法所定の休憩は与えなければならない。

労働基準法の条文

第38条の3 使用者が、当該事業場に、労働者の過半数で組織する労働組合があるときはその労働組合、労働者の過半数で組織する労働組合がないときは労働者の過半数を代表する者との書面による協定により、次に掲げる事項を定めた場合において、労働者を第1号に掲げる業務に就かせたときは、当該労働者は、厚生労働省令で定めるところにより、第2号に掲げる時間労働したものとみなす。
1　業務の性質上その遂行の方法を大幅に当該業務に従事する労働者の裁量にゆだねる必要があるため、当該業務の遂行の手段及び時間配分の決定等に関し使用者が具体的な指示をすることが困難なものとして厚生労働省令で定める業務のうち、労働者に就かせることとする業務(以下この条において「対象業務」という。)
2　対象業務に従事する労働者の労働時間として算定される時間
3　対象業務の遂行の手段及び時間配分の決定等に関し、当該対象業務に従事する労働者に対し使用者が具体的な指示をしないこと。
4　対象業務に従事する労働者の労働時間の状況に応じた当該労働者の健康及び福祉を確保するための措置を当該協定で定めるところにより使用者が講ずること。
5　対象業務に従事する労働者からの苦情の処理に関する措置を当該協定で定めるところにより使用者が講ずること。
6　前各号に掲げるもののほか、厚生労働省令で定める事項
② 前条第3項の規定は、前項の協定について準用する。

第119条 次の各号の一に該当する者は、これを6箇月以下の懲役又は30万円以下の罰金に処する。
1　……、第38条の2第3項(第38条の3第2項において準用する場合を含む。)、……の規定に違反した者

第4章 労働時間、休憩、休日及び年次有給休暇

12 裁量労働制②
企画業務型の裁量労働制

38条の4・119条

> 専門業務型とは別に、一部企画部門の労働者にも裁量労働制が認められるが、導入には厳格な要件がある。

企画業務でも認められる

1 企画業務型裁量労働制

裁量労働制が認められるのは、前項で述べた厚生労働省令で定められた専門業務についてだけではありません。これ以外にも一定の場合には裁量労働制の適用を受けることができます。これを企画業務型裁量労働制と呼びます。

労働基準法38条の4は、企画業務型裁量労働制について、「……当該委員会がその委員の5分の4以上の多数による議決により次に掲げる事項に関する決議をし、かつ、……当該決議を行政官庁に届け出た場合において、第2号に掲げる労働者の範囲に属する労働者を当該事業場における第1号に掲げる業務に就かせたときは、当該労働者は、厚生労働省令で定めるところにより、第3号に掲げる時間労働したものとみなす。」と規定しています。

企画業務型裁量労働制では、事業の運営に関する事項についての企画、立案、調査および分析の業務であって、その業務の性質上適切に遂行するには、その遂行の方法を大幅に労働者の裁量に委ねる必要があるものについて適用が認められます。

2 企画業務型裁量労働制の対象業務

対象業務は、「事業の運営に関する事項についての企画、立案、調査及び分析の業務であつて、当該業務の性質上これを適切に遂行するにはその遂行の方法を大幅に労働者の裁量にゆだねる必要があるため、当該業務の遂行の手段及び時間配分の決定等に関し使用者が具体的な指示をしないこととする業務」（38条の4第1項2号）です。この「事業の運営に関する事項」とは、指針（平成15年厚生労働省告示）で、「対象事業上に属する企業等に係る事業の運営に影響を及ぼす事項または当該労働場に係る事業の運営に及ぼす独自の事業計画や営業計画をいう。」としています。

3 企画業務型裁量労働制の導入手続き

企画業務型裁量労働制を導入するには、前項の場合とは異なり、「労使委員会」を設立し、その委員の5分の4以上の多数による議決が行われ、使用者がこの決議を労働基準監督署長に届け出ることを要します。

労使委員会は、①委員の半数は、労働者の過半数が所属する労働組合または労働者の過半数を代表する者によって任期を定めて指名された者でなければならず、②議事録を作成保存するとともに労働者に周知がはかられていることが必要です。

なお、労使委員会で行う決議事項は次のように定められています（38条の4第1項、施行規則24条の2の3第3項）。
①対象業務
②対象労働者の具体的な範囲
③労働時間として算定される時間
④当該労働者の健康・福祉を確保する措置
⑤苦情処理に関する措置
⑥対象労働者の同意を得なければならないことおよび同意しない労働者に不利益取扱いをしないこと

企画業務型裁量労働制のしくみ

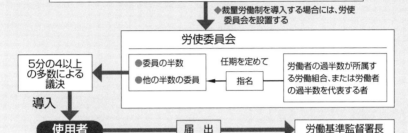

◆企画業務に関する裁量労働制は、従来からあった専門業務に関する裁量労働制とは異なり、導入のための手続きが厳しくされている。また、労使委員会の決議内容に当該労働者の合意も要求されているが、同意しなかった労働者に対する不利益取扱いは禁止されている。

【企画業務型裁量労働制の対象業務】　次のいずれにも該当する業務であること。①事業の運営に関する事項の業務、②企画、立案、調査及び分析にに関する業務、③当該業務の性質上、これを適切に遂行するためには、その方法を大幅に労働者の裁量に任せる必要がある業務、④当該遂行手段および時間配分の決定などについて、使用者が具体的に指示をしないこととする業務。

労働基準法の条文

第38条の4① 賃金、労働時間その他の当該事業場における労働条件に関する事項を調査審議し、事業主に対し当該事項について意見を述べることを目的とする委員会（使用者及び当該事業場の労働者を代表する者を構成員とするものに限る。）が設置された事業場において、当該委員会がその委員の5分の4以上の多数による議決により次に掲げる事項に関する決議をし、かつ、使用者が、厚生労働省令で定めるところにより当該決議を行政官庁に届け出た場合において、第2号に掲げる労働者の範囲に属する労働者を当該事業場における第1号に掲げる業務に就かせたときは、当該労働者は、厚生労働省令で定めるところにより、第3号に掲げる時間労働したものとみなす。

1　事業の運営に関する事項についての企画、立案、調査及び分析の業務であつて、当該業務の性質上これを適切に遂行するにはその遂行の方法を大幅に労働者の裁量に委ねる必要があるため、当該業務の遂行の手段及び時間配分の決定等に関し使用者が具体的な指示をしないこととする業務（以下この条において「対象業務」という。）
2　対象業務を適切に遂行するための知識、経験等を有する労働者であつて、当該対象業務に就かせたときは当該決議で定める時間労働したものとみなされることとなるものの範囲
3　対象業務に従事する前号に掲げる労働者の範囲に属する労働者の労働時間として算定される時間
4　対象業務に従事する第2号に掲げる労働者の範囲に属する労働者の労働時間の状況に応じた当該労働者の健康及び福祉を確保するための措置を当該決議で定めるところにより使用者が講ずること。
5　対象業務に従事する第2号に掲げる労働者の範囲に属する労働者からの苦情の処理に関する措置を当該決議で定めるところにより使用者が講ずること。
6　使用者は、この項の規定により第2号に掲げる労働者の範囲に属する労働者を対象業務に就かせたときは第3号に掲げる時間労働したものとみなすことについて当該労働者の同意を得なければならないこと及び当該同意をしなかつた当該労働者に対して解雇その他不利益な取扱いをしてはならないこと。
7　前各号に掲げるもののほか、厚生労働省令で定める事項　　　　　　　　　　②〜⑤略

第4章 労働時間、休憩、休日及び年次有給休暇

13 年次有給休暇は 10 日～20 日

39条・119条

有給休暇は勤務年数で決まる

▶ フルタイム労働者は、6か月間継続して勤務し8割以上出勤した者には10日、6年6か月以上では20日の有給休暇がある。

1 年次有給休暇

労働基準法39条は、「使用者は、その雇入れの日から起算して6箇月間継続勤務し全労働日の8割以上出勤した労働者に対して、継続し、又は分割した10労働日の有給休暇を与えなければならない。」と規定しています。これが年次有給休暇の基本規定で、半年間勤務して8割以上出勤した労働者に対しては、次の1年間に10日の休暇を与えるというものです。

そして、その次の1年間も8割以上出勤したら、順次付与日数が増えていくことになっています。最終的には6年6か月以上経過した時点で20日有給休暇が付与されることになっています。

なお、この8割以上出勤という条件については、業務上の負傷や疾病による休業の期間、育児休業、介護休業、産前産後休業など期間は出勤したものと算定されることになっています(39条7項)。

有給休暇を使用した期間については、平均賃金または通常賃金を支払わなければなりません(39条6項)。

2 年次有給休暇の取得について

年次有給休暇は労働者の権利ですから、労働者が好きなときにとれるのが原則です。休暇である以上何に使っても差し支えなく、組合活動などが理由でももちろん制約はありません。有給休暇の届出用紙に申請理由を書く欄があることが多いと思いますが、これは申請を認めるかどうかを判断するものではなく、せいぜい、次に述べる使用者の時季変更権を行使するかどうかの参考材料にすぎないことに留意して下さい。

使用者は、原則として労働者の申請どおりに休暇を与えなければなりません。休暇を与えないと違法になります。ただし、それが事業の正常な運営を妨げる場合には、他の時季に与えることができます。これを「時季変更権」といい、労働者の年次有給休暇制度との調整が問題になりますが、できるだけ現場で話し合って解決することが望ましいところです。

3 制度の運用にあたって

年次有給休暇は採用から半年経過して初めて発生するものであり、しかも、その後1年ごとに更新されていくので、採用の時期がまちまちであれば、その労働者ごとに計算期間も異なることになります。

労働者の人数が多くなってくると、採用年月日次第で有給休暇の対象期間が異なるのは煩瑣になります。そこで、有給休暇の単位になる1年を全社員について4月1日から翌年3月末日までに統一することが有効な対策になります。(最初の1年の、端数の処理については、労働者に不利にならないようにしなければなりません)。

4 〔働き方改革〕企業に取得を義務付け

いわゆる「働き方改革」で、年休のうち5日間については、企業の従業員に取得させる義務を負うこととなりました(巻頭⓭ページ参照)。

年次有給休暇のしくみ

要旨 年次有給休暇は6か月間以上、全労働日の8割以上出勤した労働者に与えられるか、パート労働者にもある。

◆年次有給休暇の付与日数表（フルタイム労働者）

勤続年数	6か月	1年6か月	2年6か月	3年6か月
付与日数	10日	11日	12日	14日

勤続年数	4年6か月	5年6か月	6年6か月以上
付与日数	16日	18日	20日

◆パートタイマー等の年次有給休暇比例付与日数表（パートタイム労働者）

週所定労働日数	1年間の所定労働日数	勤務年数						
		6カ月	1年6か月	2年6か月	3年6か月	4年6か月	5年6か月	6年以上6か月
4日	169〜216日まで	7	8	9	10	12	13	15
3日	121〜168日まで	5	6	6	8	9	10	11
2日	73〜120日まで	3	4	4	5	6	6	7
1日	48〜72日まで	1	2	2	2	3	3	—

※1週間の所定労働時間が30時間以上のパートタイマーの場合には、フルタイム労働者と同じ扱いとなる。

◆**年次有給休暇の時季変更権** 使用者は、労働者から年次有給休暇の請求があった場合には有給休暇を拒否することはできない。しかし、請求された時季に有給休暇を与えることが、事業の正常な運営を妨げる場合には、その時季を変更することができる（労基法39条5項ただし書）。

◆年次有給休暇を使用者が買い上げることは禁止されているが、使用者が法定日数を上回る有給休暇を与えている場合には、法定日数を超過する部分についての買い上げは認められる。また、退職時に有給休暇の残りを買上げもできるとされている。

※「働き方改革」により、年5日の有休休暇の取得を企業に義務付け（労基法39条7項）。

労働基準法の条文

（年次有給休暇）

第39条 ① 使用者は、その雇入れの日から起算して6箇月間継続勤務し全労働日の8割以上出勤した労働者に対して、継続し、又は分割した10労働日の有給休暇を与えなければならない。

② 使用者は、1年6箇月以上継続勤務した労働者に対しては、雇入れの日から起算して6箇月を超えて継続勤務する日（以下「6箇月経過日」という。）から起算した継続勤務年数1年ごとに、前項の日数に、次の表の上欄に掲げる6箇月経過日から起算した継続勤務年数の区分に応じ同表の下欄に掲げる労働日を加算した有給休暇を与えなければならない。ただし、継続勤務した期間を6箇月経過日から1年ごとに区分した各期間（最後に1年未満の期間を生じたときは、当該期間）の初日の前日の属する期間において出勤した日数が全労働日の8割未満である者に対しては、当該初日以後の1年間においては有給休暇を与えることを要しない。

6箇月経過日から起算した継続勤務年数	労働日	6箇月経過日から起算した継続勤務年数	労働日
1年	1労働日	4年	6労働日
2年	2労働日	5年	8労働日
3年	4労働日	6年以上	10労働日

※以下123㌻へつづく

第4章 労働時間、休憩、休日及び年次有給休暇

14 労働時間・休憩の特例

労働時間および休憩についての特例と適用除外

40条・41条・119条

▶ 変形労働時間制による労働や一定の職種では、労働時間等についての規定の適用はない。

労働時間等の特例は多い

1 特例と適用除外

ここまで見てきたとおり、労働基準法は、労働時間について週40時間以内、休憩については45分あるいは1時間以上、休日については週1日以上という原則的な規定を置き、その上で、労働時間についての変形制度や、休憩についての例外規定、時間外・休日労働についての条件や賃金の割増などの例外を定めています。

主なものを再度列挙すると、
① 1か月単位の変形
② フレックスタイム制
③ 1年単位の変形
④ 1週間単位の変形
⑤ 4週4休の扱い
⑥ 時間外労働などについての三六協定
等です。

それぞれの制度の狙いや条件については各項目を見ていただくことにして、全体に共通することとしては、どれも事業場の必要性と労働者側の事情の調和の上に成り立っている制度であり、労働者代表との間の協定が義務づけられている場合が多いということです。

使用者が単なる割増賃金節約の方便としか考えずに安易に制度を導入すると、労働者の反発や無気力化を招くことになるので、注意が必要です。

2 適用除外について

適用除外についても再度整理しておきます。

まず、労働基準法40条では、鉱業や建築業等の一定の業種について、厚生労働省令によって労働時間や休憩についての特別の定めをすることを認めています。

次に、労働基準法41条では、一定の業種や職種の労働者について、労働時間、休憩、休日についての規定を適用しないことを定めています。

この41条の適用除外条項の中で、一番問題が多いのは「事業の種類にかかわらず監督若しくは管理の地位にある者又は機密の事務を取り扱う者」という類型であることは前の述べました（106㌻参照）。この管理監督者に対する適用除外の規定には、厚生労働省令による規制や行政官庁の関与がないので、労働者を守るしくみがありません。そこで、一つ間違えると、労働時間や休憩、休日についての法規制を逃れる手段として使われかねない制度です。

近時、使用者が賃金の支払義務を潜脱する事例に対して社会の風当たりはきつくなる一方であり、裁判所も厳しく対応しています。自分の会社が社会に認められる存在でありたいと考える経営者は、このような非難を受けないように、自分の会社の中をよく振り返ってみて下さい。

使用者が支払うべき賃金をきちんと支払わないと、労働基準監督署の調査を受けたり、場合によっては刑事事件になることもありますので、特に注意が必要です。

労働基準法の条文　121ページよりつづく

③ 次に掲げる労働者（1週間の所定労働時間が厚生労働省令で定める時間以上の者を除く。）の有給休暇の日数については、前2項の規定にかかわらず、これらの規定による有給休暇の日数を基準とし、通常の労働者の1週間の所定労働日数として厚生労働省令で定める日数（第1号において「通常の労働者の週所定労働日数」という。）と当該労働者の1週間の所定労働日数又は1週間当たりの平均所定労働日数との比率を考慮して厚生労働省令で定める日数とする。
 1　1週間の所定労働日数が通常の労働者の週所定労働日数に比し相当程度少ないものとして厚生労働省令で定める日数以下の労働者
 2　週以外の期間によつて所定労働日数が定められている労働者については、1年間の所定労働日数が、前号の厚生労働省令で定める日数に1日を加えた日数を1週間の所定労働日数とする労働者の1年間の所定労働日数その他の事情を考慮して厚生労働省令で定める日数以下の労働者
④ 使用者が、当該事業場に、労働者の過半数で組織する労働組合があるときはその労働組合、労働者の過半数で組織する労働組合がないときは労働者の過半数を代表する者との書面による協定により、次に掲げる事項を定めた場合において、第1号に掲げる労働者の範囲に属する労働者が有給休暇を時間を単位として請求したときは、前3項の規定による有給休暇の日数のうち第2号に掲げる日数については、これらの規定にかかわらず、当該協定で定めるところにより時間を単位として有給休暇を与えることができる。
 1　時間を単位として有給休暇を与えることができることとされる労働者の範囲
 2　時間を単位として与えることができることとされる有給休暇の日数（5日以内に限る。）
 3　その他厚生労働省令で定める事項
⑤ 使用者は、前各項の規定による有給休暇を労働者の請求する時季に与えなければならない。ただし、請求された時季に有給休暇を与えることが事業の正常な運営を妨げる場合においては、他の時季にこれを与えることができる。
⑥ 使用者は、当該事業場に、労働者の過半数で組織する労働組合がある場合においてはその労働組合、労働者の過半数で組織する労働組合がない場合においては労働者の過半数を代表する者との書面による協定により、第1項から第3項までの規定による有給休暇を与える時季に関する定めをしたときは、これらの規定による有給休暇の日数のうち5日を超える部分については、前項の規定にかかわらず、その定めにより有給休暇を与えることができる。
⑦ 使用者は、第1項から第3項までの規定による有給休暇（これらの規定により使用者が与えなければならない有給休暇の日数が10労働日以上である労働者に係るものに限る。以下この項及び次項において同じ。）の日数のうち5日については、基準日（継続勤務した期間を6箇月経過日から1年ごとに区分した各期間（最後に1年未満の期間を生じたときは、当該期間）の初日をいう。以下この項において同じ。）から1年以内の期間に、労働者ごとにその時季を定めることにより与えなければならない。ただし、第1項から第3項までの規定による有給休暇を当該有給休暇に係る基準日より前の日から与えることとしたときは、厚生労働省令で定めるところにより、労働者ごとにその時季を定めることにより与えなければならない。（新設）
⑧ 前項の規定にかかわらず、第5項又は第6項の規定により第1項から第3項までの規定による有給休暇を与えた場合においては、当該与えた有給休暇の日数（当該日数が5日を超える場合には、5日とする。）分については、時季を定めることにより与えることを要しない。（新設）
⑨ 使用者は、第1項から第3項までの規定による有給休暇の期間又は第4項の規定による有給休暇の時間については、就業規則その他これに準ずるもので定めるところにより、それぞれ、平均賃金若しくは所定労働時間労働した場合に支払われる通常の賃金又はこれらの額を基準として厚生労働省令で定めるところにより算定した額の賃金を支払わなければならない。ただし、当該事業場に、労働者の過半数で組織する労働組合がある場合においてはその労働組合、労働者の過半数で組織する労働組合がない場合においては労働者の過半数を代表する者との書面による協定により、その期間又はその時間について、それぞれ、健康保険法（大正11年法律第70号）第99条第1項に定める標準報酬日額に相当する金額又は当該金額を基準として厚生労働省令で定めるところにより算定した金額を支払う旨を定めたときは、これによらなければならない。
⑩ 労働者が業務上負傷し、又は疾病にかかり療養のために休業した期間及び育児休業、介護休業等育児又は家族介護を行う労働者の福祉に関する法律第2条第1号に規定する育児休業又は同条第2号に規定する介護休業をした期間並びに産前産後の女性が第65条の規定によつて休業した期間は、第1項及び第2項の規定の適用については、これを出勤したものとみなす。

（労働時間等に関する規定の適用除外）
第41条　この章、第6章及び第6章の2で定める労働時間、休憩及び休日に関する規定は、次の各号の一に該当する労働者については適用しない。
 1　別表第1第6号（林業を除く。）又は第7号に掲げる事業に従事する者
 2　事業の種類にかかわらず監督若しくは管理の地位にある者又は機密の事務を取り扱う者
 3　監視又は断続的労働に従事する者で、使用者が行政官庁の許可を受けたもの
第41条の2（「働き方改革」による新設」）⇒高度プロフェッショナル制度（巻頭⓯⓰・次項本文参照）

第4章 労働時間、休憩、休日及び年次有給休暇

15 時間外労働の諸問題

今日、サービス残業などの問題がある

36条・37条関連

▶ 時間外労働の問題としては、サービス残業、時短、女性規制の撤廃などがある。

サービス残業、女性差別など

1 サービス残業

「サービス残業」というのは、現実に時間外労働をしているにもかかわらずその手当を請求しない（請求できない）状態を総称する言葉です。社会問題化した背景には、「過労死」という痛ましい出来事が社会に知られるようになってその中で表に出ない「残業」が非常にたくさんあることが社会に知られてきたことや、企業の「コンプライアンス」が叫ばれてきたことなど、いろいろな要因が考えられます。

時間外労働をさせているにもかかわらず、割増賃金はおろか、賃金そのものを支払わないのですから、もし使用者が「そうしている」という証拠があれば、当然処罰の対象になります。現実に無償の残業を労働者に明示的に命令する使用者はそうは多くないと思いますが、そのような状態を知りながら放置しておけば、命じているのと変わらないと評価されることになりますので、使用者は注意してください。

2 「時短」と問題点

「時短」というのは、労働時間短縮の略語です。世界の先進国の中で、法定労働時間が長かった日本に対して、国際的な圧力として時間を迫られた時代がありました。今では、国内でも法律の整備が進み、労働時間は短縮される傾向にあります。

しかし、全ての労働者が時短の恩恵を受けているわけではありません。大企業の正社員は、法定労働時間の短縮によってその分自由な時間が増すことになりますが、中小企業労働者や、大企業でも非正社員の場合は、労働時間が短くなればその分賃金も少なくなってしまう場合が多く、かけ声だけの「時短」ではかえって生活が苦しくなってしまいます。

今必要なことは、「時短」の恩恵を全労働者が公平に受けられるように、雇用関係の実情を見直すことではないでしょうか。

3 女性についての規制の撤廃

女性の社会進出が進むにつれて、一定の危険な労働や深夜労働について、それまで女性を保護するという観点から就労させることを禁止してきたところを、原則としてその制限を撤廃し、母性の保護につながる措置だけを残すようになりました。

この撤廃については評価が分かれるところですが、少なくとも男女労働者の間の形式的な差別的取扱いの根拠が薄くなったことは確かです。しかし、これが直ちに真の意味での女性の社会進出につながるかと言えば、必ずしもそうとはいえません。

女性が働きやすい職場を作っていくためには、いろいろな場面での意識変革や制度改革が必要だといえそうです。

4 〔働き方改革〕「高度プロ」制度の新設

いわゆる「働き方改革」で、一定以上の高収入の労働者について、残業代の支払を不要とする制度が導入されました。これは今までの流れと根本的に異なる制度で、今後どうなるか注目されます（巻頭❶❶参照）。

時間外労働等の問題のしくみ

要旨 サービス残業、時短、女性規制の撤廃に関する問題など、現実の労働現場は問題山積である。

労働基準法 第4章 労働時間、休憩、休日及び年次有給休暇

問題点 → 関係法令

サービス残業
- 割増賃金はおろか、賃金そのものの支払いもない
- ○労働基準法32条（労働時間）違反

▶サービス残業は、労働基準法に違反する

時短
- 労働時間が短くなればその分、賃金も少なくなる。時短に伴う、賃金の値上げはほとんどない。
- ○労働時間の短縮の促進に関する臨時措置法

▶時短の恩恵を労働者が受けられるよう配慮が必要
▶1カ月60時間を超える時間外労働については、割増賃金を50％（通常25％）に引き上げ。労使協定により法定割増賃金率の引き上げ分の割増賃金の支払いに代えて有給休暇を付与することができる（中小企業は当分の間、適用猶予。平成22年4月1日施行）。

女性についての規制撤廃の問題
- 女性保護の規定は撤廃された（母性保護の規定は残る）が、昇進などではまだまだ問題がある。
- ○労働基準法旧第64条の2、第64条の3削除
- ○男女雇用機会均等法

▶女性についての規制は撤廃されたが、現実には昇進などで差別がある。

対策
◆違法な長時間労働を繰り返している企業に対する指導・公表
　▶都道府県労働局長が経営トップに対して、早期是正についての指導、その事実の公表
◆若者の使い捨てが疑われる企業等への取り組み
　▶労働条件相談ほっとライン ☎0120-811-610

サービス残業、時短、女性規制の撤廃に関する法律
▶サービス残業⇒労働基準法32条（労働時間）、労働者の適正な把握のための使用者が講ずべき措置に関する基準について（厚生労働省通達）
▶時短⇒労働時間の短縮の促進に関する臨時措置法
▶女性規制の撤廃⇒労働基準法旧64条の2、64条の3（削除）、男女雇用機会均等法

第4章 育児休業

16 育児と休業制度
育児休業が認められている

育児・介護休業法

▶ 1歳未満の子を養育する労働者は、事業主に申し出ることによって、育児に必要な休業(休暇)をとることができる。

男性も育児休暇をとれる

■ 育児休業とは

育児休暇とは、労働者の申出によって「育児休業、介護休業など育児または家族介護を行う労働者の福祉に関する法律」の定めるところによりその1歳に満たない子を養育するための休業、を意味します。

かつては、女性は就職しても結婚したら退職するのが当然とされ、育児休業の必要性が認識されていませんでした。また、家族の人数が多く、家庭内で育児を担える態勢もありました。

しかし、女性の社会進出が進んで結婚後も仕事を続けるのが当たり前になり、また、核家族化が進んで育児の担い手が限定されるようになると、仕事と育児を両立することが必要になってきました。こうした観点から、育児のための休業制度の必要性が認識され、法律の制定に至ったのです。

❷ 制度の概要

育児休業を取得できるのは、男女労働者です。実情としては申請しているのは女性がほとんどだと思いますが、育児は女性だけの仕事ではなく、男性も、当然、育児休暇を申請できます。ただし、次の場合は、育児休業を申請できません。

①日々雇用される者。
②期間を定めて雇用される者。ただし、「パート」の名が付いた有期雇用者でも、更新の実績があって期間が満了しても更新の期待が生じていると認められる場合は、育児休暇を取れる場合があり得る。
③1人の子について再度申請する場合。
④(労使協定に基づき)雇用期間1年未満の者を除外した場合。
⑤(労使協定に基づき)一定の条件を満たしていて配偶者が育児可能な状況にあると認められる場合。
⑥(労使協定に基づき)一定の条件を満たしていて本人や家族に育児が可能な状況があると認められる場合。

❸ 育児休業の申請

育児休業は、労働者自身が申請して取得します。出産の時期等によって育児休業期間の始期と終期について細かい規定がありますが、どこからどこまでの1年なのかが明確になっていることが必要です。

使用者は、育児休業中の労働条件を予め規定してこれを労働者に周知しておかなければなりません。多くの場合は、就業規則に規定を設けるか、就業規則の一部として育児休業規程を別に定める、という方法で周知されていると思われます。

育児休業中の賃金については、これを有給にしなければならないという規定はなく、無給でも違法ではありません。ただ、育児休業の制度はその労働者が仕事に戻ることを前提としたものですから、労働の量や質と直接関係のない手当は支給するなどの措置はあっていいと思います。就業規則を制定する際によく考えることが必要でしょう。なお、育児休業者には、雇用保険より育児休業給付金が支給されます。

育児休業のしくみ

要旨 育児休業は、使用者（事業主）の意思とは無関係に、1か月前に申し出るだけで取ることができる。

労働基準法 第4章 労働時間、休憩、休日及び年次有給休暇

育児休業の手続き

◆育児休業申出書の記載事項
　①申出年月日
　②労働者の氏名
　③申出にかかる子の氏名、生年月日、続柄（未出産の場合には、出産予定者の氏名、出産予定日、続柄）
　④休業しようとする期間の初日と末日
　⑤申出にかかる子が養子の場合には養子縁組の効力発生日
　⑥再度の申出の場合には、それが許される事情

対象者の要件
満1歳未満（あるいは1歳6か月未満）の子がいる場合。雇用保険の被保険者で、休業開始前の2年間に賃金支払基礎日数11日以上がある完全月が12か月以上あること。

労働者 → 申出 → **事業主**

◆育児休業を理由として不利益取扱いをすることは禁止される

◆3歳未満の子の育児を行う労働者は勤務時間の短縮を求めることができる

◆小学校就学前の育児を行う労働者から請求があったときは、事業の正常な運営を妨げる場合を除き、午後10時から午前5時までの深夜業や、深夜に及ぶ時間外労働に就業させることはできない

◆育児休業の申出は、休業開始日の1か月前までに行う。（1歳から1歳6カ月までの休業の場合は、2週間前までに）

育児休業開始日
↓
育児休業終了日

子の誕生から1歳に達するまでの連続した期間（一定の場合は1歳6か月まで）
※父母が共に育児休業を取得する場合は、1歳2か月までの間に1年間育児休業の取れる。

※1歳6か月まで育児休業ができるのは、①保育所に入所を希望したができない、②1歳以降養育する予定であった者が、死亡負傷、疾病等により困難となった、のいずれかの場合

※有期契約労働者は、①過去1年以上継続し雇用されていること、②子が1歳6か月になるまでの間に雇用契約がなくなることが明らかでない、場合は育児休業の申出ができる。

◆**育児休業者の育児休業基本給付金**　休業期間中は、育児休業開始時の賃金日額×支給日数の67％（6か月経過後は50％）相当額が月に支給される。賃金日額は、原則として育児休業開始前6か月の賃金を180で除した額で、月額が69,000円を下回る場合はこれが給付額（下限）となる。

◆**雇用契約等**　育児休業期間中は、雇用契約は継続されているが、事業主は、その間の労働者の賃金を支払う義務はない。また、休業期間中は年次有給休暇の計算に関しては出勤扱いとなるが、退職金や賞与の期間計算に算入するか否かは事業主の意思によって決定される。なお、健康保険、厚生年金保険については、被保険者資格は継続するが、この期間の保険料は免除される。

参照法令
育児休業・介護休業など育児または家族介護を行う労働者の福祉に関する法律

第4章 介護休業

17 介護と休業制度
介護休業が認められている

育児・介護休業法

> 介護が必要な家族を持つ労働者は、事業主に申し出ることによって、介護に必要な休暇(休業)をとることができる。

高齢化社会で今後、多くなる

1 介護休業とは

　介護休暇とは、「育児休業、介護休業など育児または家庭介護を行う労働者の福祉に関する法律」の規定により、労働者が要介護状態にある対象家族を介護するためにする休業をいいます。

　介護についても、かつては家族の中で職業を持たない女性の仕事であると考えられており、それができない場合は、福祉施設等の公的な制度を利用すればいいと考えられ、いずれにしても企業がその一部を負担するという発想はありませんでした。しかし、高齢化社会と女性の社会進出によって家庭での介護が日常的な問題になり、家族の誰かが仕事を休まないと介護ができない、という事態になると、労働者の生活に影響を及ぼすようになります。そうなると、今日では、企業の側でもその負担とは無縁ではいられなくなってきました。

　そこで、育児休業と同じ法律を根拠にして、家族の介護のための休業を認めることになりました。

2 制度の概要

　介護休業を取得できるのは、配偶者(内縁を含む)、父母、子、同居で扶養している祖父母、兄弟姉妹、孫並びに配偶者の父母(＝対象家族)が、「負傷、疾病または身体上もしくは精神上の障害により、2週間以上常時介護を必要とする状態」(＝要介護状態)にある場合です。男女を問わないことはもちろんです。

　介護休業は、労働者自身が申請して取得します。介護休業の期間は通算93日で、3回を上限として取得できます。また、半日単位の取得もすることができます。

　介護休業を取得できる労働者の条件は育児休業の場合と基本的に同じです。有期雇用の労働者についても介護休暇を申請できる場合があることも同じです。

　使用者は、①雇用期間1年未満の者、②9か月以内に雇用関係が終了することが明らかな者、③1週間の所定労働日数が2日以下の者については、申請を拒否できますが、それ以外の場合は拒否できません。

　使用者は、介護休業中の労働条件を予め規定してこれを労働者に周知しておかなければなりません。多くの場合は、就業規則に規定を設けるか、就業規則の一部として介護休業規程を別に定める、という方法で労働者に周知する措置がとられていると思われます。

　介護休業中の賃金についても、これを有給にしなければならないという規定はなく、無給でも違法ではありませんが、育児休業の場合と同様の配慮が必要でしょう。

　なお、介護のための短期の休暇制度が設けられています。休暇日数は介護対象者が1人の場合は年5日、2人以上の場合は年10日です。介護休暇とは別に、利用開始から3年の間で2回以上の利用が可能です。

介護休業のしくみ

要旨 介護休暇は、使用人（事業主）の意思とは無関係に2週間前に申し出てとることができる。

介護休業の手続き

要介護状態

① 歩行、排泄、食事、入浴、着脱衣の日常動作のうちの1項目以上に全部介助が継続的に必要か、または2項目以上に一部介助が継続的に必要な者がいる。

② 攻撃的行為、自傷行為、徘徊、不穏興奮、不潔行為、失禁などのうちのいずれか1項目が中度以上に該当し、継続すると考えられる場合。

※子の看護休暇制度が創設され、小学校就学前の子を養育する労働者は、申し出により、1年に5日（半日単位の取得も可能）まで、病気・ケガをした子の看護のために、休暇を取得できる。

介護休業の対象家族
配偶者、父母、子、配偶者の父母、祖父母、兄弟姉妹、孫

労働者

雇用保険の被保険者で、介護休業開始前2年間に賃金支払基礎日額が11日以上ある完全月が12か月以上ある人

事業主 ← 申 出

介護休業開始日

◆介護休業を理由として不利益取扱いをすることは禁止され、事業主には嫌がらせ等の防止対策義務がある。

◆介護休業給付金の請求は、公共職業安定所（ハローワーク）にする。給付額は、休業前賃金の67％相当額（支給要件、上限額あり）。

◆介護休業の申出は、休業開始日の2週間前までに行う。

対象家族1人につき3回を上限として
通算93日の期間
（半日単位の取得も可）
※短期休暇制度（年5日、対象者が2人以上であれば10日）

介護休業終了日

◆介護を行う労働者から請求があったときは、事業の正常な運営を妨げる場合を除き、午後10時から午前5時までの深夜業や、深夜に及ぶ時間外労働に就業させることはできない。

介護休業延長

◆介護休業の延長を申し出る場合には、休業期間終了の2週間前までに届け出る。

※有期契約労働者は、①過去1年以上継続し雇用されていること、②介護休業を取得する日から9か月経過する日までの間に雇用契約がなくなることが明らかでない、場合は育児休業の申出ができます。

◆介護休業期間中は、雇用契約は継続されているが、事業主は、その間の労働者の賃金を支払う義務はない。また、休業期間中は年次有給休暇の計算に関しては出勤扱いとなるが、退職金や賞与の期間計算に算入するか否かは事業主の意思によって決定される。なお、賃金が支払われない場合でも、健康保険・厚生年金保険の被保険者資格は継続し保険料の徴収も行われる。

参照法令
育児休業、介護休業等育児又は家族介護を行う労働者の福祉に関する法律

第5章～第7章

第5章　安全及び衛生
第6章　年少者
第6章の2　妊産婦等
第7章　技能者の養成

42条～74条

◆この稿では、労働基準法の第5章から第7章について解説するとともに、第5章では労働安全衛生法、第6章の2については男女雇用機会均等法について、必要に応じて解説した。

■「第5章　安全及び衛生」の内容

この章の規定は、連結規定（労働安全衛生法の根拠）の42条を残してすべてが削除（43条～55条）されています。

したがって、具体的な内容については労働安全衛生法によることになります。労働安全衛生法については概略を解説してあります。

■「第6章　年少者」の内容

この章では、年少者を労働者として使用する場合の規制を定めています。憲法13条および27条3項を背景に、年少者の雇用と心身の保護に配慮したものです。

具体的には、満15歳未満の児童の使用は、原則として禁止し、労働時間、休日、深夜、危険有害業務、坑内労働について禁止あるいは制限する規定などを設けています。

■「第6章の2　妊産婦等」の内容

この章では、従来の封建的遺制を排除するために、性別を理由とする賃金差別を禁止し、女性の保護の必要から、労働時間、休日、深夜業、危険有害業務、坑内労働について制限ないし禁止規定などを設けています。

また、女性の雇用の機会の拡大という観点から、特別法として男女雇用機会均等法があります。本文で概略を解説をしました。

■「第7章　技能者の養成」の内容

この章では、過去に徒弟と呼ばれていた技能養成工について、過去に酷使された反省から、封建的遺制を取り除き技能者の養成のための労働者の保護と必要な措置について規定しています。

また、職業訓練に対する労働基準法の特則などについて規定しています。

◎労働基準法「第5章～第7章」の条文の構成

労働基準法 第5章～第7章

- ◎第1章　総則　　　　　　　　　　　　　（第1条～第12条）
- ◎第2章　労働契約　　　　　　　　　　　（第13条～第23条）
- ◎第3章　賃金　　　　　　　　　　　　　（第24条～第31条）
- ◎第4章　労働時間、休憩、休日及び年次有給休暇（第32条～第41条）
- ◎第5章　安全及び衛生　　　　　　　　　（第42条～第55条）

　第42条…………労働安全衛生法の根拠（連結規定）
　第43条～55条……削除

- ◎第6章　年少者　　　　　　　　　　　　（第56条～第64条）

　第56条…………最低年齢
　第57条…………年少者の証明書
　第58条…………未成年者の労働契約
　第59条…………未成年者の賃金の請求
　第60条…………労働時間及び休日
　第61条…………深夜業
　第62条…………危険有害業務の就業制限
　第63条…………坑内労働の禁止
　第64条…………帰郷旅費

- ◎第6章の2　妊産婦等　（第64条の2～第68条）

　第64条の2………坑内業務の就業制限
　第64条の3………危険有害業務の就業制限
　第65条…………産前産後
　第66条…………妊産婦の変形、時間外、休日、深夜労働の禁止
　第67条…………育児時間
　第68条…………生理日の就業が著しく困難な女性に対する措置

- ◎第7章　技能者の養成　　　　　　　　　（第69条～第74条）

　第69条…………徒弟の弊害排除
　第70条…………職業訓練に関する特例
　第71条…………職業訓練生の使用の許可
　第72条…………未成年者職業訓練生の年次有給休暇
　第73条…………職業訓練の許可の取消し　　第74条（削除）

- ◎第8章　災害補償　　　　　　　　　　　（第75条～第88条）
- ◎第9章　就業規則　　　　　　　　　　　（第89条～第93条）
- ◎第10章　寄宿舎　　　　　　　　　　　（第94条～第96条の3）
- ◎第11章　監督機関　　　　　　　　　　（第97条～第105条）
- ◎第12章　雑則　　　　　　　　　　　　（第105条の2～第116条）
- ◎第13章　罰則　　　　　　　　　　　　（第117条～第121条）

第5章 安全及び衛生

1 労働者の安全と衛生

労働安全衛生法の根拠

42条

連絡規定のみ

> 労働安全および衛生については、労働基準法42条の連結規定を受けて、労働安全衛生法で定めている。

1 安全衛生の重要性

労働基準法42条は、「労働者の安全及び衛生に関しては、労働安全衛生法の定めるところによる。」と規定しています。そして、これを受けて労働安全衛生法が制定されています。

労働者の健康管理が労働者自身にとって重要であることはいうまでもありませんが、使用者にとっても、安定した労働力の供給を得るためには重要なことです。しかし、労働者の健康管理を労働者個人の努力と責任に委ねるだけでは不十分であり、危険な労働や不衛生な労働環境によって労働者の健康が害されることがないように、使用者も努力しなければなりません。労働安全衛生法は、その様な考え方に立っていろいろな制度を定めています。

2 労働安全衛生法の概要

労働安全衛生法の基本的な考え方は、事業者に対して、労働災害防止のための最低基準を守るだけではなく、より積極的に快適な作業環境の実現と労働条件の改善を求める、というものです。かつては労働者の不注意の産物であると考えられがちであった労働災害について、事業者にも防止のための諸措置を義務付けて、労働災害の発生を多面的に防止することが狙いです。

まず、人的設備について。安全衛生確保の責任を負うのは、第一次的には事業者ですが、事業者は一定の条件のもとに職場の安全衛生を担当するスタッフを置くことになっています。安全管理者や安全衛生推進者（企業規模や業種によって、名称や権限は多少異なります）を選任して、職場の安全衛生確保の一翼を担ってもらいます。

常時50人以上の労働者を使用する事業場では「産業医」を選任して届け出なければなりません。産業医は、事業者の指揮系統に入るのではなく、逆に外から事業者に対して労働者の健康管理などについて勧告する権限が与えられています。医師という専門家の立場で、事業主が安全衛生を守るように道を正す役割があるといえます。

次に、実際に安全衛生を損なう危険があるような事態が生じた場合の対応について、労働者の健康を損なうような危険な状態（たとえば酸欠等）が生じたときは、事業者はその危険を防止する義務を負います。また、危険な機械や有害物質に対しても、事業者には一定の措置を講ずる義務が生じます。これらの措置の具体的な内容は法令で決められていますが、労働者はこの措置に従わなければなりません。

更に、日常的な健康管理などについて、事業者は、労働者に対して講習などの方法で一定の安全衛生教育を施す義務を負います。のみならず、事業者等安全衛生の責任者側自身も、国や関係団体が行う安全衛生教育を受けなければなりません。また、事業者は、労働者の日常的な健康管理のために、健康診断を実施しなければなりません。

労働者の安全と衛生の規定 のしくみ

要旨 労働基準法の安全衛生の規定は削除（連結規定のみがある）され、労働安全衛生法が昭和47年に制定されて詳細な規定を設けている。

労働の安全と衛生の規定

労働基準法 42条

→ 労働者の安全衛生に関しては、労働安全衛生法の定めるところによる。

労働安全衛生法

→

労働安全衛生法の条文の構成

第1章　総則（第1条～第5条）
第2章　労働災害防止計画（第6条～第9条）
第3章　安全衛生管理体制（第10条～第19条の3）
第4章　労働者の危険又は健康障害を防止するための措置（第20条3～第36条）
第5章　機械等並びに危険物及び有害物に関する規制
　第1節　機械等に関する規制（第37条～第54条の6）
　第2節　危険物及び有害物に関する規制（第55条～第58条）
第6章　労働者の就業に当たつての措置（第59条～第63条）
第7章　健康の保持増進のための措置（第64条～第71条）
第7章の2　快適な職場環境の形成のための措置（第71条の2～第71条の4）
第8章　免許等（第72条～第77条）
第9章　安全衛生改善計画等
　第1節　安全衛生改善計画（第78条～第80条）
　第2節　労働安全コンサルタント及び労働衛生コンサルタント（第81条～第87条）
第10章　監督等（第88条～第100条）
第11章　雑則（第101条～第115条）
第12章　罰則（第115条の2～第123条）
▶附則

● **労働安全衛生法　第1章　総則**
（目的）
第1条　この法律は、労働基準法（昭和22年法律第49号）と相まつて、労働災害の防止のための危害防止基準の確立、責任体制の明確化及び自主的活動の促進の措置を講ずる等その防止に関する総合的計画的な対策を推進することにより職場における労働者の安全と健康を確保するとともに、快適な職場環境の形成を促進することを目的とする。

労働基準法の条文
第42条　労働者の安全及び衛生に関しては、労働安全衛生法（昭和47年法律第57号）の定めるところによる。

第6章 年少者

1 年少者の雇用と保護規定
年少者の雇用と制限・禁止、証明書の備え付け

56条～57条・118条

満15歳未満の児童の使用は原則として禁止されている。また、満18歳未満の労働者を使用するには証明書の備え付けが必要。

15歳未満の雇用は禁止

1 年少者に対する雇用の制限

年少者は心も体も未発達で、自分で自分の身を守る能力が劣っています。そのため、大人と同じ労働で身体に悪影響が及んだり、学業に差し障りが生じることがないように、保護しなければなりません。日本国憲法も「児童はこれを酷使してはならない」と定めています（憲法27条3項）。

2 15歳未満の児童の使用制限

労働基準法56条は、「使用者は、児童が満15歳に達した日以後の最初の3月31日が終了するまで、これを使用してはならない。」「前項の規定にかかわらず、……児童の健康及び福祉に有害でなく、かつその労働が軽易なものについては、行政官庁の許可を受けて、満13歳以上の児童をその者の修学時間外に使用することができる。映画の製作又は演劇の事業については、満13歳に満たない児童についても、同様とする。」と規定しています。

まず、義務教育を終える年齢までは児童を使用してはならない、という原則が定められています。この年齢の児童は、何よりも学業を最優先すべきであり、大人の都合で年少者の福祉が害されないようにという狙いです。

その上で、13歳以上の児童については、一定の危険な職業を除き、行政官庁の許可を受けて使用することが許されています。これには、児童の健康や福祉に有害ではないこと、労働の内容が軽易であること、就学時間外であることなどの条件が満たされていることを条件に、満13歳以上の児童を使用することを認めたものです。なお、映画と演劇については、13歳未満の児童についても同じ条件で使用することが許されています。使用者は、修学に差し支えないことを証明する学校長の証明書及び親権者又は後見人の同意書を事業場に備え付けなければなりません（57条2項）。

行政官庁が関与することになっているのは、親だけでは児童の福祉を守りきれない場合があるからです。子供の保護者はまずその親ですが、親がいない子供もいますし、経済的事情から子供を犠牲にする親もいるからです。

3 18歳未満の未成年者の使用について

労働基準法57条1項は、「使用者は、満18歳に満たない者について、その年齢を証明する戸籍証明書を事業場に備え付けなければならない。」と規定しています。

戸籍証明書の備え付けを義務付けたのは、直接的には行政官庁の監督の実効性を確保するためですが、使用者も、目の前にいる「子供」の身元や年齢をきちんと把握しておかなければならないわけです。

労働者が身元や証明書類を操作して年齢を偽って働いている場合もありますが、もし、その事実が発覚した場合、年齢の確認の仕方が杜撰だと、使用者自身が違反を犯したものと同視されてしまいます。

年少者雇用の保護のしくみ

要旨 年少者の雇用では、原則、15歳未満の児童の使用を禁止し、違反すると使用者は罰せられる。

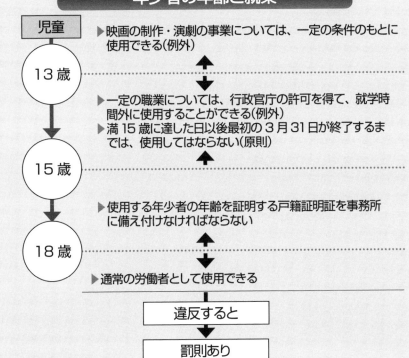

労働基準法の条文

第56条① 使用者は、児童が満15歳に達した日以後の最初の3月31日が終了するまで、これを使用してはならない。

② 前項の規定にかかわらず、別表第1第1号から第5号までに掲げる事業以外の事業に係る職業で、児童の健康及び福祉に有害でなく、かつ、その労働が軽易なものについては、行政官庁の許可を受けて、満13歳以上の児童をその者の修学時間外に使用することができる。映画の製作又は演劇の事業については、満13歳に満たない児童についても、同様とする。

(年少者の証明書)
第57条① 使用者は、満18歳に満たない者について、その年齢を証明する戸籍証明書を事業場に備え付けなければならない。

② 使用者は、前条第2項の規定によつて使用する児童については、修学に差し支えないことを証明する学校長の証明書及び親権者又は後見人の同意書を事業場に備え付けなければならない。

第118条① 第6条、第56条、第63条又は第64条の3の規定に違反した者は、これを1年以下の懲役又は50万円以下の罰金に処するか

第119条 次の各号のいずれかに該当する者は、これを6か月以下の懲役又は30万円以下の罰金に処する。
1 ……、第57条から59条まで、……の規定に違反した者

第6章 年少者

2 未成年者の労働契約と賃金の請求

58条〜59条

未成年労働者の親権者の搾取などからの保護

> 未成年者は自分で労働契約をしなければならず、親などが契約することはできない。また、未成年者は自分の賃金を独立して請求できる。

契約も賃金も本人と

1 未成年者の労働契約

労働基準法58条1項は、「親権者又は後見人は、未成年者に代って労働契約を締結してはならない。」と規定しています。

民法上、未成年者自身には単独で契約をする能力が認められていないので、労働契約を締結する場合には親権者や後見人（まとめて法定代理人といいます）が同意するか、または代理人として契約を締結することになります。しかし、代理という方式の場合は、未成年者自身が契約に関与しなくてもいいので、未成年者自身の知らない間に親の都合で未成年者の意思に反する契約が結ばれる危険があります。そこで、労働基準法では、代理による労働契約を禁止し、未成年者が労働契約を結ぶ場合には、未成年者自身が当事者になって、法定代理人がこれに同意を与える、という方式だけを認めました。

ただ、それでも親の手前、反対を言えずに意に反する契約を結ばざるを得なかったという場合もあるでしょうし、また、契約時は納得していたが契約後に実情を知って後悔する場合もあると思います。そのような場合に備えて、労働基準法58条2項は、「親権者若しくは後見人又は行政官庁は、労働契約が未成年者に不利であると認める場合においては、将来に向つてこれを解除することができる。」と規定しています。これは、子供の福祉の観点から一旦結んだ契約でも将来に向かって解約することを認めるものですが、これも、子の福祉と関係なく親の都合で濫用される場合があり、なかなか難しい問題を提供しています。

使用者としては、事前によく話し合って本人と親の両方から理解を得ておくこと以外に対策はないでしょう。

2 未成年者の賃金請求権

労働基準法59条は、「未成年者は、独立して賃金を請求することができる。親権者又は後見人は、未成年者の賃金を代って受け取つてはならない。」と規定しています。

民法の原則では、親権者は子供の財産を包括的に管理する権限を有するので、子供の財産である賃金請求権を代理人として行使できるはずです。しかし、親に賃金の受領権を認めると、子供を材料にして親が利益を得ることを認めることになってしまい、未成年者の福祉に反するので、労働基準法では、親が代理人として賃金を受領することを禁止したわけです。

もっとも、賃金が未成年者名義の口座に振り込まれる場合は、振込み後の預金通帳などの管理は親権者が行うことになるので、どうしても親が悪いことをしようと思えば止めるのは難しいのですが、使用者側ではそこまで口を出すことはできないでしょう。ですから、使用者がトラブルに巻き込まれることを避けるためには、未成年者自身の名義の口座に振り込む、ということだけは忘れないでください。

未成年者の労働契約 のしくみ

要旨 未成年者の労働契約では、労働基準法は未成年者保護の観点から規制を置いている。

未成年者の労働契約

 使用者 → 労働契約 ← 未成年者

雇用に関する契約
- 年少者については使用の制約あり（前項参照）
- 親権者・後見人は未成年者に代わって労働契約をしてはならない

↓

罰則あり

労働契約の取消し
- 労働契約が未成年者に不利と認められる場合は、親権者・後見人・行政官庁は、この労働契約を取り消すことができる

賃金の請求等の規制

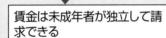

| 賃金は未成年者が独立して請求できる | 親権者・後見人は、賃金を代わって受け取ってはならない |

↓

罰則あり

労働基準法の条文

第58条① 親権者又は後見人は、未成年者に代つて労働契約を締結してはならない。
② 親権者若しくは後見人又は行政官庁は、労働契約が未成年者に不利であると認める場合においては、将来に向つてこれを解除することができる。
第59条 未成年者は、独立して賃金を請求することができる。親権者又は後見人は、未成年者の賃金を代つて受け取つてはならない。
第128条 次の各号のいずれかに該当する者は、30万円以下の罰金に処する。
1 ……、第57条から第59条まで、……の規定に違反した者

第6章 年少者 3

年少者の労働時間などの制限・禁止
年少者の労働時間・休日・深夜業の規制

60条〜61条・119条

▶ 年少者の労働時間は、労働時間の特例（32条の2〜5、36条、40条）の適用がないなど、過酷な労働にならないよう配慮している。

年少者は保護される

1 年少者の労働時間と休日

労働基準法60条1項は、18歳未満の未成年者について、変形労働時間制やフレックスタイム制（32条の2ないし5）、三六協定による時間外労働・休日労働（36条）、厚生労働省令による長時間労働（40条）の規定が適用されないことを定めています。長時間労働によって未成年者の健康や福祉が害されることを防止するため、大人の場合には許されている労働時間の変形や延長を禁止したものです。この結果、18歳未満の未成年者については、労働時間についての原則的な規定である「1日8時間、週40時間」（32条）が規定され、休日労働も禁止されることになります。

ただし、18歳未満の未成年者でも、15歳に達している場合には、一定の制限付きで時間外労働が認められています（60条3項）。

なお、15歳未満の児童を使用する場合（行政官庁の許可が必要です）、その労働者の労働時間は、就学時間を通算して週40時間、1日7時間とされていることに注意して下さい（60条2項）。

休日労働は禁止されていますが、休日そのものを変更することは可能であり、適法に変更が行われてその日が休日でなくなれば、就労させても休日労働にはあたりません。ただ、休日の変更に伴って1週間の法定労働時間を超過することは認められていないので、他の週に変更したような場合には、その未成年者の労働時間の合計については注意が必要です。

2 未成年者の深夜労働

労働基準法61条1項は、その本文で「使用者は、満18歳に満たない者を午後10時から午前5時までの間において使用してはならない。」と規定して、未成年者に深夜労働をさせることを原則として禁止しています。この規定の中の「午後10時」と「午前5時」という個所は、厚生労働大臣の指定や交代制採用の場合の交替のタイミングの確保のために多少ずらす余地は認められていますが、18歳未満の労働者には原則として深夜労働をさせることができない、と考えて下さい。

ただし、18歳未満でも例外的に深夜の就労が許容される場合があります。まず、①交替制を取る場合の男性労働者です。男性だけが挙げられていて、18歳未満の女性は対象に入っていません（61条1項但書）。次に、②災害その他避けることができない理由がある場合です（33条）。これには行政官庁の許可が必要であることは、既に述べたとおりです。③事業の種類によって深夜労働が認められている場合です。

3 使用者の注意事項

未成年者についての規制は、未成年者の年齢によって大きく変わります。ですから、使用者はまずもって未成年者の年齢をきちんと確認することが大切です。

年少者の労働の制限・禁止 のしくみ

要旨 満18歳未満の年少者の労働については、労働時間などの制限・禁止規定がある。

年少者の労働時間・休日

●労働時間
- 15歳未満
  - 原則、使用禁止 ……………………………… 56条②
  - 例外使用　就業時間を通算して1日7時間 …… 60条②
- 15歳以上 18歳未満
  - 労働時間の3つの変形、フレックス制なし …… 60条①
  - 三六協定による延長なし ……………………… 60条①
  - 1日9時間等長時間労働なし ………………… 60条①
- 15歳以上 18歳未満
  - 1週間40時間以内で、1日10時間まで延長(振替え)が認められる ……………… 60条③1号
  - 1週間48時間、1日8時間の範囲で、1か月、1年の変形可 ……………………… 60条③2号

●休日
- 18歳未満
  - 休日の労働不可 ……………………………… 60条①
  - 休日の振替えは認められる ………………… 60条①

※非常災害の場合(33条1項)、非現業公務員の場合(33条③)は時間外・休日労働可。前者の場合は深夜労働も可。

労働基準法の条文

(労働時間及び休日)
第60条① 第32条の2から第32条の5まで、第36条及び第40条の規定は、満18歳に満たない者については、これを適用しない。
② 第56条第2項の規定によつて使用する児童についての第32条の規定の適用については、同条第1項中「1週間について40時間」とあるのは、「修学時間を通算して1週間について40時間」と、同条第2項中「1日について8時間」とあるのは、「修学時間を通算して1日について7時間」とする。
③ 使用者は、第32条の規定にかかわらず、満15歳以上で満18歳に満たない者については、満18歳に達するまでの間(満15歳に達した日以後の最初の3月31日までの間を除く。)、次に定めるところにより、労働させることができる。
　1　1週間の労働時間が第32条第1項の労働時間を超えない範囲内において、1週間のうち1日の労働時間を4時間以内に短縮する場合において、他の日の労働時間を10時間まで延長すること。
　2　1週間について48時間以下の範囲内で厚生労働省令で定める時間、1日について8時間を超えない範囲内において、第32条の2又は第32条の4及び第32条の4の2の規定の例により労働させること。

(深夜業)
第61条 使用者は、満18歳に満たない者を午後10時から午前5時までの間において使用してはならない。ただし、交替制によつて使用する満16歳以上の男性については、この限りでない。
② 厚生労働大臣は、必要であると認める場合においては、前項の時刻を、地域又は期間を限つて、午後11時及び午前6時とすることができる。
③ 交替制によつて労働させる事業については、行政官庁の許可を受けて、第1項の規定にかかわらず午後10時30分まで労働させ、又は前項の規定にかかわらず午前5時30分から労働させることができる。
④ 前3項の規定は、第33条第1項の規定によつて労働時間を延長し、若しくは休日に労働させる場合又は別表第1第6号、第七号若しくは第13号に掲げる事業若しくは電話交換の業務については、適用しない。
⑤ 第1項及び第2項の時刻は、第56条第2項の規定によつて使用する児童については、第1項の時刻は、午後8時及び午前5時とし、第2項の時刻は、午後9時及び午前6時とする。
第119条 次の各号のいずれかに該当する者は、これを6か月以下の懲役又は30万円以下の罰金に処する。
　1　……、第61条、……の規定に違反した者

第6章 年少者
4 年少者の就業制限など
年少者の就業制限・禁止、解雇に伴う旅費支給

62条〜64条・118条・119条

> 年少者には、危険有害業務の就業制限、坑内労働の禁止、解雇に伴う帰郷のための旅費負担の規定がある。

危険な仕事は制限される

1 年少者の就業制限

労働基準法62条は、「使用者は、満18歳に満たない者に、運転中の機械若しくは動力伝導装置の危険な部分の掃除、注油、検査若しくは修繕をさせ……、その他厚生労働省令で定める危険な業務に就かせ、又は厚生労働省令で定める重量物を取り扱う業務に就かせてはならない。」「使用者は、満18歳に満たない者を、毒劇薬、毒劇物その他有害な原料若しくは材料又は爆発性、発火性若しくは引火性の原料若しくは材料を取り扱う業務、……その他安全、衛生又は福祉に有害な場所における業務に就かせてはならない。」と規定しています。そして、厚生労働省令で、重量物と危険な業務の範囲を具体的に定めています。

また、労働基準法63条は、「使用者は、満18歳に満たない者を坑内で労働させてはならない。」と規定しています。

これらの規定は、未成年者が肉体的にも精神的にも未熟であることから、特に18歳未満の未成年者について次のような観点から就業を制限したものです。

まず、重量物の取扱いについて年齢別男女別に上限を定めたり、ボイラー、クレーン、プレス機、火薬など未熟なものが扱うと危険の大きい業務への就業を禁じているのは、未成年者の身体の安全を考えたものです。同様に、化学物質や放射性物資など、取扱いが難しく事故が起こると健康に重大な悪影響を及ぼすような業務への就業を禁じているのも、同じく未成年者の身体の安全を考えたものです。坑内労働の禁止もこれを同趣旨と思われます。

次に、焼却や屠殺、監獄、一定の接客業務などへの就業を禁止（年少者労働基準規則8条）しているのは、未成年者の精神的な未熟さを考慮したものです。身体の健康とともに精神衛生も重要であり、一定の制限の必要があることは確かですが、他方で、これらの作業を担う技術者を養成する必要もあります。そこで、病原体によって汚染される業務については、保健師、助産師、看護師の養成中の者については制限が解除されています。

2 未成年者の帰郷旅費

労働基準法64条は、「満18歳に満たない者が解雇の日から14日以内に帰郷する場合においては、使用者は、必要な旅費を負担しなければならない。ただし、満18歳に満たない者がその責めに帰すべき事由に基づいて解雇され、使用者がその事由について行政官庁の認定を受けたときは、この限りでない。」と規定しています。

これは、18歳未満の未成年者が解雇によって職を失い、帰郷できる資金がないと、生活のために低賃金の重労働を強いられたり、身売りを余儀なくされる危険があるので、無事に帰郷できるよう旅費の負担を命じたものです。解雇について未成年者に落ち度がある場合は、行政官庁の認定を受ければこの負担義務は解除されます。

年少者の就業禁止等のしくみ

労働基準法 第6章 年少者

要旨 満18歳に満たない者については、体力が十分でなく、注意が乏しいことを配慮して就業制限等が行われている。

年少者の就業制限の禁止

就業制限

満18歳に満たない者に、下記のようなことをさせると罰せられる

① 運転中の機械若しくは動力伝導装置の危険な部分の掃除、注油、検査若しくは修繕
② 運転中の機械、動力伝導装置にベルト、ロープの取付け、取りはずし
③ 動力によるクレーンの運転
④ その他厚生労働省令で定める危険な業務

満18歳未満の者に、下記の業務につかせると罰せられる

① 毒劇薬を取り扱う業務
② 毒劇物その他有害な原料、材料取り扱う業務
③ 爆発性、発火性、引火性の原料・材料を取り扱う業務
④ 著しくじんあい、粉末を飛散する場所における業務
⑤ 有害ガス、有害放射線を発散する場所における業務
⑥ 高温、高圧の場所における業務
⑦ その他　安全、衛生または福祉に有害な場所における業務

※年少者労働基準規則8条は、満18歳未満の年少者の就業を禁止した業務について、具体的に定めている

就業禁止

坑内労働 満18歳に満たない者を坑内で労働させると罰せられる

労働基準法の条文

（危険有害業務の就業制限）
第62条① 使用者は、満18歳に満たない者に、運転中の機械若しくは動力伝導装置の危険な部分の掃除、注油、検査若しくは修繕をさせ、運転中の機械若しくは動力伝導装置にベルト若しくはロープの取付け若しくは取りはずしをさせ、動力によるクレーンの運転をさせ、その他厚生労働省令で定める危険な業務に就かせ、又は厚生労働省令で定める重量物を取り扱う業務に就かせてはならない。
② 使用者は、満18歳に満たない者を、毒劇薬、毒劇物その他有害な原料若しくは材料又は爆発性、発火性若しくは引火性の原料若しくは材料を取り扱う業務、著しくじんあい若しくは粉末を飛散し、若しくは有害ガス若しくは有害放射線を発散する場所又は高温若しくは高圧の場所における業務その他安全、衛生又は福祉に有害な場所における業務に就かせてはならない。
③ 前項に規定する業務の範囲は、厚生労働省令で定める。

（坑内労働の禁止）
第63条 使用者は、満18歳に満たない者を坑内で労働させてはならない。

（帰郷旅費）
第64条 満18歳に満たない者が解雇の日から14日以内に帰郷する場合においては、使用者は、必要な旅費を負担しなければならない。ただし、満18歳に満たない者がその責めに帰すべき事由に基づいて解雇され、使用者がその事由について行政官庁の認定を受けたときは、この限りでない。

第118条① 第6条、第56条、第63条又は第64条の3の規定に違反した者は、これを1年以下の懲役又は50万円以下の罰金に処するか

第119条 次の各号のいずれかに該当する者は、これを6か月以下の懲役又は30万円以下の罰金に処する。
1　……第62条、第64条の3から第67条まで、……の規定に違反した者

第6章の2　妊産婦等

1 64条の2

女性の保護規定①
女性の労働の制限・禁止による保護

就業制限は撤廃・緩和

▶ 旧法では、性別による賃金差別を禁止、労働時間・休日・深夜業などについて制限・禁止規定があったが、現行法では緩和されている。

1 女性に対する就業制限の撤廃

労働現場における男女の平等は、常に難しい問題を含んでいます。一般的に女性が男性に比べて力仕事に不向きであることは多くの人が認める事実だと思いますが、そのような肉体的な条件の違いを強調しすぎると、本来平等に扱わなければならない場面までで不平等な扱いを正当化することになりかねず、女性の労働条件全体を低下させる危険があります。他方で、平等確保の観点から何でも形式的に一律に扱うことにしてしまうと、真に保護の必要な妊産婦に無理を強いることになってしまい、労働者の健康が害されます。

労働基準法は、かつては、女性について一般的に時間外労働、休日労働、深夜労働を制限する規定を設けていました（旧64条の2、同64条の3）。その内容は、現在の未成年者に対する制限と類似しており、女性については、18歳以上になっても未成年者とほぼ同じく「保護の対象」と考えられていたことが背景にあります。

ただ、このような規定は、男性が時間や職種を問わずに仕事に専念できるのに対して（もっとも、そのような生活が本当に幸福なのかどうかは別問題ですが）、女性はそれと同じ土俵で競い合うことができない、という前提で作られていたため、結果的に女性の仕事を補助的なものに止めてしまう、という側面があったことも確かです。

そこで、労働基準法が改正され、母性保護に直結する規定を除き、女性の就業制限が原則的に撤廃されました。

2 現状の制限規定

現在では、女性に対する一般的な就業制限は非常に少なくなっています。

まず、労働基準法64条の2第2項が規定する「坑内で行われる業務のうち人力により行われる掘削の業務その他の女性に有害な業務として厚生労働省令で定めるもの」です。妊婦と産後1年以内の女性（自ら申し出た者に限ります）については、坑内作業一般について就業制限が規定されていますが（64条の2第1項）、それ以外の女性についても、坑内作業のうちで一定の危険な作業が制限されています。

また、労働基準法64条の3第2項、第3項に基づく厚生労働省令で、重量物の取扱いと化学物質の取扱いについて一定の制限は定められています。

さらに母性保護のための「女性労働基準規則」が改正され、生殖機能などに有害な物が発散する場所での女性の就業が禁止されました（平成24年10月施行）。

それ以外は一般的な制限規定がなくなり、女性も自分の意思で職業を選べる余地が拡がってきました。もっとも、本当の意味での社会進出の機会を保障するためには、男女役割分担の意識の改革や税制などの他の制度の改革も必要であるといわれています。

◎労働基準法「第6章の2 妊産婦等」の条文の構成

労働基準法 第6章の2 妊産婦等

◎第6章の2　妊産婦等　（64条の2～68条）

第64条の2（坑内業務の就業制限）
第64条の3（危険有害業務の就業制限）
第65条（産前産後）
第66条
第67条（育児時間）
第68条（生理日の就業が著しく困難な女性に対する措置）

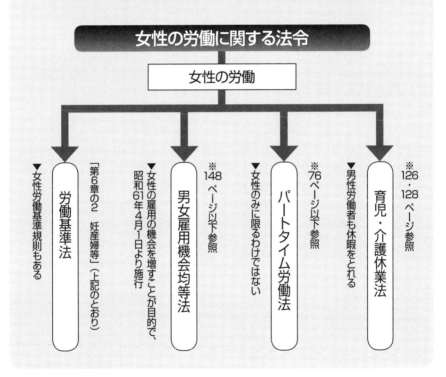

女性の労働に関する法令

- 労働基準法
  - ▼女性労働基準規則もある
  - 「第6章の2 妊産婦等」（上記のとおり）
- 男女雇用機会均等法
  - ▼女性の雇用の機会を増すことが目的で、昭和61年4月1日より施行
  - ※148ページ以下参照
- パートタイム労働法
  - ▼女性のみに限るわけではない
  - ※76ページ以下参照
- 育児・介護休業法
  - ▼男性労働者も休暇をとれる
  - ※126・128ページ参照

労働基準法の条文

第6章の2　女性
（坑内業務の就業制限）
第64条の2　使用者は、次の各号に掲げる女性を当該各号に定める業務に就かせてはならない。
　1　妊娠中の女性及び坑内で行われる業務に従事しない旨を使用者に申し出た産後1年を経過しない女性　坑内で行われるすべての業務
　2　前号に掲げる女性以外の満18歳以上の女性　坑内で行われる業務のうち人力により行われる掘削の業務その他の女性に有害な業務として厚生労働省令で定めるもの

第6章の2 妊産婦等
2 女性の保護規定② 妊婦・産前産後の就業制限と休暇等

64条の3〜67条・119条

> 労働基準法は産前産後の休業、育児時間を認めている。なお、育児については特別法の育児・介護休業法がある。

女性保護規定は多くある

1 女性保護と母性保護

労働基準法で女性保護についての規定を原則として撤廃したことは、前の項で説明しました。しかし、現に妊娠中の女性や産前産後の女性については、労働法上保護が必要です。そこで、そのような趣旨の規定は現在でも残されています。

2 妊産婦の就業制限

労働基準法64条の2第1項は、「妊娠中の女性及び坑内で行われる業務に従事しない旨を使用者に申し出た産後1年を経過しない女性」について、坑内業務への就業を制限しています。また、労働基準法64条の3は、「妊娠中の女性及び産後1年を経過しない女性」について、重量物取扱いその他妊産婦の妊娠、出産、哺育等に有害な業務への就業を制限しています。これらは、妊産婦自身の健康に加えて胎児や乳幼児の健全な発育という観点から、危険な作業の内容を細かく規定しています。

3 産前産後の休暇等

労働基準法65条は、「使用者は、6週間(多胎妊娠の場合にあつては、14週間)以内に出産する予定の女性が休業を請求した場合においては、その者を就業させてはならない。」「使用者は、産後8週間を経過しない女性を就業させてはならない。ただし、産後6週間を経過した女性が請求した場合において、その者について医師が支障がないと認めた業務に就かせることは、差し支えない。」と規定しています。

まず産前の女性については、本人の請求があった場合には予定日の原則6週間前から休暇をとることを認めています。また、産後の女性については、原則8週間は本人の希望と関係なく就業できないことになっています(ただし、6週間を経過すれば、本人の請求があれば医師が支障なしと認めた業務については就業可能)。そして、妊娠中の女性について本人が請求した場合は、作業の内容を軽易なものに転換させなければならないことを定めています。

これらは、俗に「産休」と呼ばれている休暇であり、年次有給休暇のような使用者の事情による変更権はありません。問題は産休中の賃金ですが、労働基準法では有給とすることを定めた規定はなく、無給とすることも可能です。これについては、労使で協議することが重要でしょう。

4 妊産婦に対する労働時間等の制限

労働基準法の66条は、妊娠中の女性及び出産後1年以内の女性について、変形労働時間制による時間外労働や休日労働、深夜労働などについて、制限を加えています。

5 育児時間の保障

労働基準法67条は、「生後満1年に達しない生児を育てる女性は、第34条の休憩時間のほか、1日2回各々少なくとも30分、その生児を育てるための時間を請求することができる。」と定めています。育児時間中の賃金の保障はありません。

妊娠・出産に関する保護 のしくみ

要旨 女性の雇用の機会を拡大するために保護規定は削除されたが、母性保護に関しては存続している。

妊娠・出産の保護制度

1. 妊婦等に対する危険有害業務の就業制限 → 64条の3
2. 産前産後の休暇は、産前が最低6週間、産後は最低8週間保障 → 65条
3. 妊産婦に対する変形、時間外、休日、深夜労働の禁止 → 66条
4. 育児時間について、最低30分ずつ1日2回を保障 → 67条

違反した使用者には罰則あり

労働基準法 第6章の2 妊産婦等

労働基準法の条文

(危険有害業務の就業制限)
第64条の3① 使用者は、妊娠中の女性及び産後1年を経過しない女性(以下「妊産婦」という。)を、重量物を取り扱う業務、有害ガスを発散する場所における業務その他妊産婦の妊娠、出産、哺育等に有害な業務に就かせてはならない。
② 前項の規定は、同項に規定する業務のうち女性の妊娠又は出産に係る機能に有害である業務につき、厚生労働省令で、妊産婦以外の女性に関して、準用することができる。
③ 前2項に規定する業務の範囲及びこれらの規定によりこれらの業務に就かせてはならない者の範囲は、厚生労働省令で定める。

(産前産後)
第65条 使用者は、6週間(多胎妊娠の場合にあつては、14週間)以内に出産する予定の女性が休業を請求した場合においては、その者を就業させてはならない。
② 使用者は、産後8週間を経過しない女性を就業させてはならない。ただし、産後6週間を経過した女性が請求した場合において、その者について医師が支障がないと認めた業務に就かせることは、差し支えない。
③ 使用者は、妊娠中の女性が請求した場合においては、他の軽易な業務に転換させなければならない。

第66条① 使用者は、妊産婦が請求した場合においては、第32条の2第1項、第32条の4第1項及び第32条の5第1項の規定にかかわらず、1週間について第32条第1項の労働時間、1日について同条第2項の労働時間を超えて労働させてはならない。
② 使用者は、妊産婦が請求した場合においては、第33条第1項及び第3項並びに第36条第1項の規定にかかわらず、時間外労働をさせてはならず、又は休日に労働させてはならない。
③ 使用者は、妊産婦が請求した場合においては、深夜業をさせてはならない。

(育児時間)
第67条① 生後満1年に達しない生児を育てる女性は、第34条の休憩時間のほか、1日2回各々少なくとも30分、その生児を育てるための時間を請求することができる。
② 使用者は、前項の育児時間中は、その女性を使用してはならない。

第119条 次の各号のいずれかに該当する者は、これを6か月以下の懲役又は30万円以下の罰金に処する。
1 ……第64条の3から第67条まで、……の規定に違反した者

第6章の2 妊産婦等

3 女性の保護規定③
生理休暇の保障

68条・120条

▶ 生理日の就業が著しく困難な場合には、申請により生理休暇がとれる。

女性は生理休暇がとれる

1 生理休暇とはなにか

労働基準法第68条は、「使用者は、生理日の就業が著しく困難な女性が休暇を請求したときは、その者を生理日に就業させてはならない。」と規定しています。

生理日に就業が困難かどうかは、その女性自身の体質や体調にもよりますし、その女性の仕事の内容にもよるので、外部から一般的な形で決めにくい事柄です。労働基準法では、「生理日の就業が著しく困難」な場合に本人が請求すれば休暇を与えなければならないと規定しましたが、どのような場合に著しく困難といえるかについて、医師の診断書のような証明は要求されていません。

また、就業が著しく困難であれば生理休暇をとることができ、休暇の期間についても法律上の制限はありません。あまり細かい説明や証明を要求するとその女性自身のプライバシーに関わることになり、本人がとても不愉快な思いを抱きますし、結果的に生理休暇をとりにくくなってしまいます。ですから、その女性の申告に委ねて常識で判断する以外にないでしょう。

2 生理休暇中の賃金

生理休暇中の賃金については、有給とする旨の規定はありませんので、無給としても制度上は差し支えないことになります。使用者の感覚としては、本人の申告に従わざるを得ず、しかも事前に予測できない休暇ですので、完全な有給とすることは難しい側面があることは否定できません。

しかし、完全に無給とすると、休んだ分だけ収入が減ることになり、事実上生理休暇を取ることが難しくなってしまうことも事実です。生理休暇の制度はその女性自身の保護だけでなく母性の保護につながる側面もあるため、生理日に無理な就業を強いることはその母性に悪影響を及ぼす場合もあるでしょう。

問題になるのは、生理休暇自体は無休としつつ、出勤した女性に対して手当てを支払ったり精勤手当を出したりすることの適法性です。もともと給与の保障がないのですから、使用者の裁量で経済的な恩恵を与えるのも問題ないように思えますが、裁判例では、そのような手当てが結局のところ女性に生理休暇をとりにくくしてしまい、法律で生理休暇を定めた趣旨を損なうような場合には、法律に違反する、という判断が示されることもあります。

これについても、実際にはケースバイケースで対応せざるを得ないでしょう。休暇をとりやすくすることは必要ですが、休暇をとる人ととらない人の間であまり大きな不公平感が生じることも避けなければなりません。労使で協議してルールを確立していくことが重要です。

なお、無給の場合、年次有給休暇を利用するケースがあるようですが、これについては当該社員の判断(希望)でなされる必要があると思われます。

生理休暇のしくみ

要旨 労働基準法は、世界にも珍しい生理休暇制度を設けて、女性の保護を図っている。

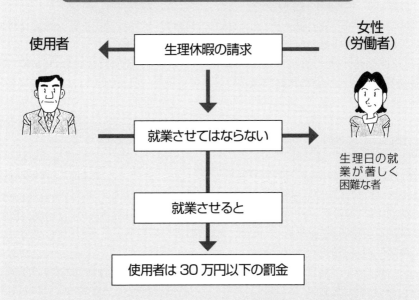

生理休暇の制度

※1. 生理休暇の請求には、医師の診断書のような厳格なものが必要か否かについては、「原則として、特別な証明がなくても女性労働者からの請求があった場合には、これを与えること」としている(旧労働省通達)
※2. 生理休暇の賃金保障については、労働基準法には規定がなく、有給によるか否かは、労使の合意によるとしている(旧労働省通達)

労働基準法の条文
(生理日の就業が著しく困難な女性に対する措置)
第68条　使用者は、生理日の就業が著しく困難な女性が休暇を請求したときは、その者を生理日に就業させてはならない。
第120条　次の各号のいずれかに該当する者は、30万円以下の罰金に処する。
　1　……、第68条、……の規定に違反した者

第6章の2 女性関連 4

男女雇用機会均等法と女性労働者①
男女雇用機会均等法は何を規定しているのか

男女雇用機会均等法1条〜4条

男女雇用機会均等法の理念は、女性労働者が性別により差別されることなく、かつ母性を尊重され充実した職場生活を営むことにある。

女性の社会進出を後押し

1 男女雇用均等法とはなにか

正確には、「雇用の分野における男女の均等な機会及び待遇の確保等に関する法律」という名称の法律です。

世界的な男女平等の動きの中で、労働問題の場面でも男女の平等が強く要請されるようになり、昭和61年4月に施行されました。法律の基本理念として、女性労働者が性別を理由に差別されることがないようにということをはっきり掲げたものでしたが、当初の法律の内容は、文字通り機会の均等を要求するに止まり結果としての平等を確保するに至らず、しかも使用者の違反行為に対する罰則規定がなかったので、その実効性には疑問が出されていました。

その後平成11年に大幅な法改正が行われ、差別の禁止をより明確に規定したり、事業主への制裁措置として公表制度を創設し、国が女性労働者への援助を積極的に行うことを義務づけるなど、一歩内容に踏み込んだ規定が登場しました。

2 男女雇用機会均等法の概要

まず、総則的な規定を4箇条おいています。第1条で法律の目的を掲げ、次いで、第2条で基本的理念として「労働者が性別により差別されることなく、また、女性労働者にあっては母性を尊重されつつ、充実した職業生活を営むことができるようにすること」が謳われています。

次に、性別を理由とする差別の禁止について6箇条、事業主の講ずべき措置について3箇条をおいていますが、これは項を改めて説明します。

次に、事業主に対する国の援助を定めた規定が1箇条あります。

その後は、紛争解決のための援助について3箇条、調停制度について10箇条を設けて、均等法の関係で生じた紛争を訴訟に至らずに解決できるように、話合いによる解決の手助けをしています。

次いで、雑則として大事な規定をおいています。まず、厚生労働大臣の基本的な職責を規定し（28条）、その上で事業主に報告を求めたり事業主に対して助言、指導、勧告を行う権限を付与しています（29条）。そして、厚生労働大臣の勧告があったにもかかわらずそれに従わない事業主について、その旨を「公表」という一種の制裁措置を定めています（30条）。これらの「報告要求→助言・指導・勧告→公表」という流れで、均等法の実施の徹底をはかるというのが狙いです。

そして、最後に、厚生労働大臣の求める報告をしなかったり、虚偽の報告をした事業主に対する制裁を科しています。

3 男女雇用均等法と男女差別の問題

均等法は、性別による差別を否定し、不十分ながらも男女の平等を図るためにいろいろな規定をおいています。今後は、「コース別人事」に名を借りた隠れた男女差別など、実態に切り込んだ対策が求められるところです。

◎「男女雇用機会均等法」の条文の構成

雇用の分野における男女の均等な機会及び待遇の確保等に関する法律

◎第1章　総則　　　　　　　　　（第1条〜第4条）

◎第2章　雇用の分野における男女の均等な機会及び待遇の確保等
第1節　性別を理由とする差別の禁止等（第5条〜第10条）
第2節　事業主の講ずべき措置（第11条〜第13条）
第3節　事業主に対する国の援助（第14条）

◎第3章　紛争の解決
第1節　紛争の解決の援助（第15条〜第17条）
第2節　調停（第18条〜第27条）

◎第4章　雑則　　　　　　　　　（第28条—第32条）

◎第5章　罰則　　　　　　　　　（第33条）

男女雇用機会均等法の条文

第1章　総則
（目的）
第1条　この法律は、法の下の平等を保障する日本国憲法の理念にのつとり雇用の分野における男女の均等な機会及び待遇の確保を図るとともに、女性労働者の就業に関して妊娠中及び出産後の健康の確保を図る等の措置を推進することを目的とする。
（基本的理念）
第2条① この法律においては、労働者が性別により差別されることなく、また、女性労働者にあつては母性を尊重されつつ、充実した職業生活を営むことができるようにすることをその基本的理念とする。
② 事業主並びに国及び地方公共団体は、前項に規定する基本的理念に従つて、労働者の職業生活の充実が図られるように努めなければならない。
（啓発活動）
第3条　国及び地方公共団体は、雇用の分野における男女の均等な機会及び待遇の確保等について国民の関心と理解を深めるとともに、特に、雇用の分野における男女の均等な機会及び待遇の確保を妨げている諸要因の解消を図るため、必要な啓発活動を行うものとする。
（男女雇用機会均等対策基本方針）
第4条① 厚生労働大臣は、雇用の分野における男女の均等な機会及び待遇の確保等に関する施策の基本となるべき方針（以下「男女雇用機会均等対策基本方針」という。）を定めるものとする。
② 男女雇用機会均等対策基本方針に定める事項は、次のとおりとする。
　1　男性労働者及び女性労働者のそれぞれの職業生活の動向に関する事項
　2　雇用の分野における男女の均等な機会及び待遇の確保等について講じようとする施策の基本となるべき事項
③ 男女雇用機会均等対策基本方針は、男性労働者及び女性労働者のそれぞれの労働条件、意識及び就業の実態等を考慮して定められなければならない。
④ 厚生労働大臣は、男女雇用機会均等対策基本方針を定めるに当たつては、あらかじめ、労働政策審議会の意見を聴くほか、都道府県知事の意見を求めるものとする。
⑤ 厚生労働大臣は、男女雇用機会均等対策基本方針を定めたときは、遅滞なく、その概要を公表するものとする。
⑥ 前2項の規定は、男女雇用機会均等対策基本方針の変更について準用する。

※151ページへつづく

第6章の2 女性関連 5

男女雇用機会均等法と女性労働者②

女性労働者に対する差別の禁止等

男女雇用機会均等法5条〜10条

▶ 男女雇用機会均等法は、女性労働者が性別により差別することを禁止している。

性別による差別は一切禁止

1 性別を理由とする差別の禁止

男女雇用機会均等法の中心の一つが、性別を理由とする差別の禁止を定めた数箇条の規定です。日本国憲法では、男女の平等が定められていますが（憲法14条）、これを受けて、具体的な場面で女性差別を禁止する規定をおいたわけです。

2 各規定の内容

まず均等法は、労働者の募集と採用について性別にかかわりなく均等な機会を与えるべきこと（5条）、更には、配置、昇進、降格、教育訓練、住宅資金の貸付けなどの福利厚生、職種や雇用形態の変更、退職勧奨、定年、解雇、労働契約の更新等、労働条件に関わる広い場面で、性別を理由とする差別的取扱いを禁止すること（6条）を規定しています。たとえば、男性だけとか女性だけという条件をつけて募集をすると、均等法5条に反することになります。また、男性だけに特別な研修を受ける機会を与えたり、女性だけに退職を勧奨したりすると、均等法6条に違反することになります。これらの諸規定は、労働条件全般について差別的取扱いを明確に禁止した点に意義があります。

次に均等法は、隠れた性差別と思われる状態に対しても規制を及ぼしています。すなわち、表面上は性別以外の事由を要件として異なる扱いを定めているように見えても、その要件を満たす男性と女性の比率に大きな差がある等の事情から、実質的に性別を理由とする差別となるおそれがある措置については、合理的な理由がない限りこれを禁止しています（7条）。たとえば、コース別人事の結果、管理職がほとんど男性になってしまったとすると、会社の側で合理的な理由があることを明らかにできない限り実質的な性差別と扱われます。

ただし、均等法の趣旨は、女性が差別を受けることを禁止することが主眼であり、事業主が法律の趣旨に適うように事情を改善する目的で女性を一定程度優遇することは認められてしかるべきです。そこで均等法8条は、事業主がそのような措置をとることを妨げないことを明言しています。

また、均等法は、女性が婚姻、妊娠、出産などによって事実上職業生活を制約され、男性と同じ土俵で働いたり競争したりする際に大きなハンディキャップを背負ってきた歴史に鑑みて、そのようなことを理由とする不利益な取扱いを特に禁止しています（9条）。特に、妊娠中や出産後1年以内の女性労働者に対する解雇は、事業主が妊娠・出産やこれに伴う休暇を取得したことを理由とする解雇ではないことを証明しない限り、無効になります（9条4項）。

法律でここまで細かく詳しく規定したのは、使用者も労働者も旧来の意識に左右されて、平等な取扱いをするというルールが定着しにくいからです。男女雇用機会均等法は今や常識であることを忘れてはなりません。

男女雇用機会均等法の条文 ※149㌻よりつづく

第2章　雇用の分野における男女の均等な機会及び待遇の確保等
第1節　性別を理由とする差別の禁止等

(性別を理由とする差別の禁止)
第5条　事業主は、労働者の募集及び採用について、その性別にかかわりなく均等な機会を与えなければならない。
第6条　事業主は、次に掲げる事項について、労働者の性別を理由として、差別的取扱いをしてはならない。
　1　労働者の配置(業務の配分及び権限の付与を含む。)、昇進、降格及び教育訓練
　2　住宅資金の貸付けその他これに準ずる福利厚生の措置であつて厚生労働省令で定めるもの
　3　労働者の職種及び雇用形態の変更
　4　退職の勧奨、定年及び解雇並びに労働契約の更新

(性別以外の事由を要件とする措置)
第7条　事業主は、募集及び採用並びに前条各号に掲げる事項に関する措置であつて労働者の性別以外の事由を要件とするもののうち、措置の要件を満たす男性及び女性の比率その他の事情を勘案して実質的に性別を理由とする差別となるおそれがある措置として厚生労働省令で定めるものについては、当該措置の対象となる業務の性質に照らして当該措置の実施が当該業務の遂行上特に必要である場合、事業の運営の状況に照らして当該措置の実施が雇用管理上特に必要である場合その他の合理的な理由がある場合でなければ、これを講じてはならない。

(女性労働者に係る措置に関する特例)
第8条　前3条の規定は、事業主が、雇用の分野における男女の均等な機会及び待遇の確保の支障となつている事情を改善することを目的として女性労働者に関して行う措置を講ずることを妨げるものではない。

(婚姻、妊娠、出産等を理由とする不利益取扱いの禁止等)
第9条①　事業主は、女性労働者が婚姻し、妊娠し、又は出産したことを退職理由として予定する定めをしてはならない。
②　事業主は、女性労働者が婚姻したことを理由として、解雇してはならない。
③　事業主は、その雇用する女性労働者が妊娠したこと、出産したこと、労働基準法(昭和22年法律第49号)第65条第1項の規定による休業を請求し、又は同項若しくは同条第2項の規定による休業をしたことその他の妊娠又は出産に関する事由であつて厚生労働省令で定めるものを理由として、当該女性労働者に対して解雇その他不利益な取扱いをしてはならない。
④　妊娠中の女性労働者及び出産後1年を経過しない女性労働者に対してなされた解雇は、無効とする。ただし、事業主が当該解雇が前項に規定する事由を理由とする解雇でないことを証明したときは、この限りでない。

(指針)
第10条①　厚生労働大臣は、第5条から第7条まで及び前条第1項から第3項までの規定に定める事項に関し、事業主が適切に対処するために必要な指針(次項において「指針」という。)を定めるものとする。
②　第4条第4項及び第5項の規定は指針の策定及び変更について準用する。この場合において、同条第4項中「聴くほか、都道府県知事の意見を求める」とあるのは、「聴く」と読み替えるものとする。

第2節　事業主の講ずべき措置(第11条～第13条)

(職場における性的な言動に起因する問題に関する雇用管理上の措置)
第11条①　事業主は、職場において行われる性的な言動に対するその雇用する労働者の対応により当該労働者がその労働条件につき不利益を受け、又は当該性的な言動により当該労働者の就業環境が害されることのないよう、当該労働者からの相談に応じ、適切に対応するために必要な体制の整備その他の雇用管理上必要な措置を講じなければならない。
②　厚生労働大臣は、前項の規定に基づき事業主が講ずべき措置に関して、その適切かつ有効な実施を図るために必要な指針(次項において「指針」という。)を定めるものとする。
③　第4条第4項及び第5項の規定は、指針の策定及び変更について準用する。この場合において、同条第4項中「聴くほか、都道府県知事の意見を求める」とあるのは、「聴く」と読み替えるものとする。

(妊娠中及び出産後の健康管理に関する措置)
第12条　事業主は、厚生労働省令で定めるところにより、その雇用する女性労働者が母子保健法(昭和40年法律第141号)の規定による保健指導又は健康診査を受けるために必要な時間を確保することができるようにしなければならない。
第13条①　事業主は、その雇用する女性労働者が前条の保健指導又は健康診査に基づく指導事項を守ることができるようにするため、勤務時間の変更、勤務の軽減等必要な措置を講じなければならない。
②　厚生労働大臣は、前項の規定に基づき事業主が講ずべき措置に関して、その適切かつ有効な実施を図るために必要な指針(次項において「指針」という。)を定めるものとする。

※153ページへつづく

第6章の2 女性関連
6 女性労働者の就業での事業主の配慮
男女雇用機会均等法と女性労働者③

セクハラ防止義務など

男女雇用機会均等法11条～13条

▶ 事業主の講ずべき措置には、セクハラ行為への対応、妊産婦の健康管理がある。

1 事業主が講ずべき措置

男女雇用機会均等法の正式名称の中に、「男女の均等な……待遇の確保」という言葉が用いられているとおり、均等法の大きな狙いの一つは均等な待遇の確保です。男性中心の社会になりがちな職場で、女性労働者に対して男性と同じ条件で働けるようにするのは、単に差別を禁止するだけでは不十分な場合が多く、一歩踏み込んで、均等な待遇を阻害するような状況を改善する責任を事業主に負わせる必要があります。そこで、均等法は、事業者に対して一定の措置を取ることを義務づけました。

2 セクハラ行為への対応

女性が職場で働きにくくなる一番の原因はセクシャルハラスメントでしょう。「セクハラ」行為には、「職場において行われる性的な言動に対する……労働者の対応により当該労働者がその労働条件につき不利益を受け」るというパターン（対価型）と、「性的な言動により当該労働者の就業環境が害される」というパターン（環境型）があると言われていますが、いずれの場合も、その対象となった労働者（ほとんどは女性です）にとっては、非常に働きにくい環境であることは間違いありません。そうすると、これは単にそのような性的な言動を行った一個人の責任ではなく、そのような言動を許す職場環境を放置した事業主の責任でもあることになります。

そこで、均等法11条は、セクハラが起きないように当該（女性）労働者からの相談に応じて適切な対応をするための態勢を整備しなければならないことを規定しています。この規定に基づいて厚生労働省令で定められた措置は多岐にわたり、社内報等による啓発活動、服務規律への条項化と配布や掲示による周知活動、就業規則への条項化、研修の実施などが規定されています。更には、労働者から相談がある場合に備えて、苦情窓口を整備することや、実際にセクハラがあったと認めた場合に配置転換や就業規則上の（制裁）措置を講ずることも求めています。

3 妊産婦の健康管理

女性労働者にとって頭の痛い問題は、妊娠出産による職場での軋轢です。男性はもとより、同じ女性の中でも個人差があって、妊娠や出産に対し十分な理解を得られるとは限りませんが、それでも、無事に出産と育児をこなして自分と子供の健康を図っていかなければなりません。そこで、その女性が適切な保健指導や定期検診を受けられるように、事業主が配慮しなければならないことが決められています。

すなわち、均等法12条は、女性労働者が保健指導や健康診査を受けるために必要な時間を確保するようにしなければならないとし、均等法13条は、女性労働者が保健指導や健康診査で指導された事項を実施できるように、勤務時間の変更や勤務の軽減を図らなければならないと定めています。

男女雇用機会均等法の条文　※151㌻よりつづく

③　第4条第4項及び第5項の規定は、指針の策定及び変更について準用する。この場合において、同条第4項中「聴くほか、都道府県知事の意見を求める」とあるのは、「聴く」と読み替えるものとする。

第3節　事業主に対する国の援助(第14条)

第14条　国は、雇用の分野における男女の均等な機会及び待遇が確保されることを促進するため、事業主が雇用の分野における男女の均等な機会及び待遇の確保の支障となっている事情を改善することを目的とする次に掲げる措置を講じ、又は講じようとする場合には、当該事業主に対し、相談その他の援助を行うことができる。
1　その雇用する労働者の配置その他雇用に関する状況の分析
2　前号の分析に基づき雇用の分野における男女の均等な機会及び待遇の確保の支障となっている事情を改善するに当たつて必要となる措置に関する計画の作成
3　前号の計画で定める措置の実施
4　前3号の措置を実施するために必要な体制の整備
5　前各号の措置の実施状況の開示

第3章　紛争の解決
第1節　紛争の解決の援助

(苦情の自主的解決)

第15条　事業主は、第6条、第7条、第9条、第12条及び第13条第1項に定める事項(労働者の募集及び採用に係るものを除く。)に関し、労働者から苦情の申出を受けたときは、苦情処理機関(事業主を代表する者及び当該事業場の労働者を代表する者を構成員とする当該事業場の労働者の苦情を処理するための機関をいう。)に対し当該苦情の処理をゆだねる等その自主的な解決を図るように努めなければならない。

(紛争の解決の促進に関する特例)

第16条　第5条から第7条まで、第9条、第11条第1項、第12条及び第13条第1項に定める事項についての労働者と事業主との間の紛争については、個別労働関係紛争の解決の促進に関する法律(平成13年法律第112号)第4条、第5条及び第12条から第19条までの規定は適用せず、次条から第27条までに定めるところによる。

(紛争の解決の援助)

第17条①　都道府県労働局長は、前条に規定する紛争に関し、当該紛争の当事者の双方又は一方からその解決につき援助を求められた場合には、当該紛争の当事者に対し、必要な助言、指導又は勧告をすることができる。
②　事業主は、労働者が前項の援助を求めたことを理由として、当該労働者に対して解雇その他不利益な取扱いをしてはならない。

第5章　罰則

第33条　第29条第1項の規定による報告をせず、又は虚偽の報告をした者は、20万円以下の過料に処する。

◆**パワーハラスメント・マタニティハラスメント**

関連して生まれた用語に**「パワハラ」**(パワーハラスメント)がある。この用語については、厚生労働省の「職場のいじめ・嫌がらせ問題に関する円卓会議」が取りまとめた提言では、「職場のパワーハラスメントとは、同じ職場で働く者に対して、職務上の地位や人間関係などの職場内の優位性を背景に、業務の適正な範囲を超えて、精神的・身体的苦痛を与える又は職場環境を悪化させる行為をいう。」としている。

さらに、提言ではパワーハラスメントの行為類型として、①暴行・傷害(身体的な攻撃)、②脅迫・名誉毀損・侮辱・ひどい暴言(精神的な攻撃)、③隔離・仲間外し・無視(人間関係からの切り離し)、④業務上明らかに不要なことや遂行不可能なことの強制、仕事の妨害(過大な要求)、⑤業務上の合理性なく、能力や経験とかけ離れた程度の低い仕事を命じることや仕事を与えないこと(過小な要求)、⑥私的なことに過度に立ち入ること(個の侵害)を上げてきます。

こうした行為は違法であり、民事上は不法行為として損害賠償や慰謝料請求の対象となるばかりか、名誉毀損や侮辱罪、暴行や傷害などの刑事事件となることもあるので、厳に慎むべきである。

また、女性が被害者となる**「マタハラ」**(マタニティハラスメント)がある。これは働く女性が出産や妊娠をきっかけに嫌がらせを受けたり、解雇や降格なてど不利益な取り扱いがなされることで、パワハラと同様に加害者(使用者に責任が及ぶ場合もある)に民事上の責任が生じる。

第7章 技能者の養成

1 見習工等の保護と労働基準法の特則

技能者の養成と規制

69条〜74条・119条

徒弟制度の反省

> 見習工の酷使や私用に使うことを禁止し、技能を授ける上の必要限度で、労働基準法の特例を認めている。

1 技術者の要請と見習い工の保護

よほどの単純な作業でない限り、熟練している労働者と未熟な労働者とでは作業の能率も仕上がりも違うのが普通です。

その中で、特に一定の技能の習得を前提とする職域については、技能を学ぶための独特のシステムである「徒弟制度」が存在しました。この制度は、親方に弟子入りして日常生活全般について親方の指導に従いながら、徐々にその技術を「盗んで」一人前になるというものです。

たしかに、伝統ある技能には解説書だけでは語り尽くせない独特の感覚があるのが普通で、それを習得するには徒弟制度によって生活全般から学ぶという方法が一番適しているのかも知れません。しかし、その反面で、徒弟制度は、労働時間や休日、賃金などの保障がなく、公私を問わず使用者の全面的な指揮命令に服することになるので、労働者の保護という観点からは非常に問題の多いしくみです。そこで、労働基準法では、技能者の養成過程で訓練生の労働条件を特に規定して、技能者の養成と訓練生の保護の調和を図っています。

2 各規定の内容

まずもって、労働基準法69条は、「使用者は、徒弟、見習、養成工その他名称の如何を問わず、技能の習得を目的とする者であることを理由として、労働者を酷使してはならない。」「使用者は、技能の習得を目的とする労働者を家事その他技能の習得に関係のない作業に従事させてはならない。」と規定しています。これは、技術者の養成に名を借りた労働基準法の潜脱を認めず、きちんと労働者として待遇することを明らかにしたものです。

その上で、労働基準法70条は、職業能力開発促進法の認定を受けて行う職業訓練を受ける労働者について必要がある場合、「その必要の限度で、第14条第1項の契約期間、第62条及び第64条の3の年少者及び妊産婦等の危険有害業務の就業制限、第63条の年少者の坑内労働の禁止並びに第64条の2の妊産婦等の坑内業務の就業制限に関する規定について、厚生労働省令で別段の定めをすることができる。」と規定しています。

これは、技術者の養成に必要な範囲で、労働契約の期間や就業制限についての労働基準法の原則規定に対する例外の余地を許容したものです。ただし、この特例の適用を受けるには、それにふさわしいだけの条件を備えた指導者でなければならず、行政官庁の許可を受けた使用者だけしか利用できないことになっています（71条）。また、使用者は、厚生労働省令に違反すると許可を取り消されます（73条）。

未成年者の訓練生は、契約期間や危険業務への就業制限に関して、上記のとおり通常の未成年労働者よりも保護が薄くなっていますが、その反面で年次有給休暇の日数については優遇されます（72条）。

◎労働基準法「第7章 技能者の養成」の条文の構成

労働基準法 第7章 技能者の養成

◎第7章 技能者の養成

- 第69条（徒弟の弊害排除）
- 第70条（職業訓練に関する特例）
- 第71条（特例による訓練生の使用の許可）※
- 第72条（訓練生たる未成年者の年次有給休暇）※
- 第73条（訓練生の許可の取消し）※
- 第74条　削除　技能者養成審議会の廃止※

※印の見出しは編集部作成

技能者の養成に関する規制

使用者

①酷使してはならない
②家事その他技の習得に関係のない作業に従事させてはならない

技能の習得を目的とする者

※職業能力開発促進法の認定を受けて行う職業訓練については、技術者の養成に必要な範囲で、厚生労働省令で別段の定めをすることができる

労働基準法の条文

第7章　技能者の養成

(徒弟の弊害排除)
第69条① 使用者は、徒弟、見習、養成工その他名称の如何を問わず、技能の習得を目的とする者であることを理由として、労働者を酷使してはならない。
② 使用者は、技能の習得を目的とする労働者を家事その他技能の習得に関係のない作業に従事させてはならない。

(職業訓練に関する特例)
第70条　職業能力開発促進法(昭和44年法律第64号)第24条第1項(同法第27条の2第2項において準用する場合を含む。)の認定を受けて行う職業訓練を受ける労働者について必要がある場合においては、その必要の限度で、第14条第1項の契約期間、第62条及び第64条の3の年少者及び妊産婦等の危険有害業務の就業制限、第63条の年少者の坑内労働の禁止並びに第64条の2の妊産婦等の坑内業務の就業制限に関する規定について、厚生労働省令で別段の定めをすることができる。ただし、第63条の年少者の坑内労働の禁止に関する規定については、満16歳に満たない者に関しては、この限りでない。
第71条　前条の規定に基いて発する厚生労働省令は、当該厚生労働省令によつて労働者を使用することについて行政官庁の許可を受けた使用者に使用される労働者以外の労働者については、適用しない。
第72条　第70条の規定に基づく厚生労働省令の適用を受ける未成年者についての第39条の規定の適用については、同条第1項中「10労働日」とあるのは「12労働日」と、同条第2項の表6年以上の項中「10労働日」とあるのは「8労働日」とする。
第73条　第71条の規定による許可を受けた使用者が第70条の規定に基いて発する厚生労働省令に違反した場合においては、行政官庁は、その許可を取り消すことができる。
第74条　削除
第119条　次の各号のいずれかに該当する者は、これを6箇月以下の懲役又は30万円以下の罰金に処する。
1　……、第72条、……の規定に違反した者

第8章

災害補償

75条〜88条

◆労働基準法「第8章 災害補償」では、労働者が業務上負傷したり病気になった場合の補償について、使用者がどんな場合にどんな補償義務があるかを定めている。

■「第8章 災害補償」の内容

労働者が業務上負傷をしたり、病気になったり、死亡したときには、補償がなければ、その労働者および家族は生活が不安定となります。そのために、労働基準法は、労働者および家族の人間らしい生活を保障するという観点から、使用者に補償義務を課しています。

労働基準法の使用者の補償義務は、民法の不法行為（709条）より広く、使用者に重い責任です。この補償には、療養補償、遺族補償、葬祭料の支払いなどがあります。なお、この補償を担保するために、労働者災害補償保険（労災保険）があります。

以下では、災害補償の概要を説明します。

■業務上の負傷や死亡は「無過失責任」

労働者が負傷をしたり、病気にかかったり、死亡したりしたときは、使用者は、故意や過失がなくても（民法上は、故意・過失が必要）、原則として使用者は責任を負わなければなりません。つまり、業務上の負傷などにおいては、無過失責任に近い責任を負わせて、労働者を手厚く保護しているのです。

■補償の意味と補償金額

業務上の負傷などでの使用者の負担は、扶助ではなくあくまで補償です。そして、この補償の計算の根拠を平均賃金に求め、具体的な補償の基準を明確にしていつす。

■補償の保障

労働基準法は、補償を受ける権利が、退職によって変更されることがないと規定し、その譲渡・差押えを禁止しています。これは、補償を受ける労働者および家族の生存権を保障したものです。

◎労働基準法「第8章 災害補償」の条文の構成

労働基準法 第8章 災害補償

- ◎第1章　総則　　　　　　　　　　（第1条～第12条）
- ◎第2章　労働契約　　　　　　　　（第13条～第23条）
- ◎第3章　賃金　　　　　　　　　　（第24条～第31条）
- ◎第4章　労働時間、休憩、休日及び年次有給休暇（第32条～第41条）
- ◎第5章　安全及び衛生　　　　　　（第42条～第55条）
- ◎第6章　年少者　　　　　　　　　（第56条～第64条）
- ◎第6章の2　妊産婦等　　　（第64条の2～第68条）
- ◎第7章　技能者の養成　　　　　　（第69条～第74条）
- ◎第8章　災害補償　　　　　　　　（第75条～第88条）

第75条……………療養補償
第76条……………休業補償
第77条……………障害補償
第78条……………休業補償及び障害補償の例外
第79条……………遺族補償
第80条……………葬祭料
第81条……………打切補償
第82条……………分割補償
第83条……………補償を受ける権利
第84条……………他の法律との関係
第85条……………審査及び仲裁
第87条……………請負事業に関する例外
第88条……………補償に関する細目

- ◎第9章　就業規則　　　　　　　　（第89条～第93条）
- ◎第10章　寄宿舎　　　　　　　　（第94条～第96条の3）
- ◎第11章　監督機関　　　　　　　（第97条～第105条）
- ◎第12章　雑則　　　　　　（第105条の2～第116条）
- ◎第13章　罰則　　　　　　　　　（第117条～第121条）

第8章 災害補償

1 労働災害と補償の内容①

業務上の負傷・疾病にかかった場合の補償

75条〜78条・119条

▶ この場合の補償には、療養補償・休業補償・障害補償があり、計算方法が規定されている。

業務上の負傷等では補償あり

1 労働災害

労働者が業務上の理由で怪我をしたり病気になって働けなくなった場合、治療費や働けない期間の生活費などを誰が負担するかという問題があります。

民法の規定に従えば、怪我や病気になったことについて使用者に故意または過失が認められれば、労働者は損害賠償を得られますが、労働者はそのことを立証しなければならず、争いになったら裁判を起こさなければなりません。そうなると、どれだけ費用や時間がかかるかわからず、泣き寝入りになってしまうケースが増えるでしょう。民法の枠内でも、使用者に「安全配慮義務」を認めて、労働者の立証の負担を軽くしようという試みはありますが、基本的には訴訟になった後の負担減に止まります。

もし、労働者が業務上の理由で怪我をしたり病気なっても早期に十分な救済を受けられなければ、安心して働くことができません。それでは単に労働者自身が困るだけでなく、労働者の勤労意欲が損なわれることで、結局、使用者にも跳ね返ってきます。

そこで、労働基準法は、業務上の負傷、疾病に対しては、使用者の故意過失の有無に関係なく、使用者に一定の補償を行うことを義務付けました。補償の項目や内容は何種類かに分かれますが、いずれも使用者が一定の範囲で労働者の生活保障のための給付をしなければなりません。

2 負傷・疾病の場合の規定

労働基準法75条1項は、「労働者が業務上負傷し、又は疾病にかかつた場合においては、使用者は、その費用で必要な療養を行い、又は必要な療養の費用を負担しなければならない。」と定めています。療養補償の原因としてあげられている「負傷」と「疾病」のうち、疾病については厚生労働省令によって具体的に決められていますが、負傷については、何が業務上の負傷といえるのかは法律の解釈に委ねられています。具体的なケースに対する判断は微妙な場合が少なくありませんが、勤務時間内や職場内の出来事はもちろん、厳密にはそれに含まれない場合でも拡大して解される場合があります。

労働基準法76条と77条は、具体的な補償の内容として、休業補償と障害補償を規定しています。即ち、労働基準法76条は、労働災害による休業の場合は、平均賃金の6割を使用者が支払わなければならないことを定めています。また、労働基準法77条は、労働災害による後遺症が残った場合には、障害の程度によって14等級に分けて補償を規定しています。

この休業補償と障害補償については、労働者に重大な過失がある場合には、行政官庁の認定を受けることを条件に、使用者の義務が免ぜられています（78条）。

業務上の負傷・疾病と補償 のしくみ

要旨 業務上負傷し、あるいは疾病にかかった場合は、使用者はその労働者に対して補償をしなければならない。

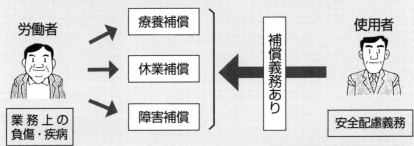

※補償の概要については161ページ参照

労働基準法の条文

(療養補償)
第75条① 労働者が業務上負傷し、又は疾病にかかつた場合においては、使用者は、その費用で必要な療養を行い、又は必要な療養の費用を負担しなければならない。
② 前項に規定する業務上の疾病及び療養の範囲は、厚生労働省令で定める。

(休業補償)
第76条① 労働者が前条の規定による療養のため、労働することができないために賃金を受けない場合においては、使用者は、労働者の療養中平均賃金の100分の60の休業補償を行わなければならない。
② 使用者は、前項の規定により休業補償を行つている労働者と同一の事業場における同種の労働者に対して所定労働時間労働した場合に支払われる通常の賃金の、1月から3月まで、4月から6月まで、7月から9月まで及び10月から12月までの各区分による期間(以下4半期という。)ごとの1箇月1人当り平均額(常時100人未満の労働者を使用する事業場については、厚生労働省において作成する毎月勤労統計における当該事業場の属する産業に係る毎月きまつて支給する給与の4半期の労働者1人当りの1箇月平均額。以下平均給与額という。)が、当該労働者が業務上負傷し、又は疾病にかかつた日の属する四半期における平均給与額の100分の120をこえ、又は100分の80を下るに至つた場合においては、使用者は、その上昇し又は低下した比率に応じて、その上昇し又は低下するに至つた4半期の次の次の4半期において、前項の規定により当該労働者に対して行つている休業補償の額を改訂し、その改訂をした4半期に属する最初の月から改訂された額により休業補償を行わなければならない。改訂後の休業補償の額の改訂についてもこれに準ずる。
③ 前項の規定により難い場合における改訂の方法その他同項の規定による改訂について必要な事項は、厚生労働省令で定める。

(障害補償)
第77条 労働者が業務上負傷し、又は疾病にかかり、治つた場合において、その身体に障害が存するときは、使用者は、その障害の程度に応じて、平均賃金に別表第2に定める日数を乗じて得た金額の障害補償を行わなければならない。

(休業補償及び障害補償の例外)
第78条 労働者が重大な過失によつて業務上負傷し、又は疾病にかかり、且つ使用者がその過失について行政官庁の認定を受けた場合においては、休業補償又は障害補償を行わなくてもよい。
第119条 次の各号のいずれかに該当する者は、これを6箇月以下の懲役又は30万円以下の罰金に処する。
  1 ……、第75条から第77条まで、……の規定に違反した者

第8章 災害補償
2 業務上の理由で死亡した場合の補償
労働災害と補償の内容②

79条～80条・119条

遺族補償と葬祭料

> この場合の補償には、遺族補償・葬祭料があり、補償の計算方法が規定されている。

1 労働者が死亡した場合

労働災害の結果、労働者が死亡してしまうこともあります。死亡してしまうと雇用関係が終了するので、休業補償や障害補償がなくなってしまいますが、そうすると稼ぎ手を失った遺族が路頭に迷ってしまう危険があります。このような不安を残したままでは労働者は安心して働くことができません。

そこで、労働基準法は、使用者の最後の義務として、遺族に対する一定の生活保障と葬儀費の確保のために、遺族補償と葬祭料の支給を規定しました。

2 遺族補償

労働基準法79条は、「労働者が業務上死亡した場合においては、使用者は、遺族に対して、平均賃金の千日分の遺族補償を行わなければならない。」と規定しています。業務上の死亡といえるかどうかについては、法律の解釈に委ねられていますが、業務上の負傷について述べたと同じく、労働者保護の観点から拡大して解釈されます。

よく問題になるケースの典型が、仕事がきつくて心を病んでしまい、それによって自殺したという事案です。死亡の直接の原因が自殺なので、業務上の死亡になるかどうか激しく争われるケースが少なくありませんが、最近では、これも過労死の一種であるという見方が常識になってきました。使用者としては、そのような悲惨な結末にならないように日常的な注意を怠ってはならず、もしその点に落ち度があると認定されたら、労働災害と扱われることを覚悟しなければなりません。平均賃金の1000日分ですから、使用者にとってはかなりの金額になります。（平均賃金の意味や計算方法については第1章の該当項目を参照してください。）

3 葬祭料

労働基準法80条は、「労働者が業務上死亡した場合においては、使用者は、葬祭を行う者に対して、平均賃金の60日分の葬祭料を支払わなければならない。」と規定しています。人が亡くなると普通は葬儀をしなければなりませんが、業務上の死亡に備えて葬儀費用を貯めておくはずもなく、遺族は身内の死亡を悲しむ時間もないまま、急な出費を強いられることになります。そこで、使用者に対して最低限の給付として葬儀費用の支払いを義務付けたものです。

4 労働者に重過失がある場合

この遺族補償と葬祭料の給付については、休業補償や障害補償と異なり、労働者に重大な過失があっても使用者の義務が免除されることはありません。一家の働き手の死亡によって遺族の生活が不安定にならないように、遺族の保護を特に厚く定めたものです。

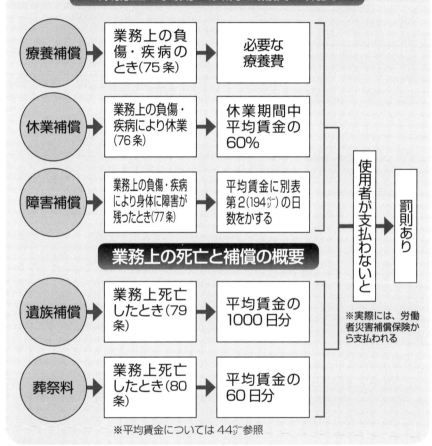

労働基準法の条文

（遺族補償）
第79条　労働者が業務上死亡した場合においては、使用者は、遺族に対して、平均賃金の1000日分の遺族補償を行わなければならない。
（葬祭料）
第80条　労働者が業務上死亡した場合においては、使用者は、葬祭を行う者に対して、平均賃金の60日分の葬祭料を支払わなければならない。
第119条　次の各号のいずれかに該当する者は、これを六箇月以下の懲役又は30万円以下の罰金に処する。
　1　……、第79条、第80条、……の規定に違反した者

第8章 災害補償

3 補償期間と補償の方法

使用者の補償義務の制限と緩和

81条～82条

> 障害補償においては打切補償があり、また、障害補償・遺族補償については分割補償がある。

打切補償と分割補償

1 使用者の立場

労働災害が発生すると、労働者は、使用者から療養補償、休業補償、障害補償、遺族補償および葬祭料の給付を受ける権利を保障されています。しかも、休業保障と障害補償を除き、労働災害の発生について労働者に重大な過失があっても補償を受ける権利は失われません。

労働災害が発生した場合に労働者の権利が厚く保障されているのは、直接的には労働者を保護するためですが、労働者が安心して働けるようになることで、職場に定着し勤労意欲も上がることが期待され、間接的には使用者にもプラスになります。しかし、実際に労働災害が発生してしまうと、労働者に対する手厚い保障の規定は、使用者にとっては重い負担になります。労働者の負傷の状況や後遺症の重さ次第では、使用者の負担も相当重くなります。

使用者にとっては、業務上の災害で負傷した労働者の生活を守ることも必要ですが、それによって本体の事業そのものが傾くようなことになると、他の労働者の生活にも不安が及んできます。そこで、労働基準法は、使用者の負担が無制限のものにならないように、労働災害に対する補償の義務を制限ないし緩和する規定をおいています。

2 規定の内容

労働基準法81条は、「第75条の規定によつて補償を受ける労働者が、療養開始後3年を経過しても負傷又は疾病が治らない場合においては、使用者は、平均賃金の1200日分の打切補償を行い、その後はこの法律の規定による補償を行わなくてもよい。」と規定しています。療養補償開始後3年間を経過してもなお負傷や疾病が治らない場合は、平均賃金1200日分の保障をすれば、以後の補償義務を免れることができるわけです。3年間治らないというのはかなりの重症ですが、その分使用者の負担も重いものになっているはずで、そこから1200日分の補償をすることでそれ以上の補償を打ち切ることになるため、これを「打切補償」と呼んでいます。

労働基準法82条は、「使用者は、支払能力のあることを証明し、補償を受けるべき者の同意を得た場合においては、第77条又は第79条の規定による補償に替え、平均賃金に別表第3に定める日数を乗じて得た金額を、6年にわたり毎年補償することができる。」と規定しています。障害補償（77条）と遺族補償（79条）については、その金額が大きいので、使用者に即時一括払いを義務付けると資金負担が過重なものになる可能性があります。そこで、使用者は、支払能力があることを立証し、かつ、補償を受ける者の同意を得た場合には、法律の定める方法で6年間にわたって分割払いで給付することが認められています。これはあくまでも補償を受けるべき者の同意があることが前提条件です。

打切補償と分割補償のしくみ

要旨 打切補償も分割補償も使用者の権利を軽減することを目的とするものである。

打切補償とは

労働者 → 業務上の負傷・疾病による療養補償 → 3年を経過しても治らない → 打切補償 平均賃金の1200日分

※使用者は打切補償により、その後の労働基準法上の補償はしなくてよい。

分割補償とは

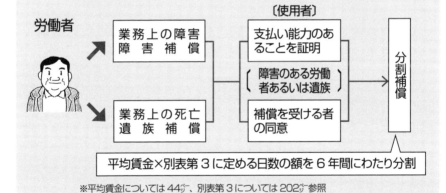

労働者 →
- 業務上の障害 障害補償
- 業務上の死亡 遺族補償

〔使用者〕
- 支払い能力のあることを証明
- (障害のある労働者あるいは遺族)補償を受ける者の同意

→ 分割補償

平均賃金×別表第3に定める日数の額を6年間にわたり分割

※平均賃金については44ページ、別表第3については202ページ参照

労働基準法の条文

(打切補償)
第81条 第75条の規定によつて補償を受ける労働者が、療養開始後3年を経過しても負傷又は疾病がなおらない場合においては、使用者は、平均賃金の1200日分の打切補償を行い、その後はこの法律の規定による補償を行わなくてもよい。

(分割補償)
第82条 使用者は、支払能力のあることを証明し、補償を受けるべき者の同意を得た場合においては、第77条又は第79条の規定による補償に替え、平均賃金に別表第3に定める日数を乗じて得た金額を、6年にわたり毎年補償することができる。

第8章 災害補償

4 補償の権利と他の法律との関係

補償を受ける権利の確保と労災保険との関係

83条〜84条

補償責任を労災保険で塡補

▶ 補償を受ける権利は退職により変更されることはなく、譲渡・差押えは禁じられ、また労災保険の給付があれば使用者は補償責任を免れる。

1 労災補償を受ける権利の特質

労働基準法83条1項は、「補償を受ける権利は、労働者の退職によつて変更されることはない。」と規定しています。

法律の建前から言えば、労働災害によって一旦発生した権利は、その労働者が退職したからといって消滅するわけではありません。この規定はある意味では当然のことを定めているともいえますが、たとえば労働災害に遭って治療中に退職し、その後、後遺症が残った場合、たとえ退職後の場合でも障害補償を受けられることについて、労働者が疑念を抱かずにすみます。それに、退職すれば権利がなくなるというような合意をしても、その効力は認められないでしょう。

労働基準法83条2項は、「補償を受ける権利は、これを譲渡し、又は差し押えてはならない。」と規定しています。

労災補償の請求権も民事上の金銭債権の一種ですから、民法の原則に従えば、その権利を他人に譲渡することができますし、その労働者に対して債権を持っている人がその請求権を差し押さえて取り立てることも可能なはずです。しかし、労災補償の請求権についてそのような処分を認めると、労働者自身に労災補償が給付されないことになり、法律で様々な保護を規定した意味が失われます。そこで、労働者自身が任意に権利を譲渡することも、第三者（債権者）がその権利を差し押さえて強制的に労働者の権利を奪ってしまうことも、ともに禁止されているわけです。

2 労災保険制度との関係

労働基準法84条1項は、「この法律に規定する災害補償の事由について、労働者災害補償保険法又は厚生労働省令で指定する法令に基づいてこの法律の災害補償に相当する給付が行なわれるべきものである場合においては、使用者は、補償の責を免れる。」と規定しています。

使用者は、一定の条件未満の小規模事業の場合を除き、労災保険に加入しなければなりません。労災保険にきちんと加入していれば、万一労働災害が起きても国から労災保険による給付を受けることができるので、労働者は使用者の意思や能力に左右されずに補償を受けられますし、使用者も事業そのものを危機にさらさずにすみます。もっとも、労災保険から給付される金額が労働基準法で義務付けられた補償額よりも少ない場合には、使用者はその不足分を補わなければなりません。

労働基準法84条2項は、「使用者は、この法律による補償を行つた場合においては、同一の事由については、その価額の限度において民法による損害賠償の責を免れる。」と規定しています。労災補償と損害賠償とは法的な性質が異なりますが、労災によって労働者に生じた損失を塡補するという点で同じ目的のものなので、損害賠償の一部と扱うことを規定したものです。

労働基準法上の補償と他の法令 のしくみ

要旨 労働災害に関する補償に関連する法令には、労働者災害補償保険法、民法の損害賠償の規定がある。

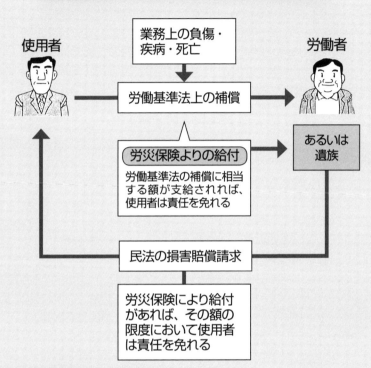

※労働基準法上の補償額と民法上の損害賠償額とは、その要件および金額が異なる。

※労働者災害補償保険法については170ページ参照

労働基準法の条文

（補償を受ける権利）
第83条① 補償を受ける権利は、労働者の退職によつて変更されることはない。
② 補償を受ける権利は、これを譲渡し、又は差し押えてはならない。

（他の法律との関係）
第84条① この法律に規定する災害補償の事由について、労働者災害補償保険法（昭和22年法律第50号）又は厚生労働省令で指定する法令に基づいてこの法律の災害補償に相当する給付が行なわれるべきものである場合においては、使用者は、補償の責を免れる。
② 使用者は、この法律による補償を行つた場合においては、同一の事由については、その価額の限度において民法による損害賠償の責を免れる。

第8章 災害補償

5 補償に関する審査・仲裁
補償の手続きと異議申立機関
85条〜86条

労災補償の異議申立て

> 労働災害の補償に関して異議がある場合には、行政官庁（労働基準監督署長）に対して異議の申立てができる。

1 労災認定等についての手続

労働者が怪我をしたり病気になった場合、労働基準法ではここまで見てきたようないろいろな補償の制度を定めています。しかし、現実に怪我や病気が発生したときに、それが業務上の原因に起因するものであるかどうかについて、労働者と使用者の認識が常に一致するとは限りません。

使用者にとっては、労災と認定されると法律が規定する補償を行わなければなりませんので、できれば業務上の原因ではないと扱いたいところです。たとえ、労災保険に加入していて補償そのものは行わなくてもいい場合でも、労働基準監督署に報告をしたり調査を受けたり、是正勧告を受けて改善措置を講じなければならない等の負担まではなくなりませんので、労災であるという扱いはできれば避けたいところです。他方、労働者にとっては、労災と認定されることで使用者あるいは国から一定の補償を受けることができるので、できれば業務上の原因であると扱ってもらいたいところです。

問題は、当事者間で認識が一致しない場合にどのような手続で認定を行うかです。労働者にとっては、訴訟を起こして判決を得ないと給付が受けられないということになれば、現実に怪我や病気で困っているのにその治療もできないことになります。そこで、行政官庁（労働基準監督署長）が、認定について審査を行ったり、当事者間の紛争解決のための仲裁を行うという制度を設けて、早期に労災給付を受けられるように手助けをすることが決められています。

すなわち、行政官庁は当事者の請求に基づいて、または自ら職権で、労災認定や補償の実施等について審査や仲裁を行うことができることになっています（85条1項、2項）。そして、審査または仲裁のために必要がある場合には、医師の診断や検査を受けさせることができます（85条4項）。

更に、もし審査や仲裁の結果についてなお不服がある当事者には、労働者災害補償保険審査官に審査または仲裁を求めることができます（86条1項）。これは所轄の労働基準監督署長の第一次的な判断に対して、これを是正するための不服申立て手続を定めたものです。

2 民事訴訟が提起された場合

労働基準法では、労災認定について審査や仲裁の制度を定めていますが、当事者は必ずその手続きを利用することを義務付けられているわけではありません。

使用者も労働者も、最初から民事訴訟を提起することもできますし、途中で民事訴訟を提起することもできます。そして、実際に訴訟が起きた場合は、訴訟の場で最終的な解決が図られることになるので、一応の簡易迅速な手続である審査や仲裁の手続は進行しないことになっています（85条3項、86条2項）。

補償の審査・仲裁のしくみ

要旨 補償の認定や金額に異議がある場合には、行政官庁に審査・仲裁の申立てができる。

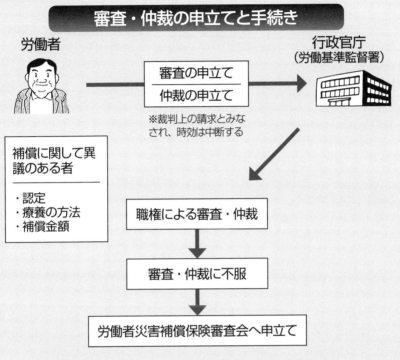

労働基準法の条文

(審査及び仲裁)
第85条① 業務上の負傷、疾病又は死亡の認定、療養の方法、補償金額の決定その他補償の実施に関して異議のある者は、行政官庁に対して、審査又は事件の仲裁を申し立てることができる。
② 行政官庁は、必要があると認める場合においては、職権で審査又は事件の仲裁をすることができる。
③ 第1項の規定により審査若しくは仲裁の申立てがあつた事件又は前項の規定により行政官庁が審査若しくは仲裁を開始した事件について民事訴訟が提起されたときは、行政官庁は、当該事件については、審査又は仲裁をしない。
④ 行政官庁は、審査又は仲裁のために必要であると認める場合においては、医師に診断又は検案をさせることができる。
⑤ 第1項の規定による審査又は仲裁の申立て及び第2項の規定による審査又は仲裁の開始は、時効の中断に関しては、これを裁判上の請求とみなす。
第86条① 前条の規定による審査及び仲裁の結果に不服のある者は、労働者災害補償保険審査官の審査又は仲裁を申し立てることができる。
② 前条第3項の規定は、前項の規定により審査又は仲裁の申立てがあつた場合に、これを準用する。

第8章 災害補償

6 請負事業に関する例外規定
災害補償の補償義務者は誰か

87条〜88条

> 労災が発生した場合の補償責任者は使用者だが、一定の請負事業に関しては元請負人が使用者とみなされる。

元請人の補償責任

1 下請の場合の問題点

労災が発生した場合に、法律の規定で補償義務を負うのはその労働者に対する「使用者」です。ですから、たとえば建設作業の現場で労災が発生した場合は、その労働者を雇用している事業者がまず「使用者」としての責任を負うのが普通です。

しかし、たとえば、建設事業などのように、大きな企業体が元請負人として受注した工事を、下請けに出し、そこから先に更に孫請けに出し、というように、数次にわたって下請けに出されることが珍しくない職種では、実際に作業をしているのは非常に零細な規模の企業の従業員であることが少なくありません（労災保険に加入していない場合もあり得ます）。建設現場はその作業の性質上常に労災の危険と隣り合わせなので、労災が発生すると労働者は満足な救済を受けられず、苛酷な状況におかれることになります。

そこで、労働基準法では、厚生労働省令で定める事業（建設事業が指定されています）について、数次の請負によって行われる場合には、元請負人を使用者とみなすという規定をおいています。これによって、企業規模が比較的大きな元請負人が責任を負うことを明確にし、労働者の保護を図ったものです。

2 規定の内容

まず、「厚生労働省令で定める事業が数次の請負によつて行われる場合においては、災害補償については、その元請負人を使用者とみなす。」と規定し（87条1項）、労災補償については元請負人が責任を負うことを明確にしました。この結果、労働者は、元請負人に対して労災補償を求めることができ、直接自分を雇用する使用者に支払能力がない場合でも救済を受けることができます。

元請負人は、下請負人と書面で契約をすることで、補償義務を下請負人に引き受けさせることが認められています（87条2項）。この場合は、引き受けた下請負人も並存的に使用者としての責任を負うことになります（元請負人の義務がなくなるわけではありません）。

元請負人は、契約によって下請負人に責任を引受けさせた場合には、労働者から労災補償の請求を受けても、まず最初にその下請負人に請求するように求めることができます（87条3項）。ただし、その下請負人が破産手続開始の決定を受けたり、行方不明になっている場合には、最終的には元請負人が自分で責任を負わなければなりません。

このような場合に、労働者が誰に請求をしたらいいのかが曖昧になることを避けるため、下請負人として指定できるのは1社だけで、必ず書面で契約をしなければならないことになっています。

請負事業での災害補償のしくみ

要旨 請負事業では、下請業者の労働者の労働災害で、元請人に補償の請求ができる場合がある。

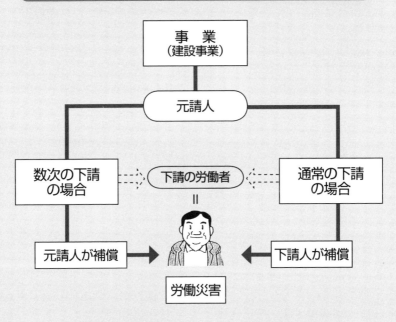

※1. 通常の下請労働者の労災では、監督責任者である下請人が使用者となる
※2. 数次の請負の場合の下請労働者の労災では、元請人が使用者となる。ただし、書面による契約で下請人に補償を引き受けさせることができる。

労働基準法の条文
(請負事業に関する例外)
第87条① 厚生労働省令で定める事業が数次の請負によつて行われる場合においては、災害補償については、その元請負人を使用者とみなす。
② 前項の場合、元請負人が書面による契約で下請負人に補償を引き受けさせた場合においては、その下請負人もまた使用者とする。但し、2以上の下請負人に、同一の事業について重複して補償を引き受けさせてはならない。
③ 前項の場合、元請負人が補償の請求を受けた場合においては、補償を引き受けた下請負人に対して、まづ催告すべきことを請求することができる。ただし、その下請負人が破産手続開始の決定を受け、又は行方が知れない場合においては、この限りでない。

(補償に関する細目)
第88条 この章に定めるものの外、補償に関する細目は、厚生労働省令で定める。

第8章 災害補償

7 労働者災害補償保険法とは

労災に関しては労働者災害補償保険がある

労働保険への加入義務

労働災害補償保険法

▶ 労働者災害補償保険は労働者災害補償保険法により規定され、使用者が保険料を負担し、一定の者を除き労働者の加入義務がある。

1 労働災害における保険制度の意義

ここまで見てきたとおり、労働基準法は労働者が業務上の理由で怪我や病気になった場合には使用者が一定の補償をすることを義務づけています。これは、労働者が安心して働ける条件を保障することで労働者を保護するとともに、それによって労働者が定着し勤労意欲も上がることで使用者のプラスにもなることを意図したものです。

しかし、会社の経営が苦しくて支払能力がなければ、使用者に補償を義務づけても絵に描いた餅になってしまいます。また、使用者と事実認識が違ってすんなり支払ってもらえないような場合は、労働者は、会社に居づらくなる覚悟で使用者を訴えるか、あきらめて泣き寝入りするしかなく、過酷な選択を迫ることになります。

そこで、労働災害に対して国が主体になって保険の制度を確立して、一方で労働者が簡易迅速に必要な給付を受けられるように、他方で使用者が過大な負担を強いられて事業そのものがダメージを受けることがないように、双方の立場を守ることにしました。その根拠になる法律が、労働者災害補償保険法です。

2 労災保険法の概要

労災保険法は、保険給付として、①業務災害に関する保険給付、②通勤災害に関する保険給付、③二次健康診断等給付保険給付の3種類を規定しています。このうち②の通勤災害については、通勤経路を逸脱したり中断した場合が問題となりますが、「当該逸脱又は中断が、日常生活上必要な行為であつて厚生労働省令で定めるものをやむを得ない事由により行うための最小限度のものである場合」には、（逸脱または中断の間を除き）なお通勤中と認めるとしています（7条3項）。厚生労働省令では、日用品の購入、選挙権の行使、通院や職業訓練等が逸脱中断が許容される理由として掲げられていますが、実際のケースで必要最小限度のものといえるかどうかについては、労働者に厳しい認定になることが少なくありません。

これらに該当する事情が発生すると、国から一定の保険給付がなされます。その内容は多岐に及んでいますが、まず労働基準法12条の規定で算出される平均賃金の額を「給付基礎日額」として、給付の種類に応じてこれを一部修正するという定め方になっています。

そして、労働基準法の規定と同じく、療養補償給付、休業補償給付、障害補償給付、遺族補償給付、葬祭料の給付を規定し、この他に、遺族補償年金の制度と介護補償給付の制度を定めています。

制度を支える財源は保険料ですが、それは使用者の負担です。使用者は一定の小規模企業を除き労働保険に加入することを義務付けられています。

◎「労働者災害補償保険法」の条文の構成

- ◎第1章　総則　　　　　　　　　　　　（第1条～第5条）
- ◎第2章　保険関係の成立及び消滅　　　　（第6条）
- ◎第3章　保険給付　　　　　　　　　　　（第7条～第28条）
  - 第1節　通則（第7条～第12条の7）
  - 第2節　業務災害に関する保険給付（第12条の8～第20条）
  - 第3節　通勤災害に関する保険給付（第21条～第25条）
  - 第4節　二次健康診断等給付（第26条～第28条）
- ◎第3章の2　社会復帰促進等事業　　　　（第29条）
- ◎第4章　費用の負担　　　　　　　　　　（第30条～第32条）
- ◎第4章の2　特別加入　　　　　　　　　（第33条～第37条）
- ◎第5章　不服申立て及び訴訟　　　　　　（第38条～第41条）
- ◎第6章　雑則　　　　　　　　　　　　　（第42条～第50条）
- ◎第7章　罰則　　　　　　　　　　　　　（第51条～第54条）

労働者災害補償保険法の条文

第1章　総則

第1条　労働者災害補償保険は、業務上の事由又は通勤による労働者の負傷、疾病、障害、死亡等に対して迅速かつ公正な保護をするため、必要な保険給付を行い、あわせて、業務上の事由又は通勤により負傷し、又は疾病にかかつた労働者の社会復帰の促進、当該労働者及びその遺族の援護、労働者の安全及び衛生の確保等を図り、もつて労働者の福祉の増進に寄与することを目的とする。

第2条　労働者災害補償保険は、政府が、これを管掌する。

（中略）

第3章　保険給付
第1節　通則

第7条① この法律による保険給付は、次に掲げる保険給付とする。
1. 労働者の業務上の負傷、疾病、障害又は死亡（以下「業務災害」という。）に関する保険給付
2. 労働者の通勤による負傷、疾病、障害又は死亡（以下「通勤災害」という。）に関する保険給付
3. 二次健康診断等給付

② 前項第2号の通勤とは、労働者が、就業に関し、次に掲げる移動を、合理的な経路及び方法により行うことをいい、業務の性質を有するものを除くものとする。
1. 住居と就業の場所との間の往復
2. 厚生労働省令で定める就業の場所から他の就業の場所への移動
3. 第1号に掲げる往復に先行し、又は後続する住居間の移動（厚生労働省令で定める要件に該当するのに限る。）

③労働者が、前項各号に掲げる移動の経路を逸脱し、又は同項各号に掲げる移動を中断した場合においては、当該逸脱又は中断の間及びその後の同項各号に掲げる移動は、第1項第2号の通勤としない。ただし、当該逸脱又は中断が、日常生活上必要な行為であつて厚生労働省令で定めるものをやむを得ない事由により行うための最小限度のものである場合は、当該逸脱又は中断の間を除き、この限りでない。

（以下略）

第9章

就業規則

89条〜93条

◆就業規則は、労働者が職場で守るべき服務規律であると同時に、労働条件を定めた規律でもある。そのため、労働基準法はその作成、効力に関して規定をおいている。

■就業規則とは

労働基準法の第9章では、就業規則について一章を設けて規定しています。就業規則は、簡単に言えば、使用者が労働条件等を画一化・明確化するために服務規律や労働条件について定めたものです。

就業規則は特に労働組合がないような職場においては、強大な力を持つことになるために、労働基準法は就業規則の作成（変更）および効力に関して規定を置いています。なお、労働組合のある企業において労働協約が作成されているときは、労働協約は就業規則に優先します。

■就業規則の作成と届出

就業規則の作成は、常時10人以上の労働者を使用する使用者に対して義務付けられています。

就業規則は、所轄の労働基準監督署長への届出義務があり、届出の際には労働者の過半数で組織する労働組合あるいは労働者の過半数を代表する者の意見書を添付することが定められています。

なお、変形労働時間制の導入の際には、就業規則に定めること（あるいは書面による協定）が必要な場合があります。

■就業規則の問題点

就業規則は、法令と労働協約に反してはならないとされています。しかし、その解釈は難しく、たとえば、服務規律違反の名目でリストラがなされた場合など、その効力をめぐって争いとなることがあります。

また、就業規則は変更される場合もあり、労働者にとって不利な内容となる場合もありますが、変更に合理性があると認められれば、従前からの従業員も拘束されると考えられています。

◎労働基準法「第9章 就業規則」の条文の構成

労働基準法 第9章 就業規則

- ◎第1章　総則　　　　　　　　　　（第1条～第12条）
- ◎第2章　労働契約　　　　　　　　（第13条～第23条）
- ◎第3章　賃金　　　　　　　　　　（第24条～第31条）
- ◎第4章　労働時間、休憩、休日及び年次有給休暇（第32条～第41条）
- ◎第5章　安全及び衛生　　　　　　（第42条～第55条）
- ◎第6章　年少者　　　　　　　　　（第56条～第64条）
- ◎第6章の2　妊産婦等　　　　　（第64条の2～第68条）
- ◎第7章　技能者の養成　　　　　　（第69条～第74条）
- ◎第8章　災害補償　　　　　　　　（第75条～第88条）
- ◎第9章　就業規則　　　　　　　　（第89条～第93条）
  - 第89条……………作成及び届出の義務
  - 第90条……………作成の手続
  - 第91条……………制裁規定の制限
  - 第93条……………効力
- ◎第10章　寄宿舎　　　　　　　　（第94条～第96条の3）
- ◎第11章　監督機関　　　　　　　（第97条～第105条）
- ◎第12章　雑則　　　　　　　　　（第105条の2～第116条）
- ◎第13章　罰則　　　　　　　　　（第117条～第121条）

第9章 就業規則

1 就業規則の作成と届出義務

使用者の就業規則の作成義務

89条

▶ 常時10人以上の労働者がいれば、使用者は就業規則を作成し、所轄の監督署長に、届け出なければならない。

就業規則は使用者が作る

1 就業規則とは

労働基準法は、就業規則について全部で5箇条の規定をおいています。就業規則というのは、その名称から以前は使用者が定める職場での服務規律のようなものであったと想像されますが、現在の法律では、服務規律的な部分よりもむしろ労働条件の内容を定めることが重要視されています。

これから説明するとおり、就業規則というのは使用者が一方的に定めるものであり、その事業場の労働者の労働条件に大きな影響を与えます。ある程度の規模の事業場で労働組合があるようなところでは、労働組合と使用者が結ぶ協定（労働協約）によって労働条件を定めることが多く、労働条件の内容に労働者の意思を反映させる機会がありますが、そのような機会のない多くの事業場では、事実上、就業規則の内容で労働条件が決まってしまいます。そのため、法律で就業規則の作成や内容、更には改定について様々な規制をして、労働者に不利益にならないように配慮しています。

2 就業規則の作成義務と届出義務

労働基準法89条は、「常時10人以上の労働者を使用する使用者は、次に掲げる事項について就業規則を作成し、行政官庁に届け出なければならない。次に掲げる事項を変更した場合においても、同様とする。」と規定しています。常時というのは、途切れることなく10人以上を雇用しているという意味ではなく、常態として10人以上という意味です。ですから、人の出入りの関係で一時的に8人や9人になることはあっても通常は10人以上働いていれば、就業規則の作成義務が生じます。

なお、10人未満の事業場では、使用者に作成義務は課されていませんが、職場のルールを定めておくことは企業秩序を維持する上で重要ですから、労務管理上就業規則を作成することは有益ですし、変形労働時間制などを採用する場合も就業規則に盛り込めばいいなどの便宜も考えると、就業規則を作ることを検討してもいいと思います。

就業規則は、通常は所轄の労働基準監督署に就業規則を届け出ることになります。就業規則は、労働者の労働条件に大きな影響を持つものであるにもかかわらず、使用者が一方的に定めることになっており、労働者保護の観点から、その内容や作成手順が適法なものであることが強く求められます。そこで、就業規則を作成したら必ず行政官庁に届け出ることを義務づけて、内容や手続の面で問題があるものを放置しないように配慮したものです。

なお、この届出は使用者に対する法律上の義務であり、これを怠ると罰則もありますが、就業規則の効力発生の条件ではないと解されています。そのため、手続を踏んで作成されて、労働者に周知された就業規則については、届出を欠いているというだけの理由で無効になることはありません。

就業規則作成の目的 のしくみ

要旨 就業規則作成の目的は、労働条件や服務規律について明確に定めることにより、使用者と労働者の争いを避けることなどにある。

就業規則と労働者

使用者

就業規則

労働者

定める → 就業規則 ← 規則に従い働く

常時10人以上の労働者を使用する事業場では、必ず作成

すべての労働者について定める

労働条件 → ・労働時間
服務規律など   ・賃金など

〔パートタイム労働者就業規則〕 パートタイム労働者のように勤務の態様等から通常の労働者と異なった定めをする必要がある場合には、通常の労働者に適用される一般の就業規則のほかに、パートタイム労働者等一部の労働者のみに適用される別個の就業規則(「パートタイム労働者就業規則」)を作成することとしても差し支えない。ただし、この場合には一般の就業規則に、①別個の就業規則の適用を受ける労働者は、一般の就業規則の適用を除外すること、②適用除外した労働者に適用される就業規則は、別に定めることとすることを明記することが必要である。

労働基準法の条文

(作成及び届出の義務)
第89条 常時10人以上の労働者を使用する使用者は、次に掲げる事項について就業規則を作成し、行政官庁に届け出なければならない。次に掲げる事項を変更した場合においても、同様とする。
1 始業及び終業の時刻、休憩時間、休日、休暇並びに労働者を2組以上に分けて交替に就業させる場合においては就業時転換に関する事項
2 賃金(臨時の賃金等を除く。以下この号において同じ。)の決定、計算及び支払の方法、賃金の締切り及び支払の時期並びに昇給に関する事項
3 退職に関する事項(解雇の事由を含む。)
3の2 退職手当の定めをする場合においては、適用される労働者の範囲、退職手当の決定、計算及び支払の方法並びに退職手当の支払の時期に関する事項
4 臨時の賃金等(退職手当を除く。)及び最低賃金額の定めをする場合においては、これに関する事項
5 労働者に食費、作業用品その他の負担をさせる定めをする場合においては、これに関する事項
6 安全及び衛生に関する定めをする場合においては、これに関する事項
7 職業訓練に関する定めをする場合においては、これに関する事項
8 災害補償及び業務外の傷病扶助に関する定めをする場合においては、これに関する事項
9 表彰及び制裁の定めをする場合においては、その種類及び程度に関する事項
10 前各号に掲げるもののほか、当該事業場の労働者のすべてに適用される定めをする場合においては、これに関する事項
第120条 次の各号のいずれかに該当する者は、30万円以下の罰金に処する。
1 ……、第89条、……の規定に違反した者

第9章 就業規則 2
就業規則の内容
就業規則の記載事項

89条関連

> 就業規則には必ず記載しなければならない事項と、ある制度を採用する場合に記載しなければならない事項がある。

記載が必要な事項がある

2 必ず記載しなければならない事項

労働基準法89条では、以下の3項目については、必ずルールを決めてそれを就業規則の中に盛り込まなければなりません。

まず、「始業及び終業の時刻、休憩時間、休日、休暇並びに労働者を2組以上に分けて交替に就業させる場合においては就業時転換に関する事項」です。労働時間や休憩、休日や休暇についてのルールは必ず定めなければなりません。なお、変形労働時間制の中には、採用する場合には就業規則に規定しなければならないものがあることに注意してください。

次に、「賃金(臨時の賃金等を除く。)の決定、計算及び支払の方法、賃金の締切り及び支払の時期並びに昇給に関する事項」です。賃金の算定や支払い、更には昇給についての事項は労働条件のなかでも特に重要なものですので、必ず就業規則で定めなければなりません。

更に、「退職に関する事項(解雇の事由を含む。)」です。労働者が従業員の地位を失う場合にはいろいろありますが、退職に伴う諸事項(定年制がその典型です)も必ず就業規則に入れなければなりません。

この退職に関する事項の中には「解雇の事由」も含まれます。そのため、使用者はいろいろな場面を想定して規定を作らなければなりません。一口に解雇と言っても、労働者の事情による解雇もあれば使用者の都合による解雇もありますし(そのいずれ

であるかが争いになることは頻繁におきますが)、普通解雇と懲戒解雇の違いもあります。規定を作るためには、いろいろな場面を想定しておかなければなりません。

3 その定めをする場合には記載しなければならない事項

労働基準法では8つの事柄が規定されています。「退職手当」「臨時の賃金等(退職手当を除く。)及び最低賃金額」「労働者に食費、作業用品その他の負担」「安全及び衛生」「職業訓練」「災害補償及び業務外の傷病扶助」「表彰及び制裁」の7項目と、それ以外でも「当該事業場の労働者のすべてに適用される定め」をする場合がこれに該当します。これらは、そのようなルールを決めること自体は義務付けられていませんが、決めた場合には就業規則に盛り込まなければなりません。

「退職手当」、いわゆる退職金については、制度として定めがある場合に限り賃金に準じて労働者の権利として保護されることになっています。ですから、就業規則に規定があれば、労働者には退職金の請求権が発生することになります。

「表彰及び制裁」のうちの「制裁」とは、いわゆる懲戒処分のことです。懲戒制度を作る場合は、就業規則に定めなければなりませんので、規則を定めずに懲戒処分をすることはできないと思って下さい。

◎就業規則のサンプル（一部）（東京労働局の資料より作成。同ホームページより全体を入手できます。）

第1章 総則

（目的）
第1条 この就業規則（以下「規則」という。）は、労働基準法（以下「労基法」という。）第89条に基づき、株式会社の労働者の就業に関する事項を定めるものである。
2 この規則に定めた事項のほか、就業に関する事項については、労基法その他の法令の定めによる。

（適用範囲）
第2条 この規則は、株式会社の労働者に適用する。
2 パートタイム労働者の就業に関する事項については、別に定めるところによる。
3 前項については、別に定める規則に定めのない事項は、この規則を適用する。

（規則の遵守）
第3条 会社は、この規則に定める労働条件により、労働者に就業させる義務を負う。また、労働者は、この規則を遵守しなければならない。

第2章 採用、異動等

（採用手続）
第4条 会社は、入社を希望する者の中から選考試験を行い、これに合格した者を採用する。

（採用時の提出書類）
第5条 労働者として採用された者は、採用された日から　週間以内に次の書類を提出しなければならない。
　①履歴書
　②住民票記載事項証明書
　③自動車運転免許証の写し（ただし、自動車運転免許証を有する場合に限る。）
　④資格証明書の写し（ただし、何らかの資格証明書を有する場合に限る。）
　⑤その他会社が指定するもの
2 前項の定めにより提出した書類の記載事項に変更を生じたときは、速やかに書面で会社に変更事項を届け出なければならない。

（試用期間）
第6条 労働者として新たに採用した者については、採用した日から　か月間を試用期間とする。
2 前項について、会社が特に認めたときは、この期間を短縮し、又は設けないことがある。
3 試用期間中に労働者として不適格と認めた者は、解雇することがある。ただし、入社後14日を経過した者については、第49条第2項に定める手続によって行う。
4 試用期間は、勤続年数に通算する。

（労働条件の明示）
第7条 会社は、労働者を採用するとき、採用時の賃金、就業場所、従事する業務、労働時間、休日、その他の労働条件を記した労働条件通知書及びこの規則を交付して労働条件を明示するものとする。

（人事異動）
第8条 会社は、業務上必要がある場合に、労働者に対して就業する場所及び従事する業務の変更を命ずることがある。
2 会社は、業務上必要がある場合に、労働者を在籍のまま関係会社へ出向させることがある。
3 前2項の場合、労働者は正当な理由なくこれを拒むことはできない。

（休職）
第9条 労働者が、次のいずれかに該当するときは、所定の期間休職とする。
　①業務外の傷病による欠勤が　か月を超え、なお療養を継続する必要があるため勤務できないとき　年以内
　②前号のほか、特別な事情があり休職させることが適当と認められるとき必要な期間
2 休職期間中に休職事由が消滅したときは、原則として元の職務に復帰させる。ただし、元の職務に復帰させることが困難又は不適当な場合には、他の職務に就かせることがある。
3 第1項第1号により休職し、休職期間が満了してもなお傷病が治癒せず就業が困難

な場合は、休職期間の満了をもって退職とする。

第3章　服務規律

(服務)
第10条　労働者は、職務上の責任を自覚し、誠実に職務を遂行するとともに、会社の指示命令に従い、職務能率の向上及び職場秩序の維持に努めなければならない。

(遵守事項)
第11条　労働者は、以下の事項を守らなければならない。
　①許可なく職務以外の目的で会社の施設、物品等を使用しないこと。
　②職務に関連して自己の利益を図り、又は他より不当に金品を借用し、若しくは贈与を受ける等不正な行為を行わないこと。
　③勤務中は職務に専念し、正当な理由なく勤務場所を離れないこと。
　④会社の名誉や信用を損なう行為をしないこと。
　⑤在職中及び退職後においても、業務上知り得た会社、取引先等の機密を漏洩しないこと。
　⑥許可なく他の会社等の業務に従事しないこと。
　⑦酒気を帯びて就業しないこと。
　⑧その他労働者としてふさわしくない行為をしないこと。

(セクシュアルハラスメントの禁止)
第12条　性的言動により、他の労働者に不利益や不快感を与えたり、就業環境を害するようなことをしてはならない。

(職場のパワーハラスメントの禁止)
第13条　職務上の地位や人間関係などの職場内の優位性を背景にした、業務の適正な範囲を超える言動により、他の労働者に精神的・身体的な苦痛を与えたり、就業環境を害するようなことをしてはならない。

(個人情報保護)
第14条　労働者は、会社及び取引先等に関する情報の管理に十分注意を払うとともに、自らの業務に関係のない情報を不当に取得してはならない。
2　労働者は、職場又は職種を異動あるいは退職をする際して、自らが管理していた会社及び取引先等に関するデータ・情報書類等を速やかに返却しなければならない。

(始業及び終業時刻の記録)
第15条　労働者は、始業及び終業時にタイムカードを自ら打刻し、始業及び終業の時刻を記録しなければならない。

(遅刻、早退、欠勤等)
第16条　労働者は遅刻、早退若しくは欠勤をし、又は勤務時間中に私用で事業場から外出する際は、事前に　　　　に対し申し出るとともに、承認を受けなければならない。ただし、やむを得ない理由で事前に申し出ることができなかった場合は、事後に速やかに届出をし、承認を得なければならない。
2　前項の場合は、第39条に定めるところにより、原則として不就労分に対応する賃金は控除する。
3　傷病のため継続して　　　日以上欠勤するときは、医師の診断書を提出しなければならない。

第4章　労働時間、休憩及び休日

(労働時間及び休憩時間)
第17条　労働時間は、1週間については40時間、1日については8時間とする。
2　始業・終業の時刻及び休憩時間は、次のとおりとする。ただし、業務の都合その他やむを得ない事情により、これらを繰り上げ、又は繰り下げることがある。この場合、　　　前日までに労働者に通知する。

始業・終業時刻	休憩時間
始業　午前　　時　　分	時　　分から　　時　　分まで
終業　午後　　時　　分	

(休日)
第18条　休日は、次のとおりとする。
　①土曜日及び日曜日
　②国民の祝日(日曜日と重なったときは翌日)
　③年末年始(12月　　日～1月　　日)
　④夏季休日(　　月　　日～　　月　　日)
　⑤その他会社が指定する日

2　業務の都合により会社が必要と認める場合は、あらかじめ前項の休日を他の日と振り替えることがある。
(時間外及び休日労働等)
第19条　業務の都合により、第17条の所定労働時間を超え、又は第18条の所定休日に労働させることがある。
2　前項の場合、法定労働時間を超える労働又は法定休日における労働については、あらかじめ会社は労働者の過半数代表者と書面による労使協定を締結するとともに、これを所轄の労働基準監督署長に届け出るものとする。
3　妊娠中の女性、産後1年を経過しない女性労働者(以下「妊産婦」という)であって請求した者及び18歳未満の者については、第2項による時間外労働又は休日若しくは深夜(午後10時から午前5時まで)労働に従事させない。
4　災害その他避けることのできない事由によって臨時の必要がある場合には、第1項から前項までの制限を超えて、所定労働時間外又は休日に労働させることがある。ただし、この場合であっても、請求のあった妊産婦については、所定労働時間外労働又は休日労働に従事させない。

第5章　休暇等

(年次有給休暇)
第20条　採用日から6か月間継続勤務し、所定労働日の8割以上出勤した労働者に対しては、10日の年次有給休暇を与える。その後1年間継続勤務するごとに、当該1年間において所定労働日の8割以上出勤した労働者に対しては、下の表のとおり勤続期間に応じた日数の年次有給休暇を与える。

勤続期間	6か月	1年6か月	2年6か月	3年6か月	4年6か月	5年6か月	6年6か月以上
付与日数	10日	11日	12日	14日	16日	18日	20日

2　前項の規定にかかわらず、週所定労働時間30時間未満であり、かつ、週所定労働日数が4日以下(週以外の期間によって所定労働日数を定める労働者については年間所定労働日数が216日以下)の労働者に対しては、下の表のとおり所定労働日数及び勤続期間に応じた日数の年次有給休暇を与える。

週所定労働日数	1年間の所定労働日数	勤続期間						
		6か月	1年6か月	2年6か月	3年6か月	4年6か月	5年6か月	6年6か月以上
4日	169日～216日	7日	8日	9日	10日	12日	13日	15日
3日	121日～168日	5日	6日	6日	8日	9日	10日	11日
2日	73日～120日	3日	4日	4日	5日	6日	6日	7日
1日	48日～72日	1日	2日	2日	2日	3日	3日	3日

3　第1項又は第2項の年次有給休暇は、労働者があらかじめ請求する時季に取得させる。ただし、労働者が請求した時季に年次有給休暇を取得させることが事業の正常な運営を妨げる場合は、他の時季に取得させることがある。
4　前項の規定にかかわらず、労働者代表との書面による協定により、各労働者の有する年次有給休暇日数のうち5日を超える部分について、あらかじめ時季を指定して取得させることがある。
5　第1項及び第2項の出勤率の算定に当たっては、下記の期間については出勤したものとして取り扱う。
　①年次有給休暇を取得した期間
　②産前産後の休業期間
　③育児休業、介護休業等育児又は家族介護を行う労働者の福祉に関する法律(平成3年法律第76号。以下「育児・介護休業法」という。)に基づく育児休業及び介護休業した期間
　④業務上の負傷又は疾病により療養のために休業した期間
6　付与日から1年以内に取得しなかった年次有給休暇は、付与日から2年以内に限り繰り越して取得することができる。
7　前項について、繰り越された年次有給休暇とその後付与された年次有給休暇のいずれも取得できる場合には、繰り越された年次有給休暇から取得させる。
8　会社は、毎月の賃金計算締切日における年次有給休暇の残日数を、当該賃金の支払明細書に記載して各労働者に通知する。
(以下略)

第9章 就業規則

3 就業規則の作り方

就業規則の作成の注意点

89条関連

労働基準法の規定の注意

> 就業規則は、労働基準法などの法令に違反しないように、かつ労働者が誰が見ても分かるように具体的に定める。

1 就業規則を作る場合の注意事項

就業規則に盛り込むべき事項は法律で決まっていますが、具体的などのような規定を設けるかなかなか面倒な問題です。

2 具体的な注意点

最初に、就業規則の適用範囲を明確に決めることです。いつから、どこの事業場で、誰に対して適用されるのかを明確にしなければなりません。就業規則を変更した場合には変更後の規定の適用開始時期をきちんと決めることです。また、適用対象が正社員（きちんと定義が必要）なのか、パート・アルバイトも含むのかも重要です。

労働時間や休憩、休日や休暇については、まず始業時間と終業時間、そして休憩時間や休憩の取り方（一斉休憩の例外を採用する場合）を規定します。休日は、暦を参照すれば誰にでもわかる明確な決め方をしなければなりません。年次有給休暇を初めとする休暇の制度も、休暇の申請手続まで含めてきちんと決めましょう。

賃金については、賃金の決定方法と計算方法と支払方法を定めます。基本給の決め方や諸手当の種類と金額、有給休暇をとった場合の賃金の計算のしかた、日払い・週払い・月払いの別や支払日（休日にかかった場合も含めて明確に）など、労働者がいついくらもらえるのかを予測できるようにしておくことです。昇給については、その基準（能力、年功など）を示しておきます。

退職については、考えられる退職の原因を予想しながら規定を作る必要があります。定年退職は、定年の年齢とともに、定年に達したその日で退職になるのか、その月の末日なのか等も明確にします。労働者が自分から退職を申し出る場合に、民法では2週間前までに予告すればよく、それ以上の長い期間（たとえば30日）を定めても拘束力はありません。

解雇については、規定のしかたには特に注意が必要です。勤務態度などを理由とする場合は、前提として服務規律をきちんと決めておく必要があります。懲戒解雇については、後に述べるように懲戒についての基本的な体系を整理することが必要です。

退職金制度を採用する場合は、金額の算定方法（基本給に、勤続年数に応じて決められた係数をかけて、退職理由によって金額を調整する、という決め方が多いようですが「ポイント制」を援用している企業も増えています）と支払時期を明確にします。

懲戒事由と処分を決める場合に大事なのは、段階的な処分の体系を定めることです。労働者に非行があっても、その程度に応じた制裁をしつつ反省して行動を改めるチャンスを与えなければなりません。まず軽い処分を発動し、それでも効果がない場合に初めて重い処分を発動することを意識して下さい。よほど重大な理由でないと、いきなり懲戒解雇をするのは困難です。

なお、減給処分について、労働基準法91条で減額できる範囲に制限があります。

就業規則の作成と内容 のしくみ

要旨 就業規則の記載事項は、一定のルールがあり、これに反すると無効となる。(「就業規則のトラブルと問題点」186ページも参照)

使用者

就業規則作成のポイント

- ●就業規則は使用者が作成する
- ●就業規則の記載内容は、一定のルールがある

ポイント①　絶対的記載事項

▶就業規則には、次の事項を必ず記載しなければならない
① 始業及び終業の時刻、休憩時間、休日、休暇並びに労働者を2組以上に分けて交替に就業させる場合は、就業時転換に関する事項
② 賃金(臨時の賃金等を除く。以下この項において同じ。)の決定、計算及び支払の方法、賃金の締切・支払時期・昇給に関する事項
③ 退職に関する事項(解雇の事由を含む)

ポイント②　相対的記載事項

▶定めをおく場合には、次の事項を必ず記載しなければならない
① 退職手当の定めをする場合においては、適用される労働者の範囲、退職手当の決定、計算及び支払の方法並びに退職手当の支払の時期に関する事項
② 臨時の賃金等(退職手当を除く。)及び最低賃金額の定めをする場合においては、これに関する事項
③ 労働者に食費、作業用品その他の負担をさせる定めをする場合においては、これに関する事項
④ 安全及び衛生に関する定めをする場合においては、これに関する事項
⑤ 職業訓練に関する定めをする場合においては、これに関する事項
⑥ 災害補償及び業務外の傷病扶助に関する定めをする場合においては、これに関する事項
⑦ 表彰及び制裁の定めをする場合においては、その種類及び程度に関する事項
⑧ 以上のほか、当該事業場の労働者のすべてに適用される定めをする場合においては、これに関する事項

ポイント③　任意的記載事項

▶上記以外でも、法令または労働協約に反しないものであれば任意に記載することができる

ポイント④　実態と合致

▶就業規則の内容は、事業場の実態と一致したものでなければならない

ポイント⑤　わかりやすい内容

▶就業規則の内容は、わかりやすく、明確なものでなければならない

第9章 就業規則

4 就業規則の作成・周知の手続き

就業規則作成には一定の手順がある

90条・労契11条

> 就業規則は、使用者が勝手に作ってよいというものではなく、労働組合あるいは労働者代表の意見を聞かなければならない。

労働者の代表の意見も聞く

1 就業規則作成の手順

就業規則は使用者が作成するものですが、単に「就業規則」という標題の文書を作ればそれで法律的な効力のある就業規則になるわけではなく、①労働者代表からの意見聴取、②行政官庁への届出、③労働者への周知、という手順を踏まなければなりません。このうち②の行政官庁への届出は既に説明しましたので、ここでは、①の意見聴取と③の周知について説明します。

2 労働者代表からの意見聴取

労働基準法90条1項は、「使用者は、就業規則の作成又は変更について、当該事業場に、労働者の過半数で組織する労働組合がある場合においてはその労働組合、労働者の過半数で組織する労働組合がない場合においては労働者の過半数を代表する者の意見を聴かなければならない。」と規定しています。その事業場の労働者全体の過半数を代表する労働者から意見を聴かなければならないということです。

注意しなければならないのは、労働基準法で義務付けているのは「意見を聴く」ことであり、そこで聴取した意見を採用することまでは要求されていないことです。労働者への影響の大きさからその意見を反映させる機会を保障する、という狙いから考えると、意見聴取そのものはきちんとなされなければなりませんし、その前提として、意見を述べる労働者がその事業場の労働者をきちんと代表していることも必要です。しかし、使用者は、そこで出された意見に拘束されるわけではなく、それを踏まえて使用者自身が就業規則を定めます（労働者との「合意」は必要ではありません）。

労働者の立場に立つと、意見を述べる意味がないように思えます。しかし、職場の声を経営者に伝えて再考を促せば、誠実な経営者であればそれを全く無視することはないでしょうし、労働者も自分の労働条件について自分で考える機会になります。

使用者は、労働基準監督署に就業規則を届け出る際に、労働者から聴取した意見を記載する書面を添付しなければなりません（90条2項）。

3 労働者への周知

就業規則を制定したら、それを労働者に周知しなければなりません（106条1項）。「周知」の方法は一通りだけではなく、作業場への「掲示」や「備付け」、書面の「交付」のほか、磁気情報で記録していつでも見られるようにすることなど、その作業場の実態にあったやり方を選べます。ただ、「周知」というからには、労働者が希望すればいつでもだれでも内容を確認できる方法でなければなりません。たとえば、労務担当の役職者が自分の机の鍵のかかる抽き出しに入れておいて、その人の許可をもらって見る、というような方法では、周知といえるか非常に問題があります。

なお、変更は作成と同じ手続きで行ないます。

就業規則作成の手続き のしくみ

要旨 就業規則は、使用者が作成するが、労働者の代表の意見を聞かなければならず、また、労働基準監督署長に届け出なければならない。

就業規則作成の手続き

1 作成義務
・常時10人以上の労働者を使用する事業場の使用人（常時10人以下でも作成が望まれる）

2 就業規則
・労働条件や職場で守るべき服務規律など
・すべての労働者について定める
・法令や労働協約に反しないこと

3 労働者の代表の意見を聞く
・就業規則の作成・変更では、労働者の代表の意見を聞く必要がある（使用者が上記の意見に拘束されるものではない）

4 労働基準監督署長に提出
・本店・支店等の事業場ごとに、その所在地を管轄する労働基準監督署長に届け出る
・労働者代表の意見書を提出する

5 労働者への周知
・作成した就業規則を労働者に配布したり、各職場に掲げたりして、労働者に周知させる

具体的な就業規則の作成手順

(1) 就業規則案の作成
  ①現在、実施している労働条件、職場規律などを個条書に整理
  ②①の中から就業規則に記載すべき事項を選定
  ③労働条件、職場規律などの内容の具体的な検討
  ④各事項を章別に分類し、条文化
  ⑤条文ごとの見出しの設定
(2) 労働者代表からの意見聴取
(3) 労働者代表からの意見を踏まえての検討
(4) 労働基準監督署長への届出
(5) 労働者への周知

労働基準法の条文

（作成の手続）
第90条① 使用者は、就業規則の作成又は変更について、当該事業場に、労働者の過半数で組織する労働組合がある場合においてはその労働組合、労働者の過半数で組織する労働組合がない場合においては労働者の過半数を代表する者の意見を聴かなければならない。
② 使用者は、前条の規定により届出をなすについて、前項の意見を記した書面を添付しなければならない。
▷労働契約法13条(法令及び労働契約と就業規則との関係)⇨ 14㌻参照

第9章 就業規則 5

就業規則の内容の制限と効力
就業規則の効力と不利益変更

91条～93条・120条、労契12条など

> 就業規則は、法令や労働契約に反してはならないなど、その効力には一定の制約がある。

就業規則を下回る労働契約は無効

1 就業規則の効力関係

労働基準法は就業規則を非常に重要視し、その内容や作成手続について何箇条も費やして規定しています。では、そのようにして定められた就業規則にはどのような法的な効力があるのでしょうか。

まず、就業規則と労働契約の関係について、労働契約法12条（労働基準法93条で引用）は、「就業規則で定める基準に達しない労働条件を定める労働契約は、その部分については無効とする。この場合において無効となつた部分は、就業規則で定める基準による。」と定めています。つまり、就業規則を下回る条件での労働契約はその限度で無効であり、就業規則の水準に引き上げられます。逆に就業規則を上回る条件での労働契約は有効です（労働契約法7条）。

他方で、就業規則と労働協約の関係について、労働基準法92条は、「就業規則は、法令又は当該事業場について適用される労働協約に反してはならない。」「行政官庁は、法令又は労働協約に牴触する就業規則の変更を命ずることができる。」と規定しています。就業規則は使用者が一方的に定めるものであり、使用者が労働組合との合意で定めた労働協約の方が効力が上回るのは当然のことです（就業規則が法令に違反してはならないことは、それ以上に当然のことです）。この場合、就業規則のどこが違法なのかを明確にするために、行政機関が就業規則自体を変更するように命令する権限が与えられています。

2 就業規則の不利益変更

使用者は就業規則を改定することができますが、それによって労働条件が下がってしまう場合があります。そのような「不利益変更」は許されるのでしょうか。

就業規則によって定められた労働条件が時代に合わなくなったり、経営状況が悪化したときには、使用者にとっては、労働条件の水準を切り下げざるを得ない場合があるのは否定できません。しかし、だからといって、無制限に不利益変更が許されるとすれば、労働条件の最低水準を定めるという就業規則の意味がなくなってしまいますし、労使対等という労働基準法の基本精神（2条）にも反することになります。

これついては、労働契約法10条が「変更後の就業規則を労働者に周知させ」かつ「就業規則の変更は、労働者の受ける不利益の程度、労働条件の変更の必要性、変更後の就業規則の内容の相当性、労働組合等との交渉の状況その他の就業規則の変更にかかる事情に照らして合理的なものであるとき」に、就業規則の不利益変更によって労働条件の内容を変更することができると規定しています。この基準が法律の条文に現れたのは労働契約法が初めてですが、採用されている基準そのものは過去の判例から抽出されたもので、労働契約法の制定前から実務の基準となっていたものです。

就業規則の内容の制限と効力 のしくみ

要旨 就業規則の制裁規定には一定の制限があり、また法令・労働協約に反してはならない。

就業規則の規定の制限と効力

労働者

就業規則の規定
├─ 制限
│   ├─ **制裁規定の制限**
│   │   就業規則において減給の制裁を定める場合に限度額がある(91条)
│   │   〔減給の限度額〕
│   │   (1) 1回の額が平均賃金の1日分の2分の1
│   │   (2) 総額が1賃金支払期における賃金総額の10分の1
│   └─ **法令・労働協約に反してはならない**
│   就業規則は、その内容が法令又は当該事業場について適用される労働協約に反してはならない。これらに反する就業規則は、その部分については無効となる(92条)
└─ 効力
    └─ **就業規則の労働条件に達しない労働協約は無効**
        労働契約で、就業規則の基準に達しない労働条件を定めても、その基準に達しない部分は無効となり、就業規則で定める基準による(93条・労契12条)

〔注〕就業規則の不利益変更については、「合理的な理由」がある場合に許されるとするのが判例

労働基準法の条文

(制裁規定の制限)
第91条 就業規則で、労働者に対して減給の制裁を定める場合においては、その減給は、1回の額が平均賃金の1日分の半額を超え、総額が一賃金支払期における賃金の総額の10分の1を超えてはならない。

(法令及び労働協約との関係)
第92条① 就業規則は、法令又は当該事業場について適用される労働協約に反してはならない。
② 行政官庁は、法令又は労働協約に牴触する就業規則の変更を命ずることができる。

(労働契約との関係)
第93条 労働契約と就業規則との関係については、労働契約法(平成19年法律第128号)第12条に定めるところによる。
第120条 次の各号の一に該当する者は、30万円以下の罰金に処する。
 1 ……、第91条、……の規定に違反した者

▷労働契約法10条(就業規則による労働契約の内容の変更)、12条(就業規則違反の労働契約) ⇒ 12・14ﾃ参照

◆就業規則の

■就業規則を作らないとどうなるか？

□1 使用者の就業規則作成義務とは

　一定の小規模な事業場を除き、使用者は、就業規則を作成しなければならないことが義務づけられています（労働基準法89条）。就業規則は、かつては労働者が職場で守るべきルールを規定した服務規律という位置づけだったようですが、現在の法律では、労働時間や休日、賃金、解雇など労働条件の基本的な事項を定めることになっており、使用者側の都合だけで作成されるものではありません。ですから、使用者は、本来はきちんと就業規則を定めて、それを行政官庁に届け出ると共に労働者に周知しなければなりません。

□2 就業規則の効用

　使用者から見た就業規則の最大の効用は、その事業場の労働者全員の労働条件を一律に管理できることです。皆で働く事業場には、始業時間や終業時間のルールがあるでしょうし、残業についてのルールや休日についてのルール、更には、ルール違反があった場合の措置のルールなど、物事の原則的な進め方についての約束事がたくさんあるはずです。これについては、使用者が労働者全員との間で個別的に合意して決めることも理屈の上では可能ですが、全員と合意できないと共通のルールになりませんので、大きな事業場では現実味がありません。

　このような場合に、就業規則で一律に定めておけば、全員がそれに従って行動すればいいわけで、労働条件の管理が容易になりますし、そのルール自体を見直したい場合は就業規則を変更すればいいわけです（ただし、変更には必要な手順を踏まなければなりませんし、労働者に不利益な変更は労働契約法10条の基準（21頁参照）を満たさないと許容されません）。また、もし労働条件の内容についての認識の違いが生じた場合（例えば休憩の取り方、懲戒処分事由など）、就業規則がきちんと定められていれば、使用者は労働条件の内容を簡単に立証することができます。

　使用者としては、就業規則を作っておけば、職場内外に対して労働条件の内容をきちんと主張できる根拠になるわけです。

□3 就業規則がないと困ることがある

　世の現実を眺めてみると、就業規則を作っていないという使用者は少なくありません。もちろん、「常時10人以上の労働者を使用する」という条件に達しない事業所については作成義務はありませんので、就業規則を作らなくても違法ではありませんが、事業が大きくなって雇う人数が増えているのに、忙しさにかまけて就業規則を作らないまま時間が経っている、という使用者もいると思います。

　しかし、それは非常に問題であり、使用者にとって大きな「損」でもあると思ってください。なぜなら、労働条件について争い事が起きると、まず誰もが「就業規則はどうなっているのか」と質問し、就業規則がないと知ると、使用者の言い分を採用してもらうことが困難になってしまうからです。例えば、時間給の従業員との間で着替えの時間が労働時間に入るかが問題になった場合、就業規則できちんと決めておけばいいものを、それを怠ったまま「含まない」（だからその分の賃金は払わない）と労働者に不利な主張を一方的に展開しても、説得力がありません。

　結局、就業規則をきちんと作ることが一番です。

トラブルと問題点

■紛争の種にならない就業規則とは

1 業種・職種を意識した条項

就業規則の作り方についての一般的な注意事項は、「就業規則の作り方」の項目で説明しましたが、ここではもう一歩進んで、トラブルを防ぐための勘所を考えてみましょう。

まず、**業種や職種に合ったルール**を考えることです。例えば、外回りの営業マンの場合、時間外手当を細かく計算しないで「営業手当」などの名目で一律に一定額の手当を上乗せすることがあります。使用者は、その「営業手当」で深夜や休日の時間外労働分を支払っているという意識だと思いますが、その点は、就業規則（個別の労働契約書も重要です）の中で明確になっているかどうか、再確認を要します。事務職や工場労働者だけを念頭に置いた「ひな形」をそのまま使っていないか、調べてみてください。

次に、**賃金の計算方法**をきちんと示しておくことです。使用者は、時間外労働の分のつもりで「○○手当」をつけているからわが社には残業代の未払いはない、と思っているとします。しかし、その「○○手当」の位置づけや金額がきちんと決まっていなくて、しかも時間外労働の量に余り関係なく支給されているとしたら、残業代に代わる手当と見るのは無理がある場合もあります。それどころか、労働者が時間外労働手当を請求してきて、しかもその単価の計算の中に基本給と並んで「○○手当」を含めてきたりすると、「○○手当」が残業代に充当されないどころか、逆に、平均賃金の構成要素に入れられて残業代の単価が増えてしまう、という悲劇にもなりかねません。**手当の性質**をきちんと決めておき、賃金計算に疑義が出ないようにしておく必要があります。

2 懲戒事由の扱い方

就業規則で難しいのは、賞罰、特に懲戒処分事由の決め方です。多くの就業規則では、まず職場で皆が守るべきルールとして、「服務規律」を定めていると思いますが、まずは、その「服務規律」の条項を、業種、職種に合っているかチェックしましょう。例えば、美容など非常に「清潔感」が重視される客商売の場合には、普通の職種なら個人の好みのレベルの問題むような髪型などでも、客に不潔な印象を与えてしまうことがあります。そこで、単に「服装や髪型に気をつけるように」という簡単な規定ではなく、職種に併せてもう少し具体的に規定したほうがいいでしょう。

「経歴詐称」も扱いの難しい懲戒事由です。従業員を採用してから経歴に偽りがあったことがわかった場合、会社としては、経歴によって見込んだ能力や経験のない者を採用させられてしまったことになりますし、そのような大事なことについて嘘をつくような人物は人間としても許し難いところです。そのような事情から「経歴詐称」を懲戒解雇事由にしている就業規則は多いと思います。

しかし、経歴に偽りがあったらそれだけで懲戒解雇が許されるかというと、判例の判断は分かれています。事案にもよることですが、詐称によってどの程度実害が生じたかを考慮することになります。ですので、就業規則の条項を作るときにも、「経歴詐称」は一応懲戒解雇事由に入れつつ、情状により軽い処分にすることがある、などの項目を入れておくことも考えられます。

第10章～第13章

第10章　寄宿舎
第11章　監督機関
第12章　雑則
第13章　罰則

94条～121条

◆この項では、労働基準法の第10章から13章についてその概要について解説した。特に、第13章の罰則については各項目で解説したので、概略を説明するのに留めた。

■「第10章　寄宿舎」の内容

寄宿舎は、経営の必要上相当人数の労働者を宿泊させ共同生活をさせる場所です。労働基準法はこうした寄宿舎を事業附属寄宿舎として捉え、私生活もなく低賃金で非衛生的な環境で働かされた過去の反省から、私生活の自由と寄宿舎生活の自治を保護し、寄宿舎の安全、衛生の最低基準を定めています。

■「第11章　監督機関」の内容

労働基準法の第11章では、労働条件等の労働基準を使用者が守っているかどうかを監督するための機関について規定しています。具体的な監督は労働基準監督官に権限を与え、労働基準を全国的に維持するために厚生労働省直轄で独立の厚生労働省労働基準主管局、都道府県労働局、労働基準監督署を設けています。また、労働基準法や同法に基づく命令違反の場合には、労働者は行政官庁(所轄の監督署長)または労働基準監督官に申告することができます。

■「第12章　雑則」の内容

労働基準法の第12章「雑則」では、国の援助義務、法令等の周知義務、労働者名簿、賃金台帳、記録の保存、命令の制定、賦課金の支払、時効などについて定めています。

■「第13章　罰則」の内容

労働基準法の第13章では「罰則」について定めています。労働基準法所定の手続き違反については30万円以下の罰金刑が主で、人権や健康に関する違反に関しては6か月以下の懲役または30万円以下の罰金が大部分です。なお、最高刑はむりやりに強制労働をさせた場合で、1年以上10年以下の懲役または20万円以上300万円以下の罰金です。

◎労働基準法「第10章〜第13章」の条文の構成

第10章・寄宿舎／第11章・監督機関／第12章・雑則／第13章・罰則

◎第1章	総則	（第1条〜第12条）
◎第2章	労働契約	（第13条〜第23条）
◎第3章	賃金	（第24条〜第31条）
◎第4章	労働時間、休憩、休日及び年次有給休暇	（第32条〜第41条）
◎第5章	安全及び衛生	（第42条〜第55条）
◎第6章	年少者	（第56条〜第64条）
◎第6章の2	妊産婦等	（第64条の2〜第68条）
◎第7章	技能者の養成	（第69条〜第74条）
◎第8章	災害補償	（第75条〜第88条）
◎第9章	就業規則	（第89条〜第93条）

◎第10章　寄宿舎　　（第94条〜第96条の3）

第94条…寄宿舎生活の自治　　第96条…寄宿舎の設備及び安全衛生
第95条…寄宿舎生活の秩序　　第96条の2、3…監督上の行政措置

◎第11章　監督機関　　（第97条〜第105条）

第97条……監督機関の職員等　　第101条〜103条…労働基準監督官の権限
第99条……労働基準主管局長等の権限　　第104条…監督機関に対する申告
第100条…女性主管局長の権限　　第104条の2〜105条…報告等

◎第12章　雑則　　（第105条の2〜第116条）

第105条の2…国の援助義務　　第112条…国及び公共団体についての適用
第106条…法令等の周知義務　　第113条…命令の制定
第107条…労働者名簿　　第114条…付加金の支払
第108条…賃金台帳　　第115条…時効
第109条…記録の保存　　第115条の2…経過措置
第111条…無料証明　　第116条…適用除外

◎第13章　罰則　　（第117条〜第121条）

第117条………1年以上10年以下の懲役又は20万円以上300万円以下の罰金
第118条……1年以下の懲役又は50万円以下の罰金
第119条……6箇月以下の懲役又は30万円以下の罰金
第120条……30万円以下の罰金
第121条……労働基準法違反で処罰される者

第10章 寄宿舎

1 事業の附属寄宿舎についての定め

寄宿舎における私的生活の自由等

94条〜96条の3・119条・120条

私的生活の自由など

▶ タコ部屋といわれた過去の反省から、附属寄宿舎について私的生活の自由、自治を保障し、寄宿舎の安全、衛生の最低基準を定める。

1 事業附属寄宿舎

労働基準法94条は、「使用者は、事業の附属寄宿舎に寄宿する労働者の私生活の自由を侵してはならない。」「使用者は、寮長、室長その他寄宿舎生活の自治に必要な役員の選任に干渉してはならない。」と規定しています。事業の附属寄宿舎というのは、事業経営の必要上その一部として設置され、常態として相当人数の労働者が宿泊し、共同生活の実態を備えたものをいいます。「社員寮」の多くはここでいう事業の附属寄宿舎にあたるでしょう。

事業附属寄宿舎は、住居の必要な労働者にとってはありがたいものですが、事業経営の便宜だけが強調されると労働者の私生活の自由が侵される危険があることは、歴史の教訓でもあります。そこで、労働基準法は、寄宿舎についてのルールを定めていますが、その一番の基本が私生活の自由と自治の尊重です。共同生活の場である以上、一定の決まりは必要ですが、たとえば、外出や外泊を許可制にしたり、面会の自由を過度に制限する行為は、本条に違反すると解されるおそれが大です。

2 事業附属寄宿舎の運営

まず使用者は、「寄宿舎規則」を作成して行政官庁に届け出なければなりません（95条1項）。そして、「寄宿舎規則」には、「起床、就寝、外出及び外泊に関する事項」「行事に関する事項」「食事に関する事項」「安全及び衛生に関する事項」「建設物及び設備の管理に関する事項」を規定しなければなりません。特に、最後の「建設物及び設備の管理に関する事項」を除く4項目については、規則の作成・変更には寄宿舎に寄宿する労働者の過半数を代表する者の同意を得なければなりません（95条2項）。就業規則の作成・変更に類似しますが、単に意見を聴くだけでなく、同意を得なければならないことになっています。

「建設物及び設備の管理に関する事項」が同意が必要な事項から除かれているのは、使用者の施設管理権が理由ですが、注意を要するのは、施設管理権の名の下に事実上労働者の自治や組合活動を制限するような取扱いは、違法とされる可能性が高いことです。また使用者は、事業の附属寄宿舎について、労働者の健康、風紀及び生命の保持に必要な措置」を講じることを義務付けられています（96条）。

寄宿舎の安全衛生については、労働基準法は特に気を配っており、安全衛生が確保されない危険がある場合に、行政官庁に一定の強制権限を付与しています。まず、一定の例外を除いて、事業の附属寄宿舎の設置・移転・変更の場合に、安全衛生上必要な場合は、工事を差し止めたり経過の変更を命じたりできます（96条の2）。また、すでに出来上がった附属寄宿舎について安全衛生の基準に反する事実が判明したときは、使用停止を命じることができます（96条の3）。

寄宿舎についての規定 のしくみ

事業附属寄宿舎は、社宅と異なり、事業経営の必要上、その一部として設立され、相当人数の労働者が共同生活をする宿泊場である。

寄宿舎に関する規定

寄宿生活の自治
・私生活の自由の保障
・使用者は寄宿者の役員の選任には干渉できない

寄宿生活の秩序
・使用者は、法定の事項を記載した寄宿舎規則を作成し、行政官庁に届け出る

寄宿舎の設備・安全衛生
・寄宿舎は、排気・採光など、一定の必要な措置を講じなければならない

監督上の行政措置
・法定された一定の寄宿舎の設置等では、行政官庁への届出が必要である

労働基準法の条文

（寄宿舎生活の自治）
第94条①使用者は、事業の附属寄宿舎に寄宿する労働者の私生活の自由を侵してはならない。
② 使用者は、寮長、室長その他寄宿舎生活の自治に必要な役員の選任に干渉してはならない。

（寄宿舎生活の秩序）
第95条① 事業の附属寄宿舎に労働者を寄宿させる使用者は、左（下）の事項について寄宿舎規則を作成し、行政官庁に届け出なければならない。これを変更した場合においても同様である。
　1　起床、就寝、外出及び外泊に関する事項
　2　行事に関する事項
　3　食事に関する事項
　4　安全及び衛生に関する事項
　5　建設物及び設備の管理に関する事項
② 使用者は、前項第1号乃至第4号の事項に関する規定の作成又は変更については、寄宿舎に寄宿する労働者の過半数を代表する者の同意を得なければならない。
③ 使用者は、第1項の規定により届出をなすについて、前項の同意を証明する書面を添附しなければならない。
④ 使用者及び寄宿舎に寄宿する労働者は、寄宿舎規則を遵守しなければならない。

（寄宿舎の設備及び安全衛生）
第96条① 使用者は、事業の附属寄宿舎について、換気、採光、照明、保温、防湿、清潔、避難、定員の収容、就寝に必要な措置その他労働者の健康、風紀及び生命の保持に必要な措置を講じなければならない。
② 使用者が前項の規定によつて講ずべき措置の基準は、厚生労働省令で定める。

（監督上の行政措置）
第96条の2 使用者は、常時10人以上の労働者を就業させる事業、厚生労働省令で定める危険な事業又は衛生上有害な事業の附属寄宿舎を設置し、移転し、又は変更しようとする場合においては、前条の規定に基づいて発する厚生労働省令で定める危害防止等に関する基準に従い定めた計画を、工事着手14日前までに、行政官庁に届け出なければならない。
② 行政官庁は、労働者の安全及び衛生に必要であると認める場合においては、工事の着手を差し止め、又は計画の変更を命ずることができる。
第96条の3① 労働者を就業させる事業の附属寄宿舎が、安全及び衛生に関し定められた基準に反する場合においては、行政官庁は、使用者に対して、その全部又は一部の使用の停止、変更その他必要な事項を命ずることができる。
② 前項の場合において行政官庁は、使用者に命じた事項について必要な事項を労働者に命ずることができる。
第119条　次の各号の一に該当する者は、これを6箇月以下の懲役又は30万円以下の罰金に処する。
　1　……第94条第2項、第96条……の規定に違反した者
　2　……第96条の2第2項又は第96条の3第1項の規定による命令に違反した者
第120条　次の各号の一に該当する者は、30万円以下の罰金に処する。
　1　……第95条第1項若しくは第2項、第96条の2第1項、……の規定に違反した者
　3　……第96条の3第2項の規定による命令に違反した者

第11章 監督機関

1 監督組織はどうなっているか

労働行政と労働基準監督官

97条〜100条・120条

▶ 労働基準監督機関の構成は、厚生労働省に労働基準主管局、都道府県に労働局および労働基準監督署に労働基準監督官を置いている。

トップは厚生労働大臣

1 監督機関の必要性

労働基準法は、労働者の労働条件の下限を定めて使用者にその遵守を義務付け、労働者の生活を保障しようとしています。しかし、それでも使用者が労働基準法を守らないことが少なくありません。その原因は様々であり、そもそもルールを知らなかったり、知っていても経営が苦しくて守れなかったり、個人的な感情でルールを破ったりなど、いろいろ考えられますが、どれも理由にならないのはもちろんです。しかし、単にルールを定めただけでは、労使の力関係によっては労働者が告発できないことになり、法律の規定は実効性を失います。そこで、労働基準法は、行政官庁を監督機関と位置づけて、それに監督権限を与えてルール違反を取り締まろうとしたものです。

2 監督機関の概要

労働基準法97条1項及び2項は、「労働基準主管局(中略)、都道府県労働局及び労働基準監督署に労働基準監督官を置くほか、厚生厚生労働省令で定める必要な職員を置くことができる。」「労働基準主管局の局長(中略)、都道府県労働局長及び労働基準監督署長は、労働基準監督官をもつてこれに充てる。」と規定しています。これは、中央と地方に監督機関を置き、「労働基準監督官」という資格を有する者が監督業務に従事することを定めたものです。労働基準監督官は試験あるいは一定の者からの選考によって任命され、他の行政官よりも手厚く身分が保障されています(97条3項及び5項)。この結果、厚生労働省の大臣であっても、労働基準監督官を勝手に任免できないことになり、政治の介入に歯止めがかかることになっています。

労働基準法99条は、それぞれの監督機関の権限と職責を定めています。すなわち、労働基準主管局長は、厚生労働大臣の指揮監督のもとで、労働基準に関する法令の制定改廃、労働基準監督官の任免教養、監督方法についての規程の制定及び調整などの業務を行います(99条1項)。また、都道府県労働局長は、労働基準主管局長の指揮監督のもとで、管内の労働基準監督署長を指揮監督して、監督方法の調整に関する事項等をつかさどります(99条2項)。更に、労働基準監督署長は、都道府県労働局長の指揮監督のもとで、労働基準法に基づく臨検、尋問、許可、認定、審査、仲裁等を実行します。指揮監督の系統は上命下達の体制になっていますが、中央の政治的な意向が直接現場に影響を及ぼし過ぎないように、という配慮もなされてます。

労働基準法100条は、厚生労働省の女性主管局長に対して、労働基準法の中で女性に特殊な規定に関わる分野をつかさどることを規定しています。女性に特殊な規定にはいろいろありますが、それに専念する係官を置いて、特に女性労働者の立場を保護しようとしたものです。

労働行政のしくみ

要旨 労働行政の機関には、厚生労働大臣をトップに、厚生労働省労働基準主管局、都道府県労働局、労働基準監督署がある。

労働基準法の条文
（監督機関の職員等）
第97条① 労働基準主管局（厚生労働省の内部部局として置かれる局で労働条件及び労働者の保護に関する事務を所掌するものをいう。以下同じ。）、都道府県労働局及び労働基準監督署に労働基準監督官を置くほか、厚生労働省令で定める必要な職員を置くことができる。
② 労働基準主管局の局長（以下「労働基準主管局長」という。）、都道府県労働局長及び労働基準監督署長は、労働基準監督官をもつてこれに充てる。
③ 労働基準監督官の資格及び任免に関する事項は、政令で定める。
④ 厚生労働省に、政令で定めるところにより、労働基準監督官分限審議会を置くことができる。
⑤ 労働基準監督官を罷免するには、労働基準監督官分限審議会の同意を必要とする。
⑥ 前２項に定めるもののほか、労働基準監督官分限審議会の組織及び運営に関し必要な事項は、政令で定める。

（労働基準主管局長等の権限）
第99条① 労働基準主管局長は、厚生労働大臣の指揮監督を受けて、都道府県労働局長を指揮監督し、労働基準に関する法令の制定改廃、労働基準監督官の任免教養、監督方法についての規程の制定及び調整、監督年報の作成並びに労働政策審議会及び労働基準監督官分限審議会に関する事項（労働政策審議会に関する事項については、労働条件及び労働者の保護に関するものに限る。）その他の法律の施行に関する事項をつかさどり、所属の職員を指揮監督する。
② 都道府県労働局長は、労働基準主管局長の指揮監督を受けて、管内の労働基準監督署長を指揮監督し、監督方法の調整に関する事項その他この法律の施行に関する事項をつかさどり、所属の職員を指揮監督する。
③ 労働基準監督署長は、都道府県労働局長の指揮監督を受けて、この法律に基く臨検、尋問、許可、認定、審査、仲裁その他この法律の実施に関する事項をつかさどり、所属の職員を指揮監督する。
④ 労働基準主管局長及び都道府県労働局長は、下級官庁の権限を自ら行い、又は所属の労働基準監督官をして行わせることができる。

（女性主管局長の権限）
第100条① 厚生労働省の女性主管局長（厚生労働省の内部部局として置かれる局で女性労働者の特性に係る労働問題に関する事務を所掌するものの局長をいう。以下同じ。）は、厚生労働大臣の指揮監督を受けて、この法律中女性に特殊の規定の制定、改廃及び解釈に関する事項をつかさどり、その施行に関する事項については、労働基準主管局長及びその下級の官庁の長に勧告を行うとともに、労働基準主管局長が、その下級の官庁に対して行う指揮監督について援助を与える。
② 女性主管局長は、自ら又はその指定する所属官吏をして、女性に関し労働基準主管局若しくはその下級の官庁又はその所属官吏の行つた監督その他に関する文書を閲覧し、又は閲覧せしめることができる。
③ 第101条及び第105条の規定は、女性主管局長又はその指定する所属官吏が、この法律中女性に特殊の規定の施行に関して行う調査の場合に、これを準用する。

（労働基準監督官の権限）
第120条 次の各号の一に該当する者は、30万円以下の罰金に処する。
4 第101条（第100条第３項において準用する場合を含む。）の規定による労働基準監督官又は女性主管局長若しくはその指定する所属官吏の臨検を拒み、妨げ、若しくは忌避し、その尋問に対して陳述をせず、若しくは虚偽の陳述をし、帳簿書類の提出をせず、又は虚偽の記載をした帳簿書類の提出をした者

第11章 監督機関

2 労働基準監督官の権限と職務

労働基準監督官

102条～103・105条・120条

労働基準監督官は事業場等の臨検、書類提出を求め、使用者・労働者に対し尋問を行い、労働基準法違反では司法警察官の職務を行う。

司法警察官の職務も行う

1 労働基準監督官とは

労働基準法が規定している監督機関には、「労働基準監督官」が充てられます（97条2項）。労働基準監督官は労働基準法の実施状況を監督する専門の官職で、その任務の重要性を考慮して、普通の公務員にはない特別な権限が与えられています。

2 労働基準監督官の権限と職責

労働基準法101条1項は、「労働基準監督官は、事業場、寄宿舎その他の附属建設物に臨検し、帳簿及び書類の提出を求め、又は使用者若しくは労働者に対して尋問を行うことができる。」と規定しています。労働基準法の定めるルールがきちんと守られているかどうか監督するためには、まず事実関係を調査して何が起きているのかを素早く正しく把握しなければなりませんが、それには、事業場や寄宿舎に直接出向いて実地検証し、帳簿や書類の提出を求め、関係者を尋問するという方法が一番有効です。労働基準監督官がこのような調査に乗り出すきっかけそのものは、労働者からの申告（密告の場合もあるでしょう）であることが多いと思われますが、きっかけは何であれ、違反の疑いがあることを知った以上は、労働基準監督官はきちんと調査をしなければなりません。そして、調査の結果、違反の事実が認められれば、直ちに是正を勧告することになります。

労働基準法102条は、「労働基準監督官は、この法律違反の罪について、刑事訴訟法に規定する司法警察官の職務を行う。」と規定しています。労働基準法は、主として使用者に対して、所定のルールを守らない場合に対する制裁として数多くの罰則規定をおいています（200㌻にまとめておきました）。使用者の違反行為が労働基準法所定の罰則対象となる場合は、違反の疑いは即「犯罪」の嫌疑です。犯罪の嫌疑がある場合は警察官に申告して捜査してもらうのが普通ですが、労働基準法は、労働基準法違反の罪に限っては、労働基準監督官自身に捜査の権限を認めました。専門知識と労働現場の実情に詳しい労働基準監督官ならば、犯罪の捜査も自らやってもらう方が有効だからです。司法警察職員の仕事をするのですから、逮捕などの強制捜査も可能であることに留意して下さい。

労働基準法103条は、「労働者を就業させる事業の附属寄宿舎が、安全及び衛生に関して定められた基準に反し、且つ労働者に急迫した危険がある場合においては、労働基準監督官は、第96条の3の規定による行政官庁の権限を即時に行うことができる。」と規定しています。事業附属寄宿舎については、安全衛生の規定に違反している場合には労働基準監督署長に使用停止など強制権限が認められていますが（96条の3）、中でも労働者への危険が差し迫っている場合は、労働基準監督署長の権限の発動を待たず、労働基準監督官自身が同じ処分を行うことが認められています。

労働基準監督官の権限と義務 のしくみ

要旨 労働基準監督官は、都道府県労働局および労働基準監督署において、労働基準法の実施状況をつかさどる専門官である。

労働基準監督官

労働基準監督官は、主に労働基準監督官採用試験合格者より任用される

労働基準監督官

権限

1. 事業所・寄宿舎等を臨検する
2. 帳簿・書類の提出を求める
3. 使用者もしくは労働者の尋問
4. 労働基準法違反があれば、司法警察官の職務を行う
5. 附属寄宿舎が安全衛生の基準に反し、急迫した危険がある場合には行政官庁の権限を即時に行える

→ 具体的には、労働基準法違反(犯罪)の捜査。逮捕などの強制捜査も可能

義務

1. 職務上知り得た秘密を漏らしてはならない(退官後も同様)

〔労働相談コーナー〕
平成13年10月から個別労働紛争解決法の施行に伴い、各地の労働局・労働基準監督署等に総合労働相談コーナが開設されました。総合労働相談コーナーでは、労働条件、いじめ・嫌がらせ、女性労働問題、募集採用、職場環境を含む労働問題に関するあらゆる分野の相談を専門相談員が面談あるいは電話で受けています。相談料は不要です。

労働基準法の条文

第101条① 労働基準監督官は、事業場、寄宿舎その他の附属建設物に臨検し、帳簿及び書類の提出を求め、又は使用者若しくは労働者に対して尋問を行うことができる。
② 前項の場合において、労働基準監督官は、その身分を証明する証票を携帯しなければならない。
第102条 労働基準監督官は、この法律違反の罪について、刑事訴訟法に規定する司法警察官の職務を行う。
第103条 労働者を就業させる事業の附属寄宿舎が、安全及び衛生に関して定められた基準に反し、且つ労働者に急迫した危険がある場合においては、労働基準監督官は、第96条の3の規定による行政官庁の権限を即時に行うことができる。
(労働基準監督官の義務)
第105条 労働基準監督官は、職務上知り得た秘密を漏してはならない。労働基準監督官を退官した後においても同様である。
第120条 次の各号のいずれかに該当する者は、30万円以下の罰金に処する。
1 ……、第105条(第100条第3項において準用する場合を含む。)、……の規定に違反した者

第11章 監督機関

3 労働基準法違反の申告と必要事項の報告

労働基準法違反と労働者の対応

104条～104条の2・119条

> 労働基準法違反があった場合、労働者は行政官庁・労働基準監督官に申告ができ、このことで解雇等の不利益扱いは禁止されている。

使用者に違反があれば申告

1 申告の重要性

労働基準法では、労働基準法に違反する事実があった場合には、労働基準監督署長や労働基準監督官が調査した上で使用者に違反行為の是正を求める権限を付与しています。しかし、すべての始まりは労働基準法に違反する事実（あるいはその疑い）を認知することです。労働現場で何が行われているのかについては、外から観察しただけではわからないことが多く、内部の関係者、ことに労働者の申告があって初めてわかる場合がほとんどです。そこで、労働基準法は、労働者に違反事実を申告する権利があることを確認するとともに、申告によって労働者が不利益を受けないように保護する規定を置いています。

2 申告と調査

労働基準法104条1項は、「事業場に、この法律又はこの法律に基いて発する命令に違反する事実がある場合においては、労働者は、その事実を行政官庁又は労働基準監督官に申告することができる。」と規定しています。労働基準法違反によって一番迷惑を被るのは労働者自身ですから、労働者が違反事実の申告ができるのは本来当然のことなのですが、使用者が申告を妨害したり、あるいは、労働者自身がいろいろな理由から申告を躊躇することで、違反事実が明るみに出ない危険があります。そこで、法律でそのような申告ができることを明確に定めたわけです。

労働基準法104条2項は、「使用者は、前項の申告をしたことを理由として、労働者に対して解雇その他不利益な取扱をしてはならない。」と規定しています。労働者の申告によって、使用者は、行政官庁の調査を受け、是正勧告を受け、場合によっては犯罪の被疑者として捜査の対象になります。更には、労働者の犠牲のもとに不当な利益を得てきた使用者は、その利益を奪われてしまうことになります。このような場合に使用者が労働者を逆恨みして不利益な処分をすることがあり得るのは、想像に難くありません。そのような報復に等しい行為を禁止しないと、申告によって是正の端緒を得るという監督機関の活動が実効性を持たなくなるので、法律でこのような規定をおいたのです。

この規定で禁止されているのは「申告をしたことを理由として」不利益処分をすることですが、問題になるのは、表面的には別の理由をつけて不利益な処分をした場合に、実は申告に対する報復ではないか、と疑われるケースです。もし争いになった場合、使用者はその不利益処分が正当であることを立証しなければなりません。ただ、本当に申告と関係なく労働者自身の違反行為を理由とした不利益処分であるなら、その労働者自身の違反行為やそれに対して使用者として注意を促した事実がきちんと残っているはずですから、それを根拠に正当性を主張する以外にないでしょう。

労働基準法と労働者の対応 のしくみ

要旨 労働基準法等の違反があった場合、労働者は行政官庁または労働基準監督署に申告できる。

労働基準法違反と申告

使用者

労働者

労働基準法違反
・労働条件が労働基準法の基準に満たない
・適法(相当)でない解雇など

報告または出頭命令
※調査の上、違反行為の是正を求める

違反事実を申告

行政官庁・労働基準監督署

申告を理由に不利益な取扱いをしてはならない

※労働基準法違反で、使用者が処罰されることもある

労働基準法の条文

(監督機関に対する申告)
第104条① 事業場に、この法律又はこの法律に基いて発する命令に違反する事実がある場合においては、労働者は、その事実を行政官庁又は労働基準監督官に申告することができる。
② 使用者は、前項の申告をしたことを理由として、労働者に対して解雇その他不利益な取扱をしてはならない。

(報告等)
第104条の2① 行政官庁は、この法律を施行するため必要があると認めるときは、厚生労働省令で定めるところにより、使用者又は労働者に対し、必要な事項を報告させ、又は出頭を命ずることができる。
② 労働基準監督官は、この法律を施行するため必要があると認めるときは、使用者又は労働者に対し、必要な事項を報告させ、又は出頭を命ずることができる。

第119条 次の各号のいずれかに該当する者は、これを6箇月以下の懲役又は30万円以下の罰金に処する。
5 第104条の2の規定による報告をせず、若しくは虚偽の報告をし、又は出頭しなかつた者

第12章 雑則

1 雑則の定めについての概要

労働基準に関するその他の諸問題の規定

105条の2～116条

雑則という名目で、さまざまな規定を置いている。内容は手続きや適用関係が主であるが、付加金の支払のような実体的規定もある。

使用者の義務などの定め

1 雑則とは

労働基準法は、「雑則」というタイトルで1つの章を設けて、他の章に分類しにくい規定を集めています。その中には、労働者の労働条件に大きな影響を及ぼすものも含まれていますので、以下では重要なものを説明していきます。

2 主要な規定

労働基準法106条は、使用者に対して、一定の事項について所定の方法で労働者に周知させることを義務づけています。周知させるべき事項は多岐にわたり、「労働基準法及びこれに基づく命令の要旨」「就業規則」という基本的なルールのほか、労働条件の特則を定める労使の協定（貯蓄金管理、賃金の一部控除、変形労働事件、休憩時間、時間外労働・休日労働（三六協定）、みなし労働時間、裁量労働制、計画年休、年次有給休暇中の賃金）や、労使委員会の決議などが周知の対象になります。周知の方法は、「常時各作業場の見やすい場所へ掲示し、又は備え付けること、書面を交付すること」やその他の厚生労働省令で定める方法（磁気情報にアクセスする方法等）によることが規定されています。

労働基準法107条と108条は、使用者に対して、労働者名簿と賃金台帳を作成することを義務付けています。労働者名簿は、個別の労働者の入社時期や業務内容などの情報を管理するとともに、労働者の人数によって適用される規定がある場合にはその人数管理の基礎になります。また、賃金台帳は、賃金自体の額や計算期間だけでなく、労働日数（年次有給休暇の日数も含むと考えて下さい）や労働時間数も記載することになっています。

労働基準法109条は、重要な書類を3年間保存することを義務付けています。

労働基準法114条は、「付加金」という独特の制度を定めています。これは、使用者が労働者に対して金銭を支払う義務を怠った場合に、その未払金額そのものの他に、それと同額の付加金を上乗せして支払わせる制度で、解雇予告手当（20条）、休業手当（26条）、割増賃金（37条）、年次有給休暇中の賃金（39条）が対象になります。違反をすると二重払いをさせられる、というわかりやすい「制裁金」の制度であり、刑事罰として科される罰金とも異なる経済的な痛手を使用者に味わわせて、違反を許さないことが狙いです。

労働基準法115条は、労働基準法上の労働者の請求権について、時効で消滅する期間を規定しています。それによると、「賃金（退職手当を除く。）、災害補償その他の請求権」は2年間、「退職手当の請求権」は5年間で時効消滅します。民法の規定では賃金は1年間で時効にかかることになっていますが（民法174条）、労働基準法が適用される労働者については、この規定で時効期間が延長されたことになります。

◎労働基準法「第12章　雑則」の条文

(国の援助義務)
第105条の2　厚生労働大臣又は都道府県労働局長は、この法律の目的を達成するために、労働者及び使用者に対して資料の提供その他必要な援助をしなければならない。

(法令等の周知義務)
第106条① 使用者は、この法律及びこれに基づく命令の要旨、就業規則、第18条第2項、第24条第1項ただし書、第32条の2第1項、第32条の3、第32条の4第1項、第32条の5第1項、第34条第2項ただし書、第36条第1項、第38条の2第2項、第38条の3第1項並びに第39条第5項及び第6項ただし書に規定する協定並びに第38条の4第1項及び第5項に規定する決議を、常時各作業場の見やすい場所へ掲示し、又は備え付けること、書面を交付することその他の厚生労働省令で定める方法によつて、労働者に周知させなければならない。

② 使用者は、この法律及びこの法律に基いて発する命令のうち、寄宿舎に関する規定及び寄宿舎規則を、寄宿舎の見易い場所に掲示し、又は備え付ける等の方法によつて、寄宿舎に寄宿する労働者に周知させなければならない。

(労働者名簿)
第107条① 使用者は、各事業場ごとに労働者名簿を、各労働者(日日雇い入れられる者を除く。)について調製し、労働者の氏名、生年月日、履歴その他厚生労働省令で定める事項を記入しなければならない。

② 前項の規定により記入すべき事項に変更があつた場合においては、遅滞なく訂正しなければならない。

(賃金台帳)
第108条　使用者は、各事業場ごとに賃金台帳を調製し、賃金計算の基礎となる事項及び賃金の額その他厚生労働省令で定める事項を賃金支払の都度遅滞なく記入しなければならない。

(記録の保存)
第109条　使用者は、労働者名簿、賃金台帳及び雇入、解雇、災害補償、賃金その他労働関係に関する重要な書類を3年間保存しなければならない。

(無料証明)
第111条　労働者及び労働者になろうとする者は、その戸籍に関して戸籍事務を掌る者又はその代理者に対して、無料で証明を請求することができる。使用者が、労働者及び労働者になろうとする者の戸籍に関して証明を請求する場合においても同様である。

(国及び公共団体についての適用)
第112条　この法律及びこの法律に基いて発する命令は、国、都道府県、市町村その他これに準ずべきものについても適用あるものとする。

(命令の制定)
第113条　この法律に基いて発する命令は、その草案について、公聴会で労働者を代表する者、使用者を代表する者及び公益を代表する者の意見を聴いて、これを制定する。

(付加金の支払)
第114条　裁判所は、第20条、第26条若しくは第37条の規定に違反した使用者又は第39条第7項の規定による賃金を支払わなかつた使用者に対して、労働者の請求により、これらの規定により使用者が支払わなければならない金額についての未払金のほか、これと同一額の付加金の支払を命ずることができる。ただし、この請求は、違反のあつた時から2年以内にしなければならない。

(時効)
第115条　この法律の規定による賃金(退職手当を除く。)、災害補償その他の請求権は2年間、この法律の規定による退職手当の請求権は5年間行わない場合においては、時効によつて消滅する。

(経過措置)
第115条の2　この法律の規定に基づき命令を制定し、又は改廃するときは、その命令で、その制定又は改廃に伴い合理的に必要と判断される範囲内において、所要の経過措置(罰則に関する経過措置を含む。)を定めることができる。

(適用除外)
第116条① 第1条から第11条まで、次項、第117条から第119条まで及び第121条の規定を除き、この法律は、船員法(昭和22年法律第100号)第1条第1項に規定する船員については、適用しない。

② この法律は、同居の親族のみを使用する事業及び家事使用人については、適用しない。

第120条　次の各号のいずれかに該当する者は、30万円以下の罰金に処する。
1 ……、第106条から第109条までの規定に違反した者　　　　　　　　　　　　　　(以下略)

第13章 罰則

1 労働基準法違反と罰則

労働基準法違反には罰則がある

117条～121条

労働基準法違反の事件は多く、監督責任者をすべて使用者として捉えて処罰されるので注意を要する。

一番重い違反は強制労働

1 労働基準法違反での重い罰則

労働基準法は、主として使用者に対して様々な罰則を規定しています。それぞれの項目の中で説明したところもありますが、ここで主なものまとめて整理しておきます。

一番重い刑罰（1年以上10年以下の懲役または20万円以上300万円以下の罰金）を科されるのは、強制労働をさせた場合です。

次に重い刑罰（1年以下の懲役または50万円以下の罰金）を科されるのは、就職の世話にあたっての「ピンハネ」行為や15歳未満の児童を使用した場合等です。

2 6か月以下の懲役または30万円以下の罰金

この次に、6か月以下の懲役または30万円以下の罰金を科される行為は、㋐労働条件についての差別、㋑公民権行使の妨害、㋒違約金等の取り決め、㋓前借金の賃金からの控除、㋔労働契約に付随して貯蓄などの契約を結ばせた場合、㋕解雇禁止期間中の解雇、㋖解雇予告手当や予告期間の規定違反、㋗ブラックリストの作成、㋘労働時間の規定違反、㋙休憩時間や年次有給休暇を与えなかった場合、㋚休日を規定どおりに与えなかった場合、㋛危険な労働に長時間の時間外労働をさせた場合、㋜割増賃金の不払い、㋝18歳未満の者の深夜業の時間制限違反、㋞18歳未満の者に危険有害業務をさせた場合、㋟女性の労働時間等の規定を守らなかった場合、㋠妊産婦の就業制限違反、㋡産休・育休の不付与、㋢技術者に所定の有給休暇を与えなかった場合、㋣業務上の負傷や病気に対する補償の不履行、㋤業務上の死亡に対する必要な給付の不履行、㋥寄宿舎の役員選任への干渉、㋦寄宿舎に安全衛生措置を講じなかった場合、㋧労働基準法違反の事実を申告した労働者に対する不利益扱いがこれに該当します。また、一定の場合に労働基準監督署長が発する命令に従わなかったときも、同様の刑罰が科されます。

これらの行為には「懲役」刑があることに注意して下さい。つまり、非常に悪質な場合は、刑務所に入れられることがあるということです。休み（休憩、休暇、休日）を与えなかったり、割増賃金を支払わなかったりすると、犯罪行為として捜査が始まり、その結果、使用者が逮捕されたり、刑務所に入れられたりする場合がある、など全く知らない使用者はこの機会に認識して下さい。

3 30万円以下の罰金

最後に、30万円以下の罰金が科される行為が多数規定されています（詳細は次の図表を参照して下さい）。懲役刑を科される行為ほど悪質ではないが、使用者のルール違反を広く取り締まる精神は一環しています。

◎労働基準法「第13章 罰則」の内容

◎1年以上10年以下の懲役又は20万円以上300万円以下の罰金⇒第117条
・第5条(強制労働の禁止)の規定違反

◎1年以下の懲役又は50万円以下の罰金⇒第118条
・6条（中間搾取の排除）の規定違反
・56条(最低年齢)の規定違反
・63条(坑内労働の禁止)の規定違反
・64条の2(女性の坑内労働の就業制限)の規定違反
・70条(職業訓練に関する特例)同規定に基づいて発する厚生労働省令(63条又は64条の2の規定に係る部分に限る。)の規定違反

◎6か月以下の懲役又は30万円以下の罰金⇒第119条
・3条 （均等待遇）の規定違反
・4条 （男女同一賃金の原則）の規定違反
・7条 （公民権行使の保障）の規定違反
・16条(賠償予定の禁止)の規定違反
・17条(前借金相殺の禁止)の規定違反
・18条(強制貯金の禁止)1項の規定違反
・19条(解雇制限)の規定違反
・20条(解雇の予告)の規定違反
・22条(退職時の証明)4項の規定違反
・32条(労働時間)の規定違反
・34条(休憩)の規定の規定違反
・35条(休日)の規定違反
・36条(時間外及び休日の労働)1項ただし書の規定違反
・37条(時間外、休日又は深夜の割増賃金)の規定違反
・39条(年次有給休暇)の規定違反
・61条(年少者の深夜業)の規定違反
・62条(年少者の危険有害業務の就業制限)の規定違反
・64条の3(女性の危険有害業務の就業制限)の規定違反
・65条(産前産後)、66条(同)の規定違反
・67条(育児時間)の規定違反
・72条(職業訓練に関する特例)の規定違反
・75条(療養補償)の規定違反
・76条(休業補償)の規定違反
・77条(障害補償)の規定違反
・79条(遺族補償)の規定違反
・80条(葬祭料)の違反規定
・94条(寄宿舎生活の自治)2項の規定違反
・96条の3(寄宿舎の設備及び安全衛生)第1項の規定違反
・104条(監督機関に対する申告)2項の規定違反
・33条(災害等による臨時の必要がある場合の時間外労働等)2項規定の命令違反、96条の2(監督上の行政措置)2項規定の命令違反
・96条の3(寄宿舎の設備及び安全衛生)1項規定の命令違反
・40条(労働時間及び休憩の特例)の規定に基づいて発する厚生労働省令違反
・70条(職業訓練に関する特例)の規定に基づいて発する厚生労働省令(62条又は64条の3の規定に係る部分に限る。)違反

◎30万円以下の罰金⇒第120条
・14条(契約期間等)の規定違反
・15条(労働条件の明示)1項若しくは3項の規定違反
・18条(強制貯金)7項の規定違反
・22条(退職時等の証明)1項から3項までの規定違反
・23条(金品の返還)の規定違反
・24条(賃金の支払)の規定違反
・25条(非常時払)の規定違反
・26条(休業手当)の規定違反
・27条(出来高払制の保障給)の規定違反
・32条の2(労働時間)2項(32条の3第4項、32条の4第4項及び32条の5第3項において準用する場合を含む。)の規定違反
・32条の5(労働時間)2項の規定違反
・33条(災害等による臨時の必要がある場合の時間外労働等)1項ただし書の規定違反、38条の2(時間計算)3項(38条の3第2項において準用する場合を含む。)の規定違反
・57条(年少者の証明書)の規定違反
・58条(未成年の労働契約)の規定違反
・59条(未成年の労働契約)の規定違反
・64条(帰郷旅費)の規定違反
・68条(生理日の就労が著しく困難な女性に対する措置)の規定違反
・89条(作成及び届出の義務)の規定違反
・90条(作成の手続き)1項の規定違反
・91条(制裁規定の制限)の規定違反
・95条(寄宿生活の秩序)1項若しくは2項の規定違反
・96条の2(寄宿舎の設備及び安全衛生)1項の規定違反
・105条(労働基準監督官の義務、100条3項において準用する場合を含む。)の規定違反
・106条(法令等の周知義務)の規定違反
・107条(労働者名簿)の規定違反
・108条(賃金台帳)の規定違反
・109条(記録の保存)の規定違反

・70条(職業訓練に関する特例)の規定に基づいて発する厚生労働省令(14条の規定に係る部分に限る。)に違反した者
・92条(法令及び労働契約との関係)2項の規定の命令違反
・96条の3(監督上の行政措置)2項の規定による命令違反
・101条(労働基準監督官の権限、100条〈女性主管局長の権限〉3項において準用する場合を含む。)の規定による労働基準監督官又は女性主管局長若しくはその指定する所属官吏の臨検を拒み、妨げ、若しくは忌避し、その尋問に対して陳述をせず、若しくは虚偽の陳述をし、帳簿書類の提出をせず、又は虚偽の記載をした帳簿書類の提出をした者
・第104条の2(報告等)の規定による報告をせず、若しくは虚偽の報告をし、又は出頭しなかった者

◆労働基準法の附則別表

■**別表第1** 第33条（災害等による臨時の必要がある場合の時間外等）3項、第40条（労働時間及び休憩の特例）1項、第41条（労働時間等に関する規定の適用除外）1号、第56条（最低年齢）2項、第61条（深夜業）4項関係

1　物の製造、改造、加工、修理、洗浄、選別、包装、装飾、仕上げ、販売のためにする仕立て、破壊若しくは解体又は材料の変造の事業（電気、ガス又は各種動力の発生、変更若しくは伝導の事業及び水道の事業を含む。）
2　鉱業、石切り業その他土石又は鉱物採取の事業等
3　土木、建築その他工作物の建設、改造、保存、修理、変更、破壊、解体又はその準備の事業
4　道路、鉄道、軌道、索道、船舶又は航空機による旅客又は貨物の運送の事業
5　ドック、船舶、岸壁、波止場、停車場又は倉庫における貨物の取扱いの事業
6　土地の耕作若しくは開墾又は植物の栽植、栽培、採取若しくは伐採の事業その他農林の事業
7　動物の飼育又は水産動植物の採捕若しくは養殖の事業その他の畜産、養蚕又は水産の事業
8　物品の販売、配給、保管若しくは賃貸又は理容の事業
9　金融、保険、媒介、周旋、集金、案内又は広告の事業
10　映画の製作又は映写、演劇その他興行の事業
11　郵便、信書便又は電気通信の事業
12　教育、研究又は調査の事業
13　病者又は虚弱者の治療、看護その他保健衛生の事業
14　旅館、料理店、飲食店、接客業又は娯楽場の事業
15　焼却、清掃又はと畜場の事業

■**別表第2**　身体障害等級及び災害補償表（第77条〈障害補償〉関係）

等　級	災害補償
第　1　級	1340日分
第　2　級	1190日分
第　3　級	1050日分
第　4　級	920日分
第　5　級	790日分
第　6　級	670日分
第　7　級	560日分
第　8　級	450日分
第　9　級	350日分
第　10　級	270日分
第　11　級	200日分
第　12　級	140日分
第　13　級	90日分
第　14　級	50日分

■**別表第3**　分割補償表（第82条〈分割補償〉関係）

種　別	等　級	災害補償
障害補償	第　1　級	240日分
	第　2　級	213日分
	第　3　級	188日分
	第　4　級	164日分
	第　5　級	142日分
	第　6　級	120日分
	第　7　級	100日分
	第　8　級	80日分
	第　9　級	63日分
	第　10　級	48日分
	第　11　級	36日分
	第　12　級	25日分
	第　13　級	16日分
	第　14　級	9日分
遺族補償		180日分

第3部
労働組合法

全33条

労働組合法のしくみ

- 第1章 総則
- 第2章 労働組合
- 第3章 労働協約
- 第4章 労働委員会
- 第5章 罰則

◆現在の労働組合法は、憲法28条の労働3権（団結権・団体交渉権・争議権）保障を受けて、昭和24年に全面的に改正（その後も度々の改正あり）されたもので、労働組合の結成、およびその活動に保護を与え、集団的労働関係の形成と確立を目的としています。

労働組合法 1 総論

労働組合法の制定と趣旨

労働組合法は労働者を守る法律

▶ 労働組合法は、憲法 28 条の団結権・団体交渉権・団体行動権を保障し、労働運動を実効性あるものにしている。

労働者には団結が必要

1 労働組合の成立過程

労働者が使用者に傭われて働き、使用者が労働者に対して賃金を支払うという労使関係は、お互いが自由で、平等な立場で行われるのが望ましいものです。実際には、使用者は経済的に優位な立場にあるので、一人一人の労働者と労働条件を決める場合、一方的に使用者に有利なように決められることが多く、労働者に不利なものとなりがちです。

そこで、使用者と平等の立場に立って賃金などの労働条件について交渉ができるようにするために、自然に、労働者が団結して、団結の力を背景に使用者と交渉し始めました。労働者が自分たちの利益は自分たちの力で守るために自然に生まれてきたのが「労働組合運動」です。

2 戦前の労働組合運動

最初にストライキが行われたのは明治18年に甲府の製糸工場でした。その後も、明治22年に大阪の天満紡績で賃上げを求めて、また明治24年には石工の工夫組合が親方組合の賃下げに反対してストライキを行い、勝利を得たと報道されています。

戦前の憲法である「大日本帝国憲法」の制定は、明治22年ですが、それ以前から労働運動は行われていたのです。この憲法では、法律の範囲内で結社の自由を認めていましたが、労働者の団結やストライキを行う自由は保障されていませんでした。

明治の中頃から労働運動やストライキが起こり始めたのに対して、これを取り締まるために明治33年に「治安警察法」が制定され、労働組合の結成やストライキに対して罰則をもって抑圧に乗り出しました。

それにもかかわらず第一次世界大戦をきっかけに、労働組合運動は活発になり、新たな組合対策をとるために労働組合法を作ろうとする動きがありましたが、制定には至りませんでした。

3 戦後の労働組合法

第二次世界大戦に敗れた日本は、連合国の占領下に置かれました。連合国最高司令部は民主主義を育てていく上で、労働組合の活動は重要であるとして、労働組合の結成を進める措置をとるように政府に指示しました。それを受けて昭和21年に労働組合法は実施されました。

その後、昭和22年に現在の憲法が制定され、勤労者の団結権、団体交渉権、団体行動権が保障されました。それに伴い労働組合運動自体も盛んになりました。

ところが、昭和23年7月に日本全国で公務員の一斉ストライキが行われようとしたのをきっかけに、連合国最高司令部の命令により、公務員の団体交渉や争議行為が禁止されました。また、司令部からの指示により労働組合法の改正をするよう指示があったため、昭和24年6月に従来の労働組合法の全文を改正した新しい労働組合法が制定されました。その後若干の改正がなされ、これが現在の労働組合法です。

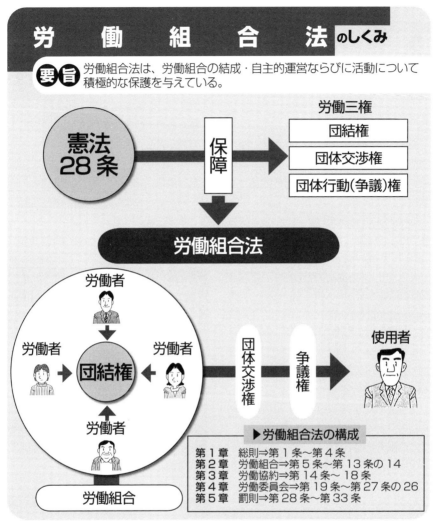

◆ユニオンとは

　最近、「ユニオン」という労働組合の名前をよく見かけるようになりました。組織の詳しいことは分かりませんが、全国組織と個別組織があるようです。一番目を引くのは、一人だけで個人加盟できるという特徴です。日本の労働組合は、大企業の正社員のみで組織される「○○会社労働組合」が中心で、いわゆる「企業別組合」と呼ばれていますが、会社内で待遇改善など全社員共通のテーマについては強みを発揮するものの、少数派や非正規雇用の労働者の力にはなりにくい組織でした。

　この点個人加盟であれば、職場に労働組合のない人、労働組合はあるが正社員でないために加入資格がない非正規雇用の人、社内で役職（「○○長、店長等」）がついて企業別組合の加入資格がなくなった人など、企業別組合の枠から外れた人も、労働組合法でいう「労働者」に該当する限り、労働組合に入ることができます。

　労働組合運動が華やかであった半世紀前に比べて、最近は労働組合の活躍の場が減ってきているのは事実です。そのせいか、不慣れな使用者は、ユニオンの名前で団体交渉を求められると、それだけで必要以上に高ぶったり怖がったりするのかもしれません。しかし、団体交渉を拒否することはできないのですから、ここは一番頭を切り換えて、労働組合と経営者のどちらが労働者の生活や将来を真剣に考えているかをアピールできるいい機会である、と考え直して交渉に臨んでください。

労働組合法 2 1条〜3条

労働組合法は、労働者の団体交渉権などを保障

労働組合法の目的は何か

労働基本法の具体的保障

> 労働組合法の総則では、目的、労働組合、労働者について定めている。

1 労働組合法制定の趣旨

憲法は28条で、勤労者の団結権、団体交渉権・団体行動権を保障しており、これを具体的に定めた法律が「労働組合法」です。

この法律で「労働組合」というのは、労働者が主体となって自主的に労働条件の維持改善その他の経済的地位の向上を図ることを目的として組織された団体または連合体をいいます（2条）。ただし、役員、人事権限を持ち監督的地位にある者など使用者の利益を代表する者の参加する団体、あるいは使用者から経理上の援助を受ける団体は労働組合とは認められません。

2 労組法の掲げる3つの目的

労働組合法1条1項では、労働組合法の目的として、
① 労働者が使用者との労働条件についての交渉において、対等な立場に立つことを促進することによって労働者の地位を向上させること
② 労働者が労働条件について使用者と交渉するために自分たちが自主的に代表者を選ぶこと。その他、団体行動を行うために自主的に労働組合をつくって団結することを擁護すること
③ 使用者と労働組合との間で労働条件その他の関係を定める労働協約（220㌻参照）を締結するために団体交渉をすることおよびその手続きを助成すること
の3つをあげています。

すなわち、労働者個人の力は弱く、一人では使用者と対等の交渉は困難です。そこで、労働者が団結して労働組合をつくり、団体行動権（争議権）を背景に使用者との団体交渉をすることを、労働組合法で保障しているのです。

3 正当な団体交渉やストは罰せられない

労働組合法の1条2項では、刑法に定めた犯罪に該当する行為であっても、労働組合が1条1項に規定されている目的を達成するためにした団体交渉やその他の行為については、刑法35条（法令又は正当な業務による行為は罰しない。）が適用され、処罰を受けることがないと規定しています。これは労働者が団結して、使用者と団体交渉を行い、その要求を入れさせるために、必要に応じてストやその他の争議行為を行うことを労働者の権利として認めた規定であるとされています。

もっとも、この後の但書では、いかなる場合においても、暴力の行使は正当な行為とは解釈されてはならないとしています。

4 正当な争議行為と損害賠償

正当な労働組合の争議行為が刑罰を科せられないわけですが、同様にこの争議行為によって使用者が損害を受けても、そのことを理由として、その争議行為を行った労働組合またはその組合員に対して、損害賠償を請求することはできないことになっています（8条）。

労働組合法の目的 のしくみ

要旨 労働組合法は、労働条件向上のための交渉において、対等な立場に立つことを保障し、労働組合を作って団結することを擁護する。

```
労働組合法
   │
   ▼
  目的
```

❶ 労働者が使用者との交渉において、対等の立場に立つことを推進することにより労働者の地位を向上させる

❷ 交渉をするための代表を自ら選出すること。その他、自主的に労働組合を作って団結することができる

❸ 労働条件その他の労働協約を締結するための団体交渉をすること。およびその手続きを助成すること

労働組合法 第1章 総則

労働組合法の条文

(目的)
第1条① この法律は、労働者が使用者との交渉において対等の立場に立つことを促進することにより労働者の地位を向上させること、労働者がその労働条件について交渉するために自ら代表者を選出することその他の団体行動を行うために自主的に労働組合を組織し、団結することを擁護すること並びに使用者と労働者との関係を規制する労働協約を締結するための団体交渉をすること及びその手続を助成することを目的とする。

② 刑法(明治40年法律第45号)第35条の規定は、労働組合の団体交渉その他の行為であつて前項に掲げる目的を達成するためにした正当なものについて適用があるものとする。但し、いかなる場合においても、暴力の行使は、労働組合の正当な行為と解釈されてはならない。

(労働組合)
第2条 この法律で「労働組合」とは、労働者が主体となつて自主的に労働条件の維持改善その他経済的地位の向上を図ることを主たる目的として組織する団体又はその連合団体をいう。但し、左(下)の各号の一に該当するものは、この限りでない。
 1 役員、雇入解雇昇進又は異動に関して直接の権限を持つ監督的地位にある労働者、使用者の労働関係についての計画と方針とに関する機密の事項に接し、そのためにその職務上の義務と責任とが当該労働組合の組合員としての誠意と責任とに直接にてい触する監督的地位にある労働者その他使用者の利益を代表する者の参加を許すもの
 2 団体の運営のための経費の支出につき使用者の経理上の援助を受けるもの。但し、労働者が労働時間中に時間又は賃金を失うことなく使用者と協議し、又は交渉することを使用者が許すことを妨げるものではなく、且つ、厚生資金又は経済上の不幸若しくは災厄を防止し、若しくは救済するための支出に実際に用いられる福利その他の基金に対する使用者の寄附及び最小限の広さの事務所の供与を除くものとする。
 3 共済事業その他福利事業のみを目的とするもの
 4 主として政治運動又は社会運動を目的とするもの

(労働者)
第3条 この法律で「労働者」とは、職業の種類を問わず、賃金、給料その他これに準ずる収入によつて生活する者をいう。

労働組合法 3

公務員の労働基本権

1条関連

公務員の労働基本権は制限される

現業か非現業かで異なる

▶ 国家公務員および地方公共団体の警察職員・海上保安庁または監獄に勤務する職員・消防職員は労働組合の結成・加入の禁止。

1 公務員の労働基本権の沿革

第二次世界大戦後は、国家公務員についても地方公務員についても、労働組合法、労働関係調整法が適用され、労働基本権は制限されていませんでしたが、非現業公務員の争議行為は禁止されていました。

昭和23年、マッカーサー書簡およびこれを受けての政令201号が出され、すべての公務員についての争議行為および争議行為を裏付けとする拘束的性質を帯びた団体交渉が禁止されることになりました。国家公務員法は、これを受けて改正され、また公共企業体労働関係法が制定されました。

昭和25年になり、地方公務員法が制定され、地方公共団体の非現業職員については労働組合法、労働関係調整法が適用除外されることになりましたが、地方公営企業職員および単純労務職員については、政令201号の制約の下で労働組合法、労働関係調整法の適用が認められました。

昭和27年、地方公営企業労働関係法が制定され、職員の労働基本権については、国営企業(当時)の職員に準じて、争議行為は禁止されましたが、労働協約締結権を含む団体交渉権が認められました。

2 公務員の労働基本権の取扱い

公務員も給料等の収入で生活する者ですから、本来は労働組合法でいう労働者ですが、現行法上は別扱いとなっています。

一般職の国家公務員の場合は、国有林野、印刷、造幣の各事業に従事する者等は、労働組合法上の労働者ですが、その他の非現業の者については労働組合法が適用されません。

また、一般職の地方公務員については、鉄道、軌道、自動車運送、電気、ガス、水道、工業用水道などの事業に従事する者および単純労務に従事する者は、労働組合法上の労働者ですが、その他非現業の者については労働組合法は適用されません。

これら労働組合を結成できない公務員は、国家公務員法または地方公務員法の規定による職員団体を結成できます。

ただし、地方公共団体の警察職員および消防職員、国家公務員である警察職員および海上保安庁または刑事施設において勤務する職員は、労働組合の結成、加入そのものを禁止されています。

なお、独立行政法人に勤務する職員については労働組合の結成、加入及び団体交渉(一定事項)を行う権利が認められています。

3 公務員の不利益処分の救済

職員が自己の意思に反する不利益な処分を受けた場合には、国家公務員は人事院に対して、地方公務員は人事委員会または衡平委員会に対して、行政不服審査法による不服申立をすることができます。不服申立には、審査請求と異議申立とがあります。

不服申立てのできる期間は、処分説明書を受領した日から60日以内で、処分があった日から1年を経過すると、申立てはできないことになっています。

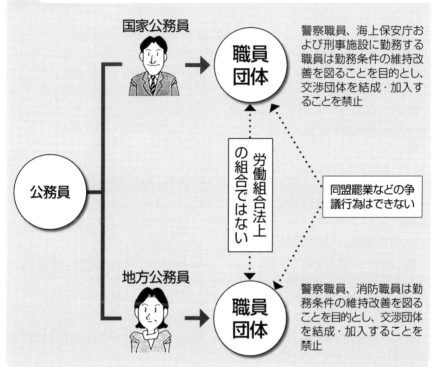

国家公務員法の条文
(法令及び上司の命令に従う義務並びに争議行為の禁止)
第98条① 職員は、その職務を遂行するについて、法令に従い、且つ、上司の職務上の命令に忠実に従わなければならない。
② 職員は、政府が代表する使用者としての公衆に対して同盟罷業、怠業その他の争議行為をなし又は政府の活動能率を低下させる怠業的行為をしてはならない。又、何人も、違法な行為を企て、又はその遂行を共謀し、そそのかし、若しくはあおってはならない。
③ 職員で同盟罷業その他前項の規定に違反する行為をした者は、その行為の開始とともに、国に対し、法令に基づいて保有する任命または雇用上の権利を持って、対抗することができない。
(職員団体)
108条の2① この法律において「職員団体」とは、職員がその勤務条件の維持改善を図ることを目的として組織する団体又はその連合体をいう。
②③ 省略
④ 警察職員及び海上保安庁又は刑事施設において勤務する職員は、職員の勤務条件の維持改善を図ることを目的とし、かつ、当局と交渉する団体を結成し、又はこれに加入してはならない。
▶地方公務員法の条文　　争議行為等の禁止⇒第37条　　職員団体⇒第52条〜56条

労働組合法 4 第5条 労働組合が労組法の適用を受けるための要件

労働組合が本法による保護や救済を受けるには要件がある

資格審査が行われる

労働組合が設立などの手続きをする場合や不当労働行為について救済を受けるには労働組合法に定める要件のクリアが必要。

1 労働組合成立の要件

労働者の団体の行為であれば、どんな行為であっても労働組合法によって保護されるものではありません。労働組合法では、労働者が主体となって自主的に労働条件の維持改善、経済的地位の向上を図ることを目的として組織された団体を労働組合と認め、その団体の行為を保護するものです。

どのような労働組合であれば、労働組合法で保護されるかは、前述(208ﾟ参照)した通りです。

労働組合を結成するためには、労働者が主体となって自主的に組織する団体で、主たる目的が労働条件の維持改善その他経済的地位の向上を図るものであることが必要です。

労働組合を結成するのに、何らの届出もどこの許可を得る必要もありません。

2 労働組合の資格審査

資格審査といっても、法律上、正式な労働組合かどうかを審査するわけではありません。労働組合法5条では、労働組合の要件を満たす(2条)労働組合が法人の登記をするなどの特別な手続きに参加する場合や、使用者の不当労働行為(後述)に対して労働委員会に申し出て救済を受ける場合に、一定の手続きを経ることを規定しています。

これを労働組合の資格審査といい、労働委員会がその審査を行うことになっています。

3 資格審査には何が必要か

通常、労働組合は会社における定款と同じように、労働組合規約を作成します。規約は労働組合が自由に作成できますが、資格審査においては、規約の中に次に述べるような規定があるかどうかがチェックされます(5条)。

① 名称
② 主たる事務所の所在地
③ 組合員は全ての問題に参与する権利および均等な取扱を受ける権利を有すること
④ 人種、宗教、性別、門地又は身分によって組合員資格を奪われないこと
⑤ 役員は組合員の直接無記名投票により選挙されること
⑥ 総会は、少なくとも毎年1回開催すること
⑦ 組合の会計は、職業的に資格のある会計監査人に依頼し、少なくとも年1回組合員に公表されること
⑧ 同盟罷業(スト)は、組合員または選挙により選ばれた代議員の直接無記名投票の過半数による決定を経ること
⑨ 規約の改正については、組合員または代議員の過半数の支持を得なければ改正しないこと

労働組合法では、上のような民主的な規約を持つ組合が資格審査をパスするための要件とすることにより、、組合の民主制の助長を図ることにしています。

労働組合法の資格審査のしくみ

要旨 資格審査とは、労働委員会に証拠を提出して、労働組合法上の保護を受ける団体であることを立証する手続きである。

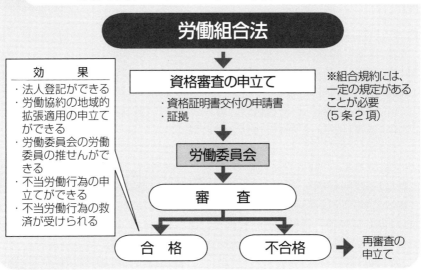

労働組合法の条文

(労働組合として設立されたものの取扱)

第5条① 労働組合は、労働委員会に証拠を提出して第2条及び第2項の規定に適合することを立証しなければ、この法律に規定する手続に参与する資格を有せず、且つ、この法律に規定する救済を与えられない。但し、第7条第1号の規定に基く個々の労働者に対する保護を否定する趣旨に解釈されるべきではない。

② 労働組合の規約には、左(下)の各号に掲げる規定を含まなければならない。
1 名称
2 主たる事務所の所在地
3 連合団体である労働組合以外の労働組合(以下「単位労働組合」という。)の組合員は、その労働組合のすべての問題に参与する権利及び均等の取扱を受ける権利を有すること。
4 何人も、いかなる場合においても、人種、宗教、性別、門地又は身分によつて組合員たる資格を奪われないこと。
5 単位労働組合にあつては、その役員は、組合員の直接無記名投票により選挙されること、及び連合団体である労働組合又は全国的規模をもつ労働組合にあつては、その役員は、単位労働組合の組合員又はその組合員の直接無記名投票により選挙された代議員の直接無記名投票により選挙されること。
6 総会は、少くとも毎年1回開催すること。
7 すべての財源及び使途、主要な寄附者の氏名並びに現在の経理状況を示す会計報告は、組合員によつて委嘱された職業的に資格がある会計監査人による正確であることの証明書とともに、少くとも毎年1回組合員に公表されること。
8 同盟罷業は、組合員又は組合員の直接無記名投票により選挙された代議員の直接無記名投票の過半数による決定を経なければ開始しないこと。
9 単位労働組合にあつては、その規約は、組合員の直接無記名投票による過半数の支持を得なければ改正しないこと、及び連合団体である労働組合又は全国的規模をもつ労働組合にあつては、その規約は、単位労働組合の組合員又はその組合員の直接無記名投票により選挙された代議員の直接無記名投票による過半数の支持を得なければ改正しないこと。

労働組合法 5　団体交渉権と交渉権者

団体交渉をする権限は一定の者が持つ

6条

団体交渉権を有する者は、労働組合の代表者または労働組合から委任を受けた者である。

団体交渉は拒否できない

1 憲法と団体交渉権

憲法27条1項は、「すべて国民は、勤労の権利を有し、義務を負う」として権利と義務の2つの側面から規定しています。と同時に、資本主義社会の下では契約自由の原則を基本としていますので、勤労者が自己の意思を主張できるよう28条で勤労者の団結する権利と団体交渉その他の団体行動をする権利を保障しています。

団体交渉権は勤労者が使用者に対して、団体として交渉を行う権利であり、団体行動権は、この団体交渉を成功させるために、その裏付けとなるストライキ、怠業、ピケ等を行う権利です。

この憲法の条文を受けて、具体的な規定を設けたのが労働組合法です。

2 団体交渉権とは

労働条件は労働者と使用者が対等の立場で決めるべきものです。現実問題として、労働者が個人として使用者と対等に交渉することは困難なので、労働者が団結して労働組合をつくって労働組合の代表者を通じて交渉を行います。これが「団体交渉」と言われるものです。

前述したように、団体交渉権は憲法で認められた権利で、使用者は正当な理由がないかぎり、団体交渉に応じなければなりません。正当な理由なく交渉を拒否することは、後述する不当労働行為となります（7条2項）。

団体交渉は、労働組合と使用者とが直接話合いによって行うのが原則ですから、組合からの団体交渉の申入れに対して、書面による回答だけですますことは、使用者が団体交渉に応じる義務を尽くしたことになりません（最高裁・平成5年4月6日判決）。

3 団体交渉を行う権限を持つ者

団体交渉は、労働組合と使用者が直接話し合って交渉するもです。しかし、労働組合という団体そのものが、口をきけるわけはありませんので、当然生きた人間が交渉を行うことになります。

団体交渉する権限を持つ者は、まず第一に「組合の代表者」です。組合の規約によって選出された委員長、副委員長、執行委員などがこれに当たります。第二は、「組合の委任を受けた者」です（6条）。委任を受ける者について資格の制限はありませんので、一般組合員でも上部団体や地域の支援労働組合の役員でも、あるいは弁護士でも交渉委員として委任することができ、出席者が労働組合から委任を受けたことを証明した場合には、外部の者であることを理由に交渉を拒否できません。

4 団体交渉の対象となる事項

団体交渉の対象となる事項は、労働者の身分や労働条件等に係わるものであれば、当然に交渉の対象となります。よく使用者は、経営や人事に関する事項は対象外だと主張しますが、労働条件に関わるものであれば拒否する理由にはなりません。

団体交渉と団体交渉権のしくみ

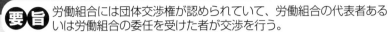

要旨 労働組合には団体交渉権が認められていて、労働組合の代表者あるいは労働組合の委任を受けた者が交渉を行う。

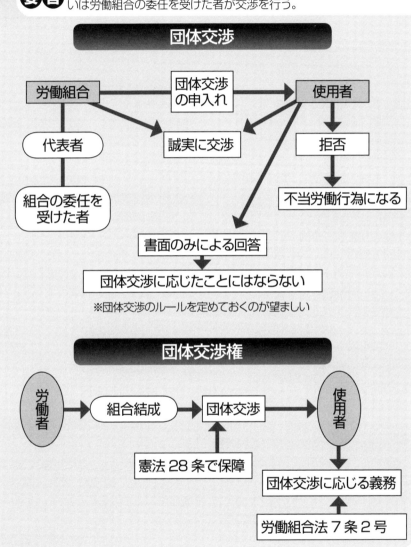

労働組合法の条文

（交渉権限）
第6条 労働組合の代表者又は労働組合の委任を受けた者は、労働組合又は組合員のために使用者又はその団体と労働協約の締結その他の事項に関して交渉する権限を有する。

労働組合法 6　6条関連

労働紛争と争議行為

労働紛争の態様と争議行為の方法

最終手段はストライキ

▶ 労働争議は労働条件（賃金・人事など）に関する紛争で、労働組合は団体交渉・ストライキなどが認められている。

1 労働紛争の発生原因

一口に労働紛争といっても、それが発生する原因は様々です。

①使用者の人事に関するもの

人事権は使用者側にありますが、リストラ、解雇をめぐる紛争は、組合にとっても大きな問題です。その他にも、不当な配置転換、出向、転籍なども、紛争の原因となる場合があります。

②賃金に関するもの

賃金の引き下げ、賃金の不払い、残業代のカットや不払いなどの場合にも紛争の原因になりがちです。

③その他、労働条件に関するもの

労働条件を定めた労働協約の違反や労働条件引き下げ、過労になるほどの残業命令、その他組合員以外の者との不利益な取扱いなどがあります。

2 労働紛争から争議へ

労働組合は、組合員への不当な扱いや差別に対しては、まず使用者に中止や改善を求める団体交渉を行います。何度団体交渉を行っても、要求が認められない場合には、争議行為を行うことになります。使用者側が団体交渉に応じない、あるいは不当に交渉を引き延ばす場合には、団体交渉を経ないで、争議行為に入る場合もあります。

争議行為を行うことになると、労働者も賃金の支払いを受けられない等の犠牲を払わなければなりません。ですから、争議行為に入る際には、組合員に十分に説明して要求が正しいことを確信してもらうことが大切です。

3 争議戦術と争議行為

「一切仕事をしない」ストライキは、争議戦術の原点であり、基本ですが、争議戦術はストライキに限りません。

穏やかな順から挙げていきますと、リボン、ワッペン、腕章の着用→ビラ貼り、ビラまき→就業時間外のデモ、集会→残業拒否→一斉休暇闘争→怠業→ストライキ、など多様な戦術が挙げられます。

なお、ストライキを行うには、組合員全員あるいは代議員による無記名投票により過半数の賛成が必要ですが、組合によっては規約により三分の二以上の賛成を要件とするところもあります。これを「スト権の確立」といいます。

4 争議行為の進め方

争議行為に入るには、労働協約によって事前予告が義務づけられている場合を除いては、使用者に事前に予告する必要はありません。

しかし、ストライキを行う場合には、職場離脱と区別するために、開始と同時に争議行為に入ったことを通告する方がよいでしょう。

ストライキも、何時から何時まで行う時限スト、組合員全員がストに入る全面スト、特定の者を指名して行わせる指名ストなどがあります。どんな形態のストを打つかは、組合の戦術の問題です。

労働組合の争議権 のしくみ

 何度か団体交渉を行っても要求が認められない場合には、争議行為(ストなど)をとることになる。

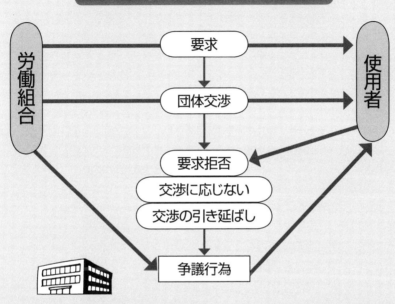

労働組合の争議権

労働組合 → 要求 → 使用者
↓
団体交渉 →
↓
要求拒否 ←
交渉に応じない
交渉の引き延ばし
↓
争議行為 →

団体行動権として憲法28条で保障

労働組合の争議戦術

争議行為
- 同盟罷業(スト)⇒スト権の確立が必要
- 怠業(サボタージュ)
- 作業所閉鎖(ロックアウト)⇒使用者側
  <その他>
- リボン、ワッペン、ハチマキ、腕章、ゼッケン着用
- ビラ貼り、ビラまき
- 残業拒否
- 一斉休暇闘争
- スローダウンなど

労働組合法 7 (7条〜8条)

不当労働行為とは何か

労働組合法は不当労働行為を禁止している

組合員への不利益取扱いなど

使用者が労働組合の活動を阻害する行為をすることを、労働組合法は不当労働行為として禁止している。

1 団結権の保障と不当労働行為

憲法では労働者が使用者と対等の立場に立てるように、労働者に団結権、団体交渉権、団体行動権を保障しています。ところが、使用者が対立する労働組合に対して、組合の結成や組合への介入、その他団結をはかる活動を妨害することがあります。これらの行為を禁止しないと、憲法や労働組合法で保障している労働組合の活動ができなくなります。

そこで労働組合法では、労働者が団結したり、団体交渉を保障するために、これを妨害する使用者の行為を「不当労働行為」と呼んで禁止すると同時に、使用者に不当労働行為があった場合には、労働委員会がこれを審査し、適切な救済命令を出すという救済方法を定めています。

2 不利益取扱の禁止

使用者は、「労働者が労働組合の組合員であること、労働組合に加入し、もしくはこれを結成しようとしたこと、もしくは労働組合の正当な行為をしたことの故をもって、その労働者を解雇し、その他これに対して不利益な取扱」をすることを、不当労働行為として禁止しています（7条1号）。この規定に違反してなされた、たとえば解雇などは無効になります。

また、労働組合が労働委員会への救済申立等をしたことを理由とする不利益取扱があった場合にも同様に禁止されています（同条4号）。

3 支配介入の禁止

使用者は、「労働者が労働組合を結成し、もしくは運営することを支配し、もしくはこれに介入」することを禁止しています（7条3号）。注意を要するのは、一見労働組合にとって有利に思える「経理上の援助」も労働組合の独立性を損なう危険があるために、支配介入の一種として禁止されていることです。

4 団体交渉拒否の禁止

使用者は、正当理由がないと団体交渉を拒否できません（7条2号）。

5 不当労働行為の救済

使用者の不当労働行為のやり方も、組合つぶしであったり、組合の内部分裂を助長する働きかけなど色々な形態があります。実際に不当労働行為が行われた場合には、労働委員会への救済命令申立を検討することです。労働委員会は不当労働行為を救済するために設けられた行政機関で、各都道府県に置かれています。申立期間は、不当労働行為が行われた日から1年以内ですので、注意してください。

労働委員会会への申立ての欠点は、救済命令が出されるまでに時間がかかりすぎることです。

使用者が組合の執行委員を解雇してきたり、あるいは暴力を伴うような攻撃を仕掛けてきた場合等には、裁判所に仮処分の申立をすることも考える必要があります。

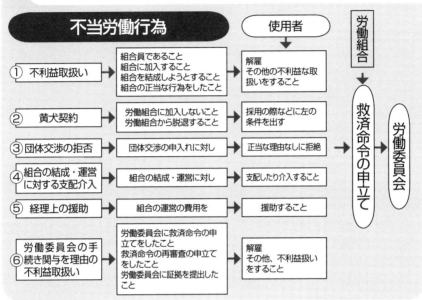

労働組合法の条文

（不当労働行為）
第7条　使用者は、次の各号に掲げる行為をしてはならない。
   1　労働者が労働組合の組合員であること、労働組合に加入し、若しくはこれを結成しようとしたこと若しくは労働組合の正当な行為をしたことの故をもつて、その労働者を解雇し、その他これに対して不利益な取扱いをすること又は労働者が労働組合に加入せず、若しくは労働組合から脱退することを雇用条件とすること。ただし、労働組合が特定の工場事業場に雇用される労働者の過半数を代表する場合において、その労働者がその労働組合の組合員であることを雇用条件とする労働協約を締結することを妨げるものではない。
   2　使用者が雇用する労働者の代表者と団体交渉をすることを正当な理由がなくて拒むこと。
   3　労働者が労働組合を結成し、若しくは運営することを支配し、若しくはこれに介入すること、又は労働組合の運営のための経費の支払につき経理上の援助を与えること。ただし、労働者が労働時間中に時間又は賃金を失うことなく使用者と協議し、又は交渉することを使用者が許すことを妨げるものではなく、かつ、厚生資金又は経済上の不幸若しくは災厄を防止し、若しくは救済するための支出に実際に用いられる福利その他の基金に対する使用者の寄附及び最小限の広さの事務所の供与を除くものとする。
   4　労働者が労働委員会に対し使用者がこの条の規定に違反した旨の申立てをしたこと若しくは中央労働委員会に対し第27条の12第1項の規定による命令に対する再審査の申立てをしたこと又は労働委員会がこれらの申立てに係る調査若しくは審問をし、若しくは当事者に和解を勧め、若しくは労働関係調整法（昭和21年法律第25号）による労働争議の調整をする場合に労働者が証拠を提示し、若しくは発言をしたことを理由として、その労働者を解雇し、その他これに対して不利益な取扱いをすること。

（損害賠償）
第8条　使用者は、同盟罷業その他の争議行為であつて正当なものによつて損害を受けたことの故をもつて、労働組合又はその組合員に対し賠償を請求することができない。

労働組合法 8

労働組合に関するその他の定め

9条〜13条の14

労働組合法は労働組合の各種の保護・救済規定を置いている

財政・登記 解散などの規定

▶ 基金の流用（9条）、解散（10条）、法人である労働組合（11条）、代表者（12条）、労働組合の清算（13条）などの規定がある。

1 労働組合の財政に関する規定

労働組合が活動するための資金は、組合費によってまかなわれます。通常は、給与天引き（チェック・オフ）で集める例がほとんどです。

また、組合はすべての財源、その使途、主要な寄付者の氏名ならびに現在の経理状況を示す会計報告を、委嘱した会計監査人による正確であることの証明書とともに、毎年1回組合員に公表することが求められています（5条2項7号参照）。

組合が福利事業のために特別に設けられていた基金を闘争資金のような他の目的のために流用する場合には、総会の決議を経ることが必要です（9条）。

2 労働組合の法人登記

労働組合が法人化するメリットは、組合財産がある場合です。法人である組合には所得税、法人税、市民税、固定資産税の課税がないことです。

法人化する手続きは、「労働組合の事務所の所在地を管轄する都道府県の労働委員会または中央労働委員会」に、法人登記をするためであることを明らかにして、資格審査を申し立てます。労働委員会が審査の上、資格要件を満たすと判断した場合には、証明書を交付してくれます。登記の申請をする場合には、登記申請書に組合規約、労働委員会の証明書を添付しなければなりません。

登記される項目は、(1)名称、(2)主な事務所、(3)目的と事業、(4)代表者の氏名と住所、(5)解散事由を定めたときはその事由、です。

3 労働組合の解散

労働組合は、次の二つの場合に解散できます（労組法10条）。

一つは、組合規約で定めている解散事由が発生した場合で、他の一つは、組合員または構成団体の4分の3以上の多数決による総会の決議があった場合です。

労働組合の解散というのは、組合がその活動をやめて、残務の整理をし、それが終わって消滅することをいいます。

法人である組合が解散したときには、財産関係が終了するまでは、法人格が残ります。その場合は、代表者が清算人となり、清算業務を行います（13条の2、13条の6）。

法人である労働組合が解散した場合の残余財産の帰属および清算手続きについては、平成18年労働組合法が改正（平成20年12月1日施行）され、次の順序で処理されます（13条の10）。
①組合規約で定めた者に帰属する。
②総会の決議により組合の目的に類似する目的のために処分する。
③国庫に帰属する

法人でない組合の場合には、民法のルールに従い、その財産は組合員の「総有」（共有の一種ですが、共有者には分割を求める権利がありません）となります。

労働組合の財政・登記・解散 のしくみ

要旨 労働組合の本来の事案は、使用者と団体交渉を行い、労働協約を締結することであるが、ここでは労働組合に関する事柄を取り上げた。

労働組合の財政

組合員 → 組合費 → 労働組合
- 年1回、組合員に会計報告をする（会計監査人の正確であることの証明書）
- 福利事業資金を他の目的の為に使用する場合は組合の総会の決議が必要（労働組合法9条）

労働組合の法人登記

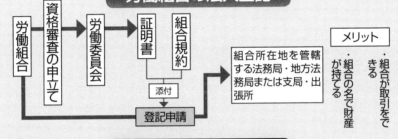

労働組合 → 資格審査の申立て → 労働委員会 → 証明書 ＋ 組合規約（添付）→ 登記申請 → 組合所在地を管轄する法務局・地方法務局または支局・出張所

メリット
・組合が取引をできる
・組合の名で財産が持てる

労働組合の解散

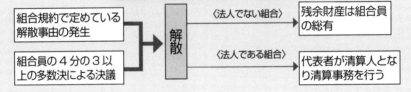

- 組合規約で定めている解散事由の発生
- 組合員の4分の3以上の多数決による決議

→ 解散
- 〈法人でない組合〉残余財産は組合員の総有
- 〈法人である組合〉代表者が清算人となり清算事務を行う

労働組合法の条文

(基金の流用)
第9条 労働組合は、共済事業その他福利事業のために特設した基金を他の目的のために流用しようとするときは、総会の決議を経なければならない。

(解散)
第10条 労働組合は、左の事由によつて解散する。
一　規約で定めた解散事由の発生
二　組合員又は構成団体の四分の三以上の多数による総会の決議

(法人である労働組合)
第11条① この法律の規定に適合する旨の労働委員会の証明を受けた労働組合は、その主たる事務所の所在地において登記することによつて法人となる。
② この法律に規定するものの外、労働組合の登記に関して必要な事項は、政令で定める。
③ 労働組合に関して登記すべき事項は、登記した後でなければ第三者に対抗することができない。
第12条～第13条の14(労働組合の代表者等・清算中の法人である労働組合の効力等)省略

労働組合法 9　労働協約とは何か

労働協約は労働組合と使用者との取り決め

14条

団体交渉での合意文書

▶ 労働協約では、労働条件その他の労働者の待遇に関する事項および団体交渉のやり方などについて定める。

1 労働協約とは

　経済上の弱者である労働者は、団結することによって労働組合を結成し、経済上の強者である使用者（使用者団体を含む）との間で、労働者の労働条件や組合活動などについて団体交渉を行います。その団体交渉の結果、合意を見たものを文書で明確にしたものが、労働協約です。

　通常、このようにして作られた文書は、「協定」「覚書」「確認書」「議事録」などのタイトルで取り交わされますが、名称の如何にかかわらず、すべて法律上労働協約として認められます。

2 労働協約の締結権限者

　労働協約を締結する者は、労働者の側では労働組合で、使用者側では使用者または使用者団体です（14条）。

　労働協約を締結できる労働組合は、規約を持たない（5条2項）労働組合であっても、また法人格を持たない（11条）労働組合であっても、労組法2条にいう労働組合であればよいとされています。

3 協約の効力発生要件

　団体交渉において合意された労働協約はこれを書面に作成し、労使双方が署名または記名押印をしないと、労働協約としての効力は発生しません。

　一般の契約とは異なって、労働協約は労働条件などについて集団的、画一的に定めるものであり、また特別の効力（規範的効力）が与えられるものであるため、後日、内容をめぐって紛争が起こらないよう、労使双方の締結の意思を明確にしておくために署名または記名押印を効力発生要件としているものです。

　労使双方の合意はあったが文書化されていない、あるいは文書化されてはいるが署名または記名押印のない労働協約については、裁判上認めたものと否定したものに分かれています。

　また、労働組合の規約の中で、労働協約の締結には組合大会の承認が必要である旨を定めている場合には、組合の代表者が労働協約に調印しても、組合大会の承認がないかぎり効力は発生しません。

4 労働協約と就業規則の関係

　労働条件を使用者が定める文書に就業規則があります（労働基準法89条）。

　常時、10人以上の従業員を雇用している使用者は、就業規則を作成して、労働基準監督署に届け出ることが必要で、これを事業場に掲示するなどして周知させることになっています。

　労使双方の合意で締結される労働協約は使用者が一方的に作成できる就業規則に優先します。

　この就業規則と労働協約にずれがある場合、就業規則がその事業場で適用される労働協約に違反すれば無効となり、労働基準監督署長は違反部分につき変更を命じることができます。

労働協約のしくみ

 労働協約とは、労働組合と使用者とが、労働条件などの事項に関して約束し、書面化したものをいう。

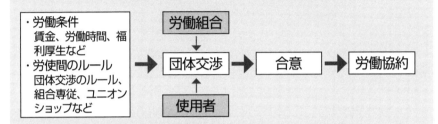

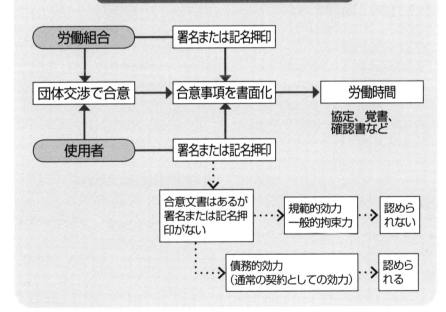

労働組合法の条文

（労働協約の効力の発生）
第14条　労働組合と使用者又はその団体との間の労働条件その他に関する労働協約は、書面に作成し、両当事者が署名し、又は記名押印することによつてその効力を生ずる。

労働組合法 10 労働協約の効力と有効期間

15条～18条

労働協約の有効期間、解約、規範的効力

労働協約の有効期間を定める場合は3年間を超えることはできない。また、一般的準則に違反する労働協約は無効となる。

労働協約は労働契約より強い

1 労働協約の効力

労働協約に認められる特別な効力として、規範的効力と一般的拘束力の二つがあります。

使用者と個別労働者との間で結ばれた労働契約の内容が、労働協約に定められている労働条件やその他の労働者の待遇に関する一般的基準に違反しているときは、違反している労働契約の部分は無効となります（16条）。この無効となった部分および労働契約に定められていない部分については、労働協約に定められた基準によることになります。これを労働協約の「規範的効力」といっています。

労働協約が適用されるのは協約を締結した労働組合とその組合員に限られるのが原則ですが、特定の工場あるいは事業場の4分の3以上の労働者を組織する労働組合の結んだ労働協約は、その工場あるいは事業場の非組合員にも拡張して適用されることになっています（17条）。その結果、労働組合が就業規則の規定よりも有利な労働条件を協約で獲得した場合は、非組合員もその恩恵を受けることができます。これを一般的拘束力といっています。

2 労働協約の有効期限

労働協約を締結する場合、有効期間の定めをするかどうか、また有効期間を何年とするかは、当事者の自由です。労働協約は一種の平和協定ですから、協定の有効期間中は、その改定を求めて争議行為を行うこ

とはできないと考えられています。これを「平和義務」といっています。期間を定める場合には、そのことを考慮に入れることが大事です。

期間を定める場合には、3年を超える定めをすることはできません。3年を超えて、たとえば「5年」という定めをしても、3年の有効期間の定めをしたものとみなされます（15条1項、2項）。

また、有効期間の定めのない場合は、解約されないかぎりいつまでも有効ですが、当事者の一方が署名または記名押印した文書によって相手方に予告して、いつでも解約することができます。期間の定めをした協約で、その期間を経過した後も期限を定めず効力を存続する旨の定めがある場合も同様です。

この予告は、解約しようとする日の少なくとも90日前にしなければなりません（15条3項、4項）。

3 協約の自動延長と自動更新

期間満了後、新協約締結までの間が空白になるのを避けるために、本契約を新協定締結まで有効とするなどと定めておくことがあります。このような条項を「自動延長条項」といっています。

また、期間満了後の一定期間内に当事者の一方から協約の改定・終了の意思表示がないかぎり、自動的に更新がされる旨の条項もよくみられます。これを「自動更新条項」といっています。

労働協約の効力と期間のしくみ

要旨 労働組合と会社の間で締結された労働協約は、使用者と個々の従業員との間で結ばれた労働契約や就業規則より、強い効力を持っている。

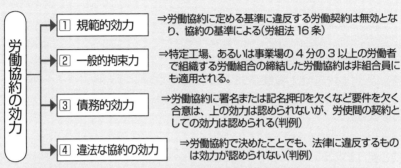

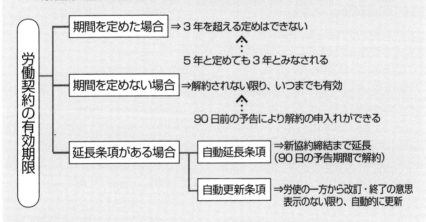

労働組合法の条文

(労働協約の期間)
第15条 ① 労働協約には、3年をこえる有効期間の定をすることができない。
② 3年をこえる有効期間の定をした労働協約は、3年の有効期間の定をした労働協約とみなす。
③ 有効期間の定がない労働協約は、当事者の一方が、署名し、又は記名押印した文書によつて相手方に予告して、解約することができる。一定の期間を定める労働協約であつて、その期間の経過後も期限を定めず効力を存続する旨の定があるものについて、その期間の経過後も、同様とする。
④ 前項の予告は、解約しようとする日の少くとも90日前にしなければならない。

(基準の効力)
第16条 労働協約に定める労働条件その他の労働者の待遇に関する基準に違反する労働契約の部分は、無効とする。この場合において無効となつた部分は、基準の定めるところによる。労働契約に定がない部分についても、同様とする。
第17条(一般的拘束力)／第18条(地域的の一般的拘束力)⇒条文の内容省略

労働組合法 11 労働委員会とは何か

19条〜19条の13

労使の紛争解決機関として労働委員会がある

労働委員会は中立機関

▶ 労働組合法第4章「労働委員会」では、労働委員会の組織や権限、不当労働行為の審査手続きについて定める。

1 労働委員会の機能

労働委員会は、憲法の認めている労働者の団結権の侵害から労働組合・労働者を救済するために設けられた行政機関です。また、労働委員会は独立した地位と権限を持っています。

また自分たちの力では解決できない労使紛争のあっせん・調停・仲裁の手続きによって調整を行います。その手続きについては、労働関係調整法に規定されています。

不当労働行為が行われた場合にも、労働組合・労働者の救済申立によって労働委員会が審査を行い命令が出されます。

労働委員会には、各都道府県に設置されている都道府県労働委員会と、厚生労働大臣の所轄する中央労働委員会とがあります（業務の内容については右ゝ表参照）。

なお、「個別労働関係紛争の解決の促進に関する法律」20条および地方自治法180条の2、202条の2第3項に基づいて、知事の委任を受けて、個別の労働問題について都道府県労働委員会があっせんを行うこともあります。

2 中央労働委員会の仕組み

中央労働委員会は、使用者の立場を代表する使用者委員、労働者の立場を代表する労働者委員、公益を代表する公益委員の三者が、同じ人数（各15人）で構成されています（19条1項）。

また、労働委員会は、中央労働委員会及び地方労働委員会の2種類あります。

中央労働委員会は、厚生労働大臣の所轄の下におかれ、公・労・使それぞれ15人で構成されています。使用者委員は使用者団体が推薦する者のうちから、労働者委員は労働組合の推薦する者のうちから内閣総理大臣が任命します。公益委員は厚生労働大臣が作成した候補者名簿（労使委員の同意が必要）のうちから両議院の同意を得て、内閣総理大臣が任命します。

中央労働委員の任期は2年、再任も可能です。後任者が任命されないうちは引き続き在任します。

3 地方労働委員会の仕組み

都道府県におかれている地方労働委員会は、都道府県知事の所轄の下におかれ、公・労・使各5人〜13人の委員で構成されています。

また、地方労働委員会の委員は使用者委員は経営団体の推薦、労働者委員は労働組合の推薦、公益委員は労使委員の同意を得た上で、都道府県知事が任命します。委員の任期は中央労働委員と同じく2年です。

4 事務局職員の役割

労働委員会には中労委、地労委ともに事務局がおかれています。中労委の事務局職員は厚生労働省の職員が、地労委の事務局職員は都道府県の職員がなります。

事務局職員は、書類の授受、期日の調整等の事務や、法令・判例・命令や学説の調査などの基本的実務を担当します。

労働委員会のしくみ

労働委員会は、不当労働行為の審査と労働争議の調整との2つの役割を担う行政機関で、独立した地位を持つ。

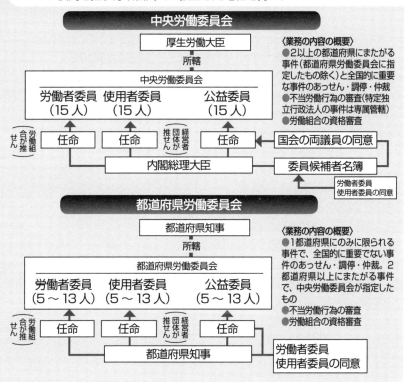

労働組合法の条文

(労働委員会)
第19条① 労働委員会は、使用者を代表する者(以下「使用者委員」という。)、労働者を代表する者(以下「労働者委員」という。)及び公益を代表する者(以下「公益委員」という。)各同数をもつて組織する。
② 労働委員会は、中央労働委員会及び都道府県労働委員会とする。
③ 労働委員会に関する事項は、この法律に定めるもののほか、政令で定める。

(中央労働委員会)
第19条の2① 国家行政組織法(昭和23年法律第120号)第3条第2項の規定に基づいて、厚生労働大臣の所轄の下に、中央労働委員会を置く。　　　　　　　　　　　　　　　　　　　　(②以下略)
第19条の3(中央労働委員会の委員の任命等)／第19条の4(委員の欠格条項)／第19条の5(委員の任期等)／第19条の6(公益委員の服務)／第19条の7(委員の失職及び罷免)／第19条の8(委員の給与等)／第19条の9(中央労働委員会の会長)／第19条の10(地方調整委員)／第19条の11(中央労働委員会の事務局)⇒以上、条文の内容省略

(都道府県労働委員会)
第19条の12① 都道府県知事の所轄の下に、都道府県労働委員会を置く。　　(②以下略)
第19条の12(都道府県労働委員会)⇒条文の内容省略

労働組合法 12 労働委員会の権限と責務

20条〜27条の13

労働委員会の紛争解決は公平な第三者の立場から

紛争解決のあっせん・調停・仲裁を行う

> 労働委員会は、労使の紛争解決のために斡旋・仲裁をしたり、不当労働行為について審査するなどの権限を持っている。

1 労働委員会の権限

労働委員会は、労働争議が発生している状態または発生するおそれがある場合に、そのあっせん、調停、仲裁を行う権限を有しています(20条)。労働条件の変更をめぐって、労使の利害が対立する場合に、労使が自主的に紛争解決を目指すのであれば、労働委員会が調整してくれるというわけです。

また、前述した労働組合の資格審査(5条)、労働協約の地域的拡張適用についての決議(18条)、不当労働行為の審査(7条・27条)を行う権限をも持っています。

2 労働委員会の会議と必要な調査

労働委員会の会議は、会長が招集して行われ、公・労・使の各委員が1人以上出席しなければ、会議を開き、議決することはできません(21条)。

また、労働委員会の議事は、出席委員の過半数(同数のときは会長が決する)で決められ、原則として、公益上必要があると認めない限り非公開とされています。

労働委員会は、事務を行うために必要なときは、使用者や使用者の団体や労働組合やその他使用者の利益代表者、労働組合員などの関係者に対して、委員会への出席、報告の提出、必要な帳簿や書類の提出を求めることができます(22条)。

その他、労働委員会の委員や事務局の職員を関係のある工場や事業場に派遣して業務の状況を検査させたり、帳簿や書類その他の物を検査させることができます。

3 労働委員会の調整権限

労働委員会の行うあっせん、調停、仲裁の調整手続きのうち、一番利用されるのがあっせんです。

あっせんは労使どちらから申請してもよく、都道府県の労働委員会の事務局に備えつけられている申請用紙に所定の事項を書き込めばよいように、手続きは比較的簡単です。

一方、調停は労使双方からの申請で行われますが、労働委員会の職権で開始される場合もあります。調停は公労使の三者で構成する調停委員会で、労使の意見を聞いた上で、調停案が示されます。

仲裁は労使双方が申請するかあるいは労働協約に仲裁についての定めがある場合に行われます。仲裁については後述する労働関係調整法の個所を参照ください。

4 不当労働行為の審査

不当労働行為の審査は、労働者・労働組合からの救済申立があった場合に開始されます。

審査手続きは、調査、審問、合議、命令の順で行われ、当事者は主張を記載した書面を提出し、裏付ける書証を出したり、証人を尋問します。

労働委員会は、提出された証拠によって不当労働行為の有無についての事実認定を行い、結論を出すことになります。

労働委員会の権限のしくみ

要旨 労働委員会は、労使間の紛争を公平な第三者の立場から調整し、また、労組法で禁止する不当労働行為を救済するのが主な権限である。

※必要があれば、使用者団体や労働組合やその関係者など強制調査ができる。

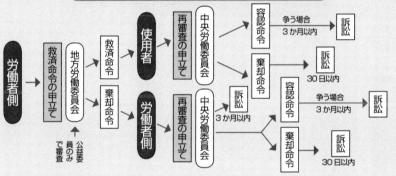

※2つ以上の都道府県にまたがる場合、または全国的に重要な事件は始めから中央労働委員会で審査する。

労働組合法の条文

(労働委員会の権限)
第20条 労働委員会は、第5条、第11条及び第18条の規定によるもののほか、不当労働行為事件の審査等並びに労働争議のあっせん、調停及び仲裁をする権限を有する。

第21条(会議)／第22条(強制権限)／第23条(秘密を守る義務)／第24条(公益委員のみで行う権限)／第24条の2(合議体等)／第25条(中央労働委員会の管轄等)／第26条(規則制定権)／第27条(不当労働行為事件の審査の開始)／第27条の2(公益委員の除斥)／第27条の3(公益委員の忌避)／第27条の4(除斥又は忌避の申立てについての決定)／第27条の5(審査の手続の中止)／第27条の7(証拠調べ)／第27条の8／第27条の9／第27条の10(不服の申立て)／第27条の11(審問廷の秩序維持)／第27条の12(救済命令等)／第27条の13(救済命令等の確定)／第27条の14(和解)／第27条の15(再審査の申立て)／第27条の16(再審査と訴訟との関係)／第27条の17(再審査の手続への準用)／第27条の18(審査の期間)／第27条の19(取消しの訴え)／第27条の20(緊急命令)／第27条の21(証拠の申出の制限)⇒以上、条文の内容省略

▶**第3節訴訟**(第27条の19～27条の21)、**第4節雑則**(第27条の22～第27条の26)⇒条文の内容省略

労働組合法

13 労働組合法の規定に違反すると処罰される
労働組合法に違反したときの罰則

28条〜33条

救済命令違反・出頭拒否など

▶ 罰則は、10万円以下の科料から１年以下の懲役もしくは100万円以下の罰金まである。下図は罰則のしくみの概要。

労働委員会は、不当労働行為を行った者、または関係者に対して命令を出す権限を持っています。違反者には罰則があります。

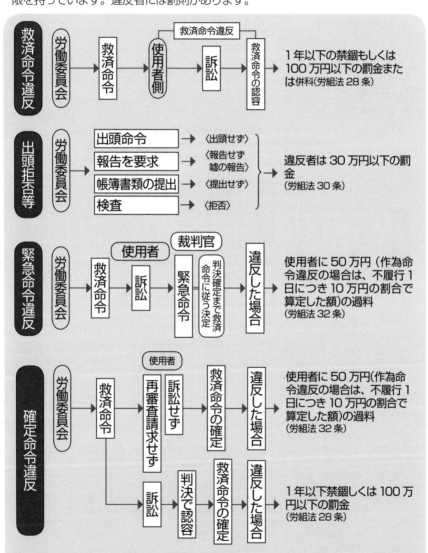

※労働委員会の委員や事務局の職員が秘密を漏らしたときは、１年以下の懲役または30万円以下の罰金

第4部
労働関係調整法
1条〜43条
個別労働紛争解決法
労働審判法

労働関係調整法のしくみ

| 第1章 総則 | 第2章 斡旋 | 第3章 調停 |
| 第4章 仲裁 | 第4章の2 緊急調整 | 第5章 争議行為の制限禁止等 |

その他の紛争解決のしくみ

| 個別労働関係紛争の解決の促進に関する法律 | 労働審判法 |

◆「労働関係調整法」は労働組合と使用者との紛争について適用があり、「個別労働関係紛争の解決の促進に関する法律」は労働者個人と使用者の紛争に関して適用されます。また、個別的労働関係の紛争解決手続きとして労働審判法があります。

労働関係調整法 1
労働組合と使用者間の紛争の調整
労働関係調整法とは何か

1条〜5条

> 労働関係調整法は、1条で本法の目的を掲げ、2〜5条で労使間紛争のスムーズな処理と解決の心構えについて定めている。

労働関係の公平な調整

1 労働関係調整法の目的

労働組合法は使用者と労働組合とが対等の立場で労使間の問題について交渉し、協定を結ぶことを定めています。労働関係調整法は、労働組合法と呼応して、労働者と労働組合の関係が公正に調整されるようにとりはからい、労働紛争が起こらないように予防したり、すでに起こっている労働争議を解決したりして、労使感の平和を守り、経済の発展に寄与することを目的としています(1条)。

労働関係調整法の中心部分は、労働委員会が、労働争議の際に、解決のために行う仲介手続きの部分ですが、建前としては労使が自主的に労使間の争いを解決することであるということを定めています。

2 労使関係の調整義務

労働関係調整法は2条で、使用者と労働組合は、お互いに労働関係を適正に調節するために、労働協約で労使関係を調節するための機関を設けること、また、その機関の運営に関する規定を置くように努力することを定めています。そして、労働争議が発生したときには、誠意をもって自主的に争議行為を解決するように努力すべきことを、併せて規定しています。

3 争議解決に対する政府の義務

3条の政府というのは、厚生労働大臣、都道府県知事、労働委員会等のことです。労使間の主張が折り合わない場合には、団体行動権の認められている労働組合側に実力行使ができる権利を認めています、そうなる前に折り合いつけることが労使双方にとって望ましいことです。

そこで、労働関係調整法3条では、政府が、中に入って、当事者が自主的に調整することに対して助力を与え、それによって争議行為を防止するように努力すべきことを定めています。

4 労使の争議解決の権利と義務

労使間の紛争解決に政府が助力することを述べましたが、最終的に争議を解決する決め手は労使が握っているというのが、労働関係調整法の建前です。労働争議が労働委員会の手にあるからといって、これに気兼ねする必要もなく、また反対に労働委員会に任せっきりで自主的な解決努力を免除するものでもありません。これが労働関係調整法4条の趣旨です。

5 争議行為の迅速処理

労働関係調整法によって労働関係の調整を図る場合には、労使はもちろん労働委員会やその他の関係機関は、できるだけ適宜な方法を講じて、迅速な処理を図る責任があることを、労働関係調整法5条で定めています。

なお、国民生活に直結している公益事業の調停(8条)を他の調停より早く片づけるよう命じたり、非常事態にとられる緊急調整(35条の2〜4、40条)を一番早く扱うよう命じているのは、本条が背景にあるからです。

労働関係調整法のしくみ

要旨 労使間の労働争議は自主的な解決が望ましいが、交渉が行きづまった場合に備えて労働委員会の斡旋・調停などの手続きを定めている。

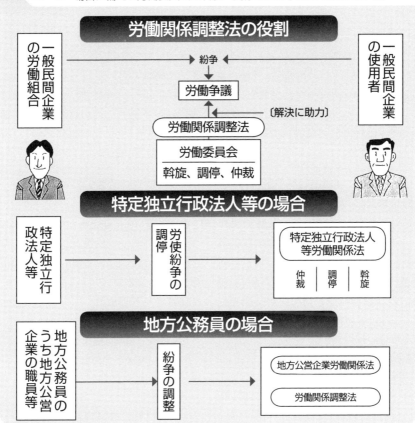

労働関係調整法の条文
- **第1条** この法律は、労働組合法と相俟つて、労働関係の公正な調整を図り、労働争議を予防し、又は解決して、産業の平和を維持し、もつて経済の興隆に寄与することを目的とする。
- **第2条** 労働関係の当事者は、互に労働関係を適正化するやうに、労働協約中に、常に労働関係の調整を図るための正規の機関の設置及びその運営に関する事項を定めるやうに、且つ労働争議が発生したときは、誠意をもつて自主的にこれを解決するやうに、特に努力しなければならない。
- **第3条** 政府は、労働関係に関する主張が一致しない場合に、労働関係の当事者が、これを自主的に調整することに対し助力を与へ、これによつて争議行為をできるだけ防止することに努めなければならない。
- **第4条** この法律は、労働関係の当事者が、直接の協議又は団体交渉によつて、労働条件その他労働関係に関する事項を定め、又は労働関係に関する主張の不一致を調整することを妨げるものでないとともに、又、労働関係の当事者が、かかる努力をする責務を免除するものではない。
- **第5条** この法律によつて労働関係の調整をなす場合には、当事者及び労働委員会その他の関係機関は、できるだけ適宜の方法を講じて、事件の迅速な処理を図らなければならない。

労働関係調整法 2　労働争議などの定義
労働争議・争議行為・公益事業とは何か

6条～8条

労働関係調整法の6～7条では、労働争議・争議行為について、8条では公益事業について、定義規定をおいている。

労働関係調整法が適用される場合

1 労働争議とはなにか

労働関係調整法6条では「この法律において労働争議とは、労働関係の当事者間において、労働関係に関する主張が一致しないで、そのために争議行為が発生している状態又は発生する虞がある状態をいう」としています。

では、労働関係調整法で、どうして定義付けが問題になるかというと、争議状態が発生したときに、はじめて労働委員会が仲介に乗り出すことになるからです。

労働関係調整法5条で、争議行為の予防が望ましい旨を定めていますので、それを受けて、現実に争議行為が行われている場合だけではなく、争議行為が行われる虞がある場合も含めて、労働関係調整法上の労働争議と定義づけています。

2 争議行為とはなにか

労働委員会が仲介の労をとるのは、労使の間で労働争議の状態にある場合、すなわち争議行為が発生しているか、発生の虞がある場合と定義づけられています。そこで、次にその争議行為とは何かという定義づけが必要になるわけです。

労働関係調整法7条で「この法律において争議行為とは、同盟罷業（ストライキ）、怠業（サボタージュ）、作業所閉鎖（ロック・アウト）その他労働関係の当事者が、その主張を貫徹するために行う行為及びこれに対抗する行為で、業務の正常な運営を阻害するものをいう」と定義づけをしています。

争議行為の例として、同盟罷業、怠業、作業所閉鎖を挙げていますが、この他に、(1)労使が自分の主張を通すために用いる手段（または対抗手段）で、(2)業務の正常な運営を阻害するもの、であれば、争議行為に当たるとしています。ボイコットやピケッティングなどは、ここでいう争議行為になります。

3 公益事業とはなにか

公益事業がストライキなどの争議行為を起こすと、国民生活に大きな影響を及ぼすので、後述するように制限したり、条件を就けるなど特別扱いをしています。

そこで、「公益事業」とは何かを定義づけたのが、労働関係調整法8条です。

①公益事業とは次に掲げる事業で、国民の日常生活に欠くことのできないものをいいます。

・運輸事業
・郵便、信書便又は電気通信の事業
・水道、電気又はガス供給の事業
・医療又は公衆衛生の事業

②前項の事業のほか、総理大臣は国会の承認を経て、業務の停廃が国民生活を著しく阻害または危うくする事業を、1年以内の期間を限り、公益事業として指定できるとしています。

内閣総理大臣が公益事業として指定したときは、官報のほか、新聞・ラジオ等で公表することになっています。

労働争議と争議行為のしくみ

要旨 労働関係調整法は労使間の紛争を調整する法律で、どんな場合を争議といい、労働委員会が仲介するのはどんな場合かを定めている。

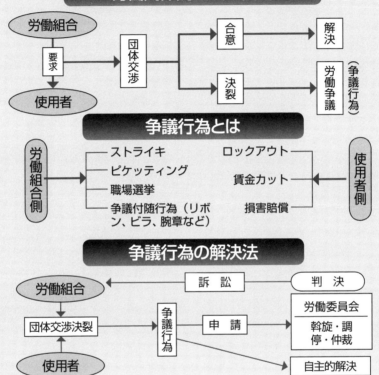

労働関係調整法の条文

第6条 この法律において労働争議とは、労働関係の当事者間において、労働関係に関する主張が一致しないで、そのために争議行為が発生してゐる状態又は発生する虞がある状態をいふ。

第7条 この法律において争議行為とは、同盟罷業、怠業、作業所閉鎖その他労働関係の当事者が、その主張を貫徹することを目的として行う行為及びこれに対抗する行為であつて、業務の正常な運営を阻害するものをいふ。

第8条 この法律において公益事業とは、次に掲げる事業であつて、公衆の日常生活に欠くことのできないものをいう。
1 運輸事業
2 郵便、信書便又は電気通信の事業
3 水道、電気又はガスの供給の事業
4 医療又は公衆衛生の事業

②内閣総理大臣は、前項の事業の外、国会の承認を経て、業務の停廃が国民経済を著しく阻害し、又は公衆の日常生活を著しく危くする事業を、1年以内の期間を限り、公益事業として指定することができる。

③内閣総理大臣は、前項の規定によつて公益事業の指定をしたときは、遅滞なくその旨を、官報に告示するの外、新聞、ラヂオ等適宜の方法により、公表しなければならない。

労働関係調整法 3 特別調整委員制度と中央労働委員会の事務処理

特別調整委員と中央労働委員会の一般企業担当委員

8条の2〜9条

一般民間企業等の調停や仲裁には特別調停委員制度があり、中央労働委員会の一定の事務処理は一般企業担当委員が行う。

調停や仲裁などの解決制度

1 特別調整委員制度とはなにか

労働委員会の委員とは別に、各産業のエキスパートを特別調整委員として選んでおき、一般民間企業等の調停や仲裁に当たらせようというのが、この制度の趣旨です。適当な人材が必ず見つかるとは限りませんので、条文の規定の仕方も「特別調整委員を置くことができる」となっています。

特別調整委員は、一般民間企業等を担当し、特定独立行政法人等の事案は扱わないことになっています。

この制度が設けられるに至ったのは、船員の場合に船員労働委員会があるように、産業別に労働委員会を設けるよう要求があったのですが、産業別に切り換えることは人材難等で困難なので、その代わりとして特別調整委員制度が設けられたという経緯があります。

中央労働委員会の場合には厚生労働大臣が、地方労働委員会の場合には都道府県知事が、設置を決めることができます（設置義務があるわけではありません）。また、特別調整委員を任命するのも厚生労働大臣（中央労働委員会）と都道府県知事（地方労働委員会）です（8条の2）。

委員の種類は、労働委員会と同様で、使用者代表、労働者代表、公益代表の3種で、使用者代表は使用者団体の推薦で、労働者代表は労働組合の推薦で任命され、公益代表は当該労働委員会の使用者代表、労働者代表の同意を条件に任命されます。

なお、特別調整委員は、仕事を行う上で必要な費用の弁償を受けることができることになっています。

2 一般企業担当委員のみで行う中央労働委員会の事務

中央労働委員会は、一般の民間企業の紛争について、斡旋、調停、仲裁等の事務を行います。

調停と仲裁に関しては、特別調整委員を任命して調停や仲裁に参加させます。斡旋については、労働委員会の内外から人選して斡旋員候補者を選んでおき、実際に斡旋を行う場合に、会長の指名で斡旋員として働いてもらう仕組みが取られています。

中央労働委員会において、この斡旋員候補者の名簿の委嘱と名簿の作成、臨時の斡旋員の委嘱についての同意等の事務処理については、一般企業担当の委員が行うとしています（8条の3）。

すなわち、この一般企業の事案の事務処理を行うのは、使用者代表委員、労働者代表委員、公益代表委員各15名の内、一般企業担当の委員各8名（特定独立行政法人等の担当の委員を除く）と会長とが担当することになっています。

3 争議行為の届出義務

争議行為が起きたときは、労使双方とも直ちにその旨を労働委員会または都道府県知事に届けることを義務づけています（9条）。これは、できるだけ早く対応できるように態勢を整えるためです。

特別調整委員制度のしくみ

要旨 一般民間企業の労使紛争では、当事者企業の属する産業のエキスパートの力を借りるのがよく、特別調整委員制度を設けている。

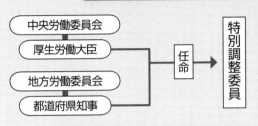

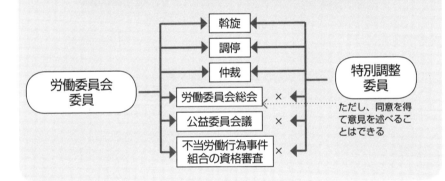

労働関係調整法の条文

第8条の2① 中央労働委員会及び都道府県労働委員会に、その行う労働争議の調停又は仲裁に参与させるため、中央労働委員会にあつては厚生労働大臣が、都道府県労働委員会にあつては都道府県知事がそれぞれ特別調整委員を置くことができる。
② 中央労働委員会に置かれる特別調整委員は、厚生労働大臣が、都道府県労働委員会に置かれる特別調整委員は、都道府県知事が任命する。
③ 特別調整委員は、使用者を代表する者、労働者を代表する者及び公益を代表する者とする。
④特別調整委員のうち、使用者を代表する者は使用者団体の推薦に基づいて、労働者を代表する者は労働組合の推薦に基づいて、公益を代表する者は当該労働委員会の使用者を代表する委員(特定独立行政法人等の労働関係に関する法律(昭和23年法律第257号)第25条に規定する特定独立行政法人等担当使用者委員(次条において「特定独立行政法人等担当使用者委員」という。)を除く。)及び労働者を代表する委員(同法第25条に規定する特定独立行政法人等担当労働者委員(次条において「特定独立行政法人等担当労働者委員」という。)を除く。)の同意を得て、任命されるものとする。
⑤特別調整委員は、政令で定めるところにより、その職務を行ふために要する費用の弁償を受けることができる。
⑥ 特別調整委員に関する事項は、この法律に定めるものの外、政令でこれを定める。
(第8条の3、第9条略)

労働関係調整法

4 労働委員会の仲介作業の方法－その1

斡旋(あっせん)とは何か

10条〜12条

▶ あっせんは、労使間を仲介し、両者の間の交渉や紛争について、双方の主張の要点をはっきりさせ、助言を与える作業を言う。

労働紛争を仲介し助言

1 労働委員会の行う斡旋

労働委員会での斡旋は、使用者または労働組合の申立て、場合によっては労働委員会の職権で開始します。

斡旋というのは、労働委員会が労使の間を仲介して、お互いの主張が折り合うよう交渉のあり方や交渉の内容について、助言を与える作業をいいます。

労働委員会での扱いも、斡旋が手軽で、融通性のあるところから圧倒的な利用件数を示しています。

2 斡旋員

斡旋は労働委員会が直接行わず、労働委員会があらかじめ選任しておいた斡旋員が行います。斡旋員は候補者名簿の中から労働争議が起こったときに、そのつど会長により指名されることになっています(10〜12条)。

ただし、労働委員会の同意があれば、名簿にのっていない者を臨時の斡旋員として設置することもできます。

斡旋員の候補者は、学識経験がある者であること、労働争議の解決につき援助を与える資格のある者であることが必要とされています。地方労働委員会で選ばれる斡旋員は、管轄地域内に住んでいる者でなくてもかまいません(11条)。

3 斡旋員の仕事

斡旋員の仕事は、争議に関係している労使双方の主張の要点を確かめ、事件が解決されるように努めることです(13条)。

しかし、ここに示された内容は、斡旋に限られたものではなく、労使の紛争を取り持つ調停や仲裁についても共通するものです。

調停ならば調停案の作成を行い、仲裁ならば仲裁裁定を出すなど、仕事に一定の作業ルールがありますが、斡旋には特別な仕事の枠が定められていません。その分、斡旋のやり方は融通の利くものであり、状況に応じていろいろな解決方法をとることができるわけです。

4 斡旋の打切りと斡旋員の費用

前述したように、斡旋員の仕事には特別の方法があるわけではありません。ですから、この段階になれば斡旋作業は終了するということもないわけです。

そこで労働関係調整法14条では「斡旋員は、自分の手では事件を解決される見込みがないときは、その事件から手を引き、事件の要点を労働委員会に報告しなければならない」として、斡旋作業を打ち切り、斡旋を終了させることにしています。

労働委員会への報告は、必要ならば他の斡旋員に代えるとか、調停に切り換えるなどの他の方法をとらせる余地を与えるためです。

斡旋員が職務を行う上で要した費用については、政令の定めるところに従って、弁償を受けることができます(14条の2)。

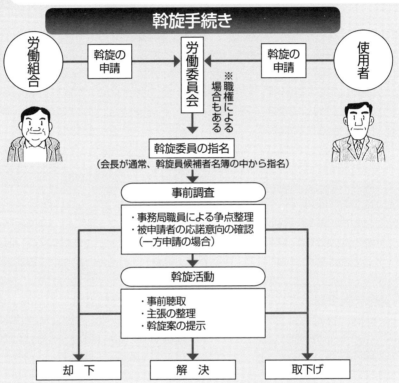

労働関係調整法の条文

第10条 労働委員会は、斡旋員候補者を委嘱し、その名簿を作製して置かなければならない。

第11条 斡旋員候補者は、学識経験を有する者で、この章の規定に基いて労働争議の解決につき援助を与へることができる者でなければならないが、その労働委員会の管轄区域内に住んでゐる者でなくても差し支へない。

第12条 ① 労働争議が発生したときは、労働委員会の会長は、関係当事者の双方若しくは一方の申請又は職権に基いて、斡旋員名簿に記されてゐる者の中から、斡旋員を指名しなければならない。但し、労働委員会の同意を得れば、斡旋員名簿に記されてゐない者を臨時の斡旋員に委嘱することもできる。

② 労働組合法第19条の10第1項に規定する地方において中央労働委員会が処理すべき事件として政令で定めるものについては、中央労働委員会の会長は、前項の規定にかかわらず、関係当事者の双方若しくは一方の申請又は職権に基づいて、同条第1項に規定する地方調整委員のうちから、あつせん員を指名する。ただし、中央労働委員会の会長が当該地方調整委員のうちからあつせん員を指名することが適当でないと認める場合は、この限りでない。

第13条 斡旋員は、関係当事者間を斡旋し、双方の主張の要点を確め、事件が解決されるやうに努めなければならない。

（第14条〜第16条略）

労働関係調整法 5

労働委員会の仲介作業の方法－その2

労働委員会の行う調停

17条～28条

▶ 調停は、調停委員会が労使双方の意見を聞いて調停案を作成し、双方の同意により紛争を解決するというものである。

解決の仲立をし円満解決を図る

1 労働委員会の行う調停とはなにか

調停という手続にはいろいろなものがありますが、民事調停や家事調停などの調停と労働委員会の行う調停とは、第三者が間に入って双方の言い分を聞き、解決の仲立をする、という点では共通しています。

労働委員会の調停の特徴は、労働委員会から選ばれた使用者委員、労働者委員、公益委員で調停委員会が組織され、調停委員会は当事者の主張をただしたり、実情を把握するなどして調停案を作成します。労使がこの案を呑めば円満に解決します。一方でも拒否すれば調停は不調となり、調停作業は終了します。

2 調停開始の要件

労働委員会が調停を行うのは、大きく分けて二つの場合があります。

一つは任意調停といわれるもので、労使双方が調停を申し立てた場合、または労使協定の中で労使の一方が調停申立てをすれば他方が応ずると規定してあり一方が申し立てた場合です。

他の一つは強制調停といわれるもので、労使の一方または双方が調停を望まなくても労働委員会が調停を始めるもので、公益事業ついてだけ認められています。これには3つの型があり、労使の一方が申請した場合、労働委員会が総会で決議した場合、政府（厚生労働大臣）または都道府県知事が労働委員会に調停を請求した場合に調停は行われます（18条）。

3 調停委員会

労働委員会の調停作業を行うのは調停委員会です。調停委員会の委員は労働委員会の会長の指名によって選ばれ、使用者を代表する調停委員、労働者を代表する調停委員、公益を代表する調停委員で構成されます。労使の調停委員の数はいずれも同じ人数でければならないとされています（19～21条）。

調停委員会には、委員長を置くことになっており、公益を代表する委員の中から選挙で選ばれます。調停委員会は、委員長が招集し、委員会の議事は、出席委員の多数決によって決定されます（22～23条）。

4 調停案の作成・提示

調停委員会では、一定の日時を決めて関係者を出頭させ、意見をきかなければなりません。調停を行う場合には、調停委員会は関係当事者と参考人以外の者の出席を禁止することができます。

調停委員会では、紛争の解決方法について委員会の意見をまとめた調停案を作成し、当事者双方に示して、争議を解決するよう勧告します。この調停案を呑む呑まないは争議の当事者の自由で、調停案に拘束されるわけではありません（24～26条）。

なお、公益事業の調停については、公益事業以外の調停が先に行われている場合でも、迅速に処理する必要があるため、優先的に取り扱われることになっています（27条）。

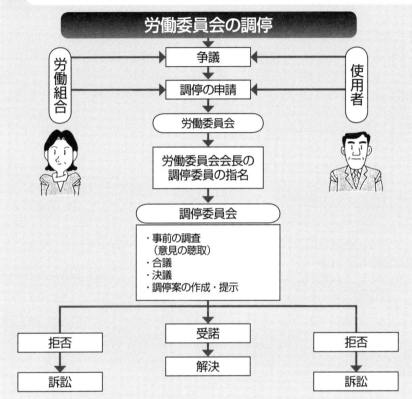

労働関係調整法の条文
第17条 労働組合法第20条の規定による労働委員会による労働争議の調停は、この章の定めるところによる。
第18条 労働委員会は、次の各号のいずれかに該当する場合に、調停を行う。
1 関係当事者の双方から、労働委員会に対して、調停の申請がなされたとき。
2 関係当事者の双方又は一方から、労働協約の定めに基づいて、労働委員会に対して調停の申請がなされたとき。
3 公益事業に関する事件につき、関係当事者の一方から、労働委員会に対して、調停の申請がなされたとき。
4 公益事業に関する事件につき、労働委員会が職権に基づいて、調停を行う必要があると決議したとき。
5 公益事業に関する事件又はその事件が規模が大きいため若しくは特別の性質の事業に関するものであるために公益に著しい障害を及ぼす事件につき、厚生労働大臣（船員法の適用を受ける船員に関しては国土交通大臣。以下同じ。）又は都道府県知事から、労働委員会に対して、調停の請求がなされたとき。

（第19条～第28条略）

労働関係調整法

6　労働委員会の行う仲介作業の方法－その3

労働委員会の行う仲裁

29条～35条

仲裁は、争議について第三者に争議の解決について判断を任せるというもので、この仲裁裁定が示されると紛争は解決となる。

仲裁裁定による解決

1 労働委員会の行う仲裁とは

労働組合法は20条で、労働委員会の仕事の一つとして労働争議の「仲裁」をする権限を定めています。

仲裁は、これまで述べてきた斡旋、調停とともに労働争議調整手続きの一つですが、一番の違いは、労働委員会の公益委員からなる仲裁委員会に紛争の解決の判断が任せられ、仲裁裁定が仲裁委員会より出されると、紛争の当事者はこの判断に拘束されるという点です。すなわち、仲裁裁定が出されると、最終的な解決となります。

2 仲裁委員会の組織

労働委員会が労働争議の仲裁を行う場合は、仲裁委員3人からなる仲裁委員会が行います（31条）。

この仲裁委員は、労働委員会の公益委員または特別調整委員のなかから、争議の当事者が合意によって選定した3人の者を、労働委員会の会長が指名します（31条の2）。争議の当事者の合意が得られなかった場合には、労働委員会の会長が、当事者の意見を聞いた上で、公益委員または特別調整委員の中から指名します。

この3名により、仲裁委員会が構成されて仲裁を行います。仲裁委員会では、互選によって委員長が選ばれます（31条、31条の3）。

3 仲裁手続きの開始・運営

仲裁は次の二つの場合に開始されます。一つは、労働争議中の労使双方から労働委員会に対して、争議の仲裁の申立てがあった場合で、他の一つは、争議の当事者である労使間で結ばれた労働協約の中で、争議が生じた場合には当事者双方は労働委員会に対して仲裁の申立てをする旨の定めがあり、当事者の双方または一方から申立てがされた場合です（30条）。

この申立てがあると、仲裁委員長は仲裁委員会を招集します。仲裁委員会は、仲裁委員2人以上出席しなければ会議を開き、議決することはできません。これは仲裁委員の過半数で決議します（31条の3、31条の4）。

ただし、仲裁委員会が同意すれば、労使が指名した使用者を代表する委員または特別調整委員、および労働者を代表する委員又は特別調整委員は、仲裁会議に出席して、意見を述べることができます（31条の5）。

4 仲裁裁定の方式と効力

仲裁委員会が仲裁裁定を出す場合には、その内容の書面を作成し、効力の発生期日を記載しなければなりません（33条）。

この仲裁裁定は、労使間で結ばれた労働協約と同じ効力を持ちます。労働協約と同じに扱われるわけですから、労働条件については就業規則より優先しますし、労働組合員以外に対しても拘束力を有する場合もあります。ただし、労使間の合意でその内容を変えことは差し支えありません（34条）。

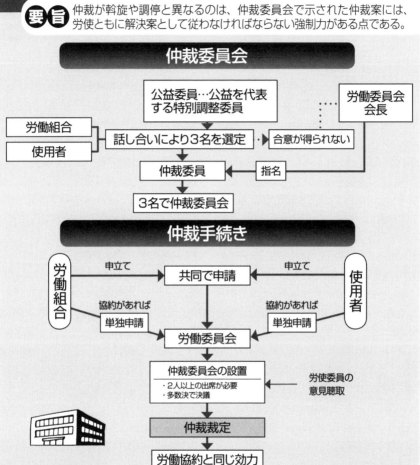

労働関係調整法の条文

第29条 労働組合法第20条の規定による労働委員会による労働争議の仲裁は、この章の定めるところによる。
第30条 労働委員会は、左（下）の各号の一に該当する場合に、仲裁を行ふ。
1 関係当事者の双方から、労働委員会に対して、仲裁の申請がなされたとき。
2 労働協約に、労働委員会による仲裁の申請をなさなければならない旨の定がある場合に、その定に基いて、関係当事者の双方又は一方から、労働委員会に対して、仲裁の申請がなされたとき。
第31条 労働委員会による労働争議の仲裁は、仲裁委員3人から成る仲裁委員会を設け、これによつて行ふ。
第31条の2 仲裁委員は、労働委員会の公益を代表する委員又は特別調整委員のうちから、関係当事者が合意により選定した者につき、労働委員会の会長が指名する。ただし、関係当事者の合意による選定がされなかつたときは、労働委員会の会長が、関係当事者の意見を聴いて、労働委員会の公益を代表する委員（中央労働委員会にあつては、一般企業担当公益委員）又は特別調整委員の中から指名する。
（第31条の3～第35条略）

労働関係調整法

7 緊急調整とは何か

35条の2〜35条の5

緊急調整とは、労働争議が長期化かつ深刻化し、スト等により国民経済が大きく被害を受けたときなどの非常措置である。

総理大臣が発動する緊急措置

1 緊急調整とはなにか

緊急調整の制度は、内閣総理大臣が発動する一種の緊急措置です。緊急調整は、公益事業のスト等や、その他の事業の労働争議の規模が大きかったり、特殊の事業の争議行為であるために、これが長引いてかつ深刻化し、国民経済や国民生活に重大な被害を及ぼす場合で、かつ被害が差し迫っている場合に、総理大臣が発動を決定するものです(35条の2第1項)。

具体的には、この発動により、ストその他の争議行為を50日間ストップさせ、その間に中央労働委員会にあらゆる手段をとらせて、労使の歩み寄りと妥結を図るものです。

過去、緊急調整はこの制度が作られた昭和37年に、ストが60日を超えた炭鉱争議に適用されただけで、現在まで発動されていません。ただ、制度そのものは今でも残っていますので、今後再び発動されることがありえます。

2 緊急調整の決定と公表

緊急調整の決定権を中央労働委員会ではなく総理大臣にしたのは、問題が国民経済や国民生活の被害にかかわり、全国的な意味合いをもち、その被害を把握できるのは中央労働委員会よりも総理大臣の方であるからです。その代わり、総理大臣は緊急調整の決定をする前には、あらかじめ中央労働委員会の意見を聞かなければならないことになっています。

ただ、中央労働委員会は、総理大臣に対して意見を述べる権限しかありませんので、たとえ反対意見であっても、決定は総理大臣に任されるわけです(35条の2第2項)。

内閣総理大臣が緊急調整の決定をしたときには、ただちに理由を付して一般に公表すると同時に、中央労働委員会および争議に関係している当事者に通知することになっています(35条の2第3項)。

3 緊急調整と中央労働委員会

緊急調整決定の通知を受け取った中央労働委員会は、事件解決に向けて最大の努力をしなければなりません。そして、任務を果たすため、①斡旋を行うこと、②調停を行うこと、③仲裁を行うこと、④事件の実情を調査した上で、争議内容を公表すること、⑤争議解決に必要な措置をとるように労使に勧告すること、などの措置をとることができます(35条の3)。

ただし、調停の場合には、一定の条件をそなえ、一定の手続きが必要ですが、緊急調整の場合には、これらを省略することができます(35条の3第3項)。

なお、緊急調整が決定される場合の仲裁は、強制仲裁ではなく、あくまで当事者の申請による任意の仲裁です。

緊急調整にかかった事件については、中央労働委員会は、現在かかっているほかの争議のどれよりも先に片づけなければならないことになっています(35条の4)。

緊急調整制度のしくみ

要旨 争議行為が長引き国民経済や生活に重大な結果を生ずるおそれがある場合、内閣総理大臣が争議権を50日間ストップさせ解決を図る制度。

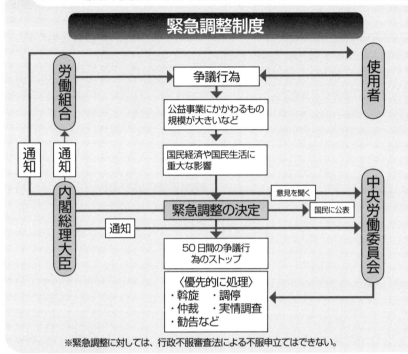

※緊急調整に対しては、行政不服審査法による不服申立てはできない。

労働関係調整法の条文

第35条の2① 内閣総理大臣は、事件が公益事業に関するものであるため、又はその規模が大きいため若しくは特別の性質の事業に関するものであるために、争議行為により当該業務が停止されるときは国民経済の運行を著しく阻害し、又は国民の日常生活を著しく危くする虞があると認める事件について、その虞が現実に存するときに限り、緊急調整の決定をすることができる。

② 内閣総理大臣は、前項の決定をしようとするときは、あらかじめ中央労働委員会(船員法の適用を受ける船員に関しては、船員中央労働委員会。以下同じ。)の意見を聴かなければならない。

③ 内閣総理大臣は、緊急調整の決定をしたときは、直ちに、理由を附してその旨を公表するとともに、中央労働委員会及び関係当事者に通知しなければならない。

第35条の3① 中央労働委員会は、前条第3項の通知を受けたときは、その事件を解決するため、最大限の努力を尽さなければならない。

② 中央労働委員会は、前項の任務を遂行するため、その事件について、左(下)の各号に掲げる措置を講ずることができる。
1 斡旋を行ふこと。
2 調停を行ふこと。
3 仲裁を行ふこと(第30条各号に該当する場合に限る。)。
4 事件の実情を調査し、及び公表すること。
5 解決のため必要と認める措置をとるべきことを勧告すること。

③ 前項第2号の調停は、第18条各号に該当しない場合であつても、これを行ふことができる。

(第35条の4、第35条の5略)

労働関係調整法 8

一定の場合の争議行為の制限・禁止等
争議行為が制限・禁止される場合

36条～43条

> 労働関係調整法は、争議を制限・禁止する場合について規定し、また、違反した場合の罰則などについても規定している。

公益事業では一定の制約がある

1 安全保持の施設と争議行為

工事事業場においては、そこで働く労働者の人命・身体・健康など、人身を守るためのいろいろな施設があります。

労働組合が争議行為を行う場合、これらの「安全保持の施設の正常な維持、又は運行を停廃し、又はこれを妨げる行為」は、法律で認められている争議行為であっても許されません（36条）。

この条文に違反した場合については、罰則がおかれていません。しかし、人命にかかわる違反ですから、正当な争議行為とはいえず、労働組合法で認められている刑事責任や民事責任（損害賠償責任）は免除されない、というのが学者の多数説です。

2 公益事業での争議行為の予告制度

公益事業の労働争議が紛糾し、労使が争議行為をする場合には、争議行為の予定日の少なくとも10日前までに、労働委員会と厚生労働大臣または都道府県知事に通知しなければなりません（37条）。

これは公益事業の労働者にとっては労働基本権の重大な制限ですが、公益事業でストなどの争議行為が行われると、国民の日常生活に大きな被害を与えます。これが抜き打ちストのように突然行われると被害は大きくなります。そこで10日前の予告させるようにしたのです。

現在では、鉄道会社や航空会社などがストなどの争議行為を行う場合は、国民にあらかじめ予告する慣習ができあがっていますので、抜き打ちストなどが行われることはほとんどありません。

なお、緊急調整の決定のあった公益事業に関する争議行為については、50日間は争議行為をすることを禁止されますが（38条）、この期間が過ぎた後でなければ、この予告通知をすることはできません（37条2項）。

3 禁止規定違反と罰則

公益事業の争議行為について予告義務を守らなかった場合には、責任者（使用者、もしくはその団体、労働者の団体またはその他の者もしくはその団体）は、10万円以下の罰金に処せられます（39条1項）。責任者が法人であるときは、理事、取締役、執行役その他法人の業務を執行する役員に、法人でない団体の場合には、代表者その他業務を執行する役員に適用され、10万円以下の罰金となります（同条2項）。これは既に解散した団体であっても、適用されます。

緊急調整の決定があった旨が公表された場合には、この日から50日間は争議行為が禁止されますが、これに違反した場合、違反行為について責任のある使用者もしくはその団体、労働者の団体その他の者もしくはその団体は、20万円以下の罰金に処せられます（40条）。

また、調停や仲裁中にこれを妨げる者には、調停又は仲裁委員会の委員長は退場を命じることができます（43条）。

争議行為の制限と禁止 のしくみ

要旨 労働組合の争議行為が法律上許されるかどうかは労働組合法が規定しているが、労働関係調整法でも争議行為に一定の制限を設けている。

安全保持施設と争議行為

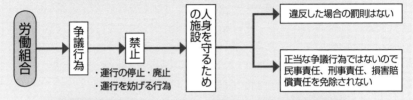

公益事業のストと予告制度

緊急調整発動後の争議行為

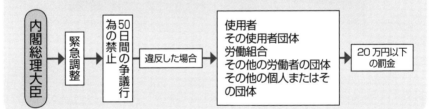

労働関係調整法の条文

第36条 工場事業場における安全保持の施設の正常な維持又は運行を停廃し、又はこれを妨げる行為は、争議行為としてでもこれをなすことはできない。

第37条 ① 公益事業に関する事件につき関係当事者が争議行為をするには、その争議行為をしようとする日の少なくとも10日前までに、労働委員会及び厚生労働大臣又は都道府県知事にその旨を通知しなければならない。

② 緊急調整の決定があつた公益事業に関する事件については、前項の規定による通知は、第38条に規定する期間を経過した後でなければこれをすることができない。

第38条 緊急調整の決定をなした旨の公表があつたときは、関係当事者は、公表の日から50日間は、争議行為をなすことができない。

（第39条〜第43条略）

個別労働関係紛争解決法

1 個別労働関係紛争の解決

労働者個人と使用者との解決手続き

1条～22条

個々の労働者と事業主との間の紛争については、あっせんの制度を設けること等により、迅速かつ適正な解決を図る手続き。

まずは、相談することから

1 個別労働紛争解決制度とは

労働組合とは関係なく、労働者個人と使用者との間に紛争が起きた場合、その解決の仲立をする制度もいくつか作られています。この中で、労働審判が裁判所で行われるのに対し、個別労働紛争解決制度は労働局が行うものです。従来、労働局（旧労働基準局）は個別労働紛争があった場合は、労働基準法に違反しているか否かを調査し、違反があればこれを指摘、是正勧告、ケースによっては送検するというのが主な仕事でした。しかし、単に労働基準法違反を取り締まるだけではなく、より積極的に、労働局においても都道府県労働局長の助言・指導制度、紛争調整委員会のあっせん制度を創設することになり、平成13年に、「個別労働関係紛争の解決の促進に関する法律」が制定され、同年10月1日から施行されています。

2 制度の趣旨

この制度の目的は、個別労働関係紛争の未然防止、自主的解決です。これを促進するために、以下の活動が行われます。
①都道府県労働局長が、労働者、求職者または事業主に対し、情報の提供、相談その他の援助を行います。そのため、全国380か所に総合労働相談コーナーを設けています。
②都道府県労働局長は、個別労働関係紛争に関し、紛争につき援助を求められたときは、必要な助言又は指導をします。
③個別労働関係紛争の当事者が望む場合には、都道府県労働局におかれる紛争調整委員会があっせんを行います（これについては後述します）。

3 紛争調整委員会のあっせん

紛争当事者の申請によって、あっせんを行うのは、都道府県労働基準局におかれている紛争調整委員会です。委員は学識経験者から選任されます。

あっせんは、紛争当事者の一方または双方の申請書の提出によって開始します。管轄は、事業場の所在地を管轄する労働局です。申請書には、「あっせんを求める事項及びその理由」、「紛争の経過」、その他参考となる事項を記載します。

都道府県労働基準局長が、あっせんを行わせるとしたときは、紛争調整委員会の会長は3名のあっせん委員を指名して行わせます。

次にあっせん期日を決めて当事者に通知します。期日には、解決に向けての話し合いが行われ、必要があれば参考人から意見を聞くこともできます。

あっせん委員が必要と認めたときは、あっせん案を作成し、紛争当事者に提示します。あっせん案は委員の全員一致によるものとされています。

当事者があっせん案を受諾したときは紛争は解決しますし、当事者の一方または双方が受諾しない場合は、あっせんは打ち切られます。

個別労働関係紛争解決 のしくみ

要旨 労働者個人と使用者の紛争の増加に伴い、労働局が新たに設けたのが個別労働紛争解決のシステムである。

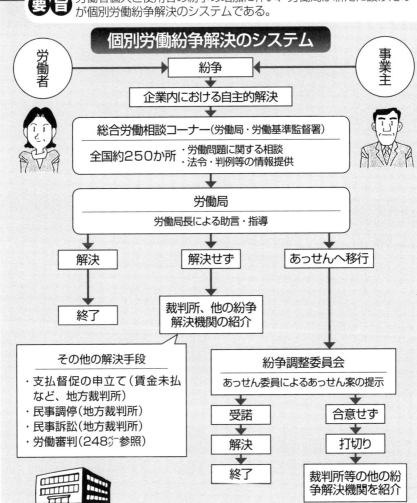

個別労働関係紛争の解決の促進に関する法律の条文

(目的)
第1条 この法律は、労働条件その他労働関係に関する事項についての個々の労働者と事業主との間の紛争(労働者の募集及び採用に関する事項についての個々の求職者と事業主との間の紛争を含む。以下「個別労働関係紛争」という。)について、あっせんの制度を設けること等により、その実情に即した迅速かつ適正な解決を図ることを目的とする。
(紛争の自主的解決)
(第2条以下略)

労働審判法
1
1条～34条

労働審判は個別的労働紛争を解決する簡易な手続き

労働審判法による紛争の解決

簡易・迅速な解決制度

> 労働審判法は、個々の労働者と事業主との間に生じた民事紛争に関し、簡易・迅速な調停や審判手続きについて規定している。

1 労働審判法とは

個別労働関係民事紛争が増加しています（訴訟件数が平成3年度には662件が平成26年度には3254件）。個別労働関係民事紛争というのは、労働者と使用者との間で生じる解雇、賃金未払い等労働条件に関する幅広い紛争をいいます。

これらの紛争を処理するために、労働審判制度が設けられています。労働審判の対象となる紛争は、個々の労働者と事業主との間の紛争です。例えば、解雇に伴う未払賃金の請求や地位確認を求める場合が典型ですが、残業代の請求や労働災害、セクハラ・パワハラで損害賠償を求める例もあります。会社と組合間の紛争は対象外です。

2 労働審判制度の特徴

第一の特徴は、この迅速性にあります。紛争の当事者が、裁判所に対して労働審判の申立てをしますと、第1回の期日は40日以内に指定されます。そして原則として3回の期日で結論を出すことになっています。通常、訴訟の場合には長びくと1～2年かかりますが、労働審判では3～4か月で審判が出されます。

第二の特徴は、労働の現場を知っている専門家が加わる専門性にあります。審判を行うのは、労働審判委員会ですが、これは裁判官1名と労働問題の専門家2名から構成され、各委員が対等の立場で評議、審判を行います。労働問題の専門家が加わることによって、事件の実情や労使両当事者の意向に則した審理、調停、審判が行われます。審判は審判委員の多数決によって行われます。

第三の特徴は、解決の柔軟性にあります。労働審判では、調停成立の見込みがあれば調停を試みます。労働審判の特色は、権利関係の有無のみの判断ではなく、多様な解決法、たとえば解雇無効の場合でも当事者の意向で金銭解決を図る、賃金未払いも分割払いを認めるなどがとられます。

労働審判の手数料は訴訟の半額です。

3 労働審判手続き

労働審判の申立ては労使双方からすることができます。申立ては管轄の地方裁判所に書面で行い、請求の趣旨、理由、予想される争点、証拠、申立てに至る経緯等を記載します（申立書の用紙は裁判所にあります）。相手方は、申立書に対して自分の主張を述べる答弁書を提出します。

労働審判は、審判官（裁判官）の他に労働委員2名（労働団体の推薦を受けた者および経営者団体の推薦を受けた者）の3人で構成する労働審判委員会で審理が行われます。審理は、原則として3回以内の期日の中で、事実関係や双方の言い分を聞いて、争点を整理し、証拠調べを行います。

この間、調停（話合いによる解決）の試みがなされます。話合いがつかなければ審判が出されます。この審判に不服なら、2週間以内に異議申立てをすると審判は失効し、訴訟に移行します。

労働審判法による解決のしくみ

要旨 訴訟に代わって、迅速かつ柔軟な個別労働関係の紛争を解決する手段として、新しく設けられたのが労働審判制度である。

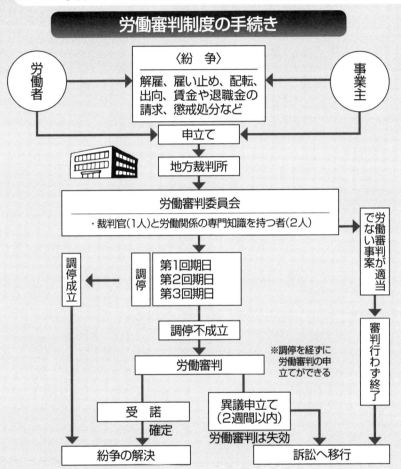

労働審判法に関する法律の条文

(目的)
第1条 この法律は、労働契約の存否その他の労働関係に関する事項について個々の労働者と事業主との間に生じた民事に関する紛争(以下「個別労働関係民事紛争」という。)に関し、裁判所において、裁判官及び労働関係に関する専門的な知識経験を有する者で組織する委員会が、当事者の申立てにより、事件を審理し、調停の成立による解決の見込みがある場合にはこれを試み、その解決に至らない場合には、労働審判(個別労働関係民事紛争について当事者間の権利関係を踏まえつつ事案の実情に即した解決をするために必要な審判をいう。以下同じ。)を行う手続(以下「労働審判手続」という。)を設けることにより、紛争の実情に即した迅速、適正かつ実効的な解決を図ることを目的とする。
(第2条以下略)

巻末

激増する——
労働トラブルと解決法

①解雇をめぐるトラブルと解決法／②賃金をめぐるトラブルと解決法／③労働条件をめぐるトラブルと解決法／④派遣社員・契約社員・パート・アルバイトのトラブル／⑤労働災害をめぐるトラブルと解決法

■個別労働紛争の増加

平成30年度に総合労働相談コーナー（各地の労働局や労働基準監督署の相談先）に持ち込まれた労働関連の相談件数は約112万件にも達しています。

このうち、民事上の個別労働紛争相談件数は約27万件であり、総合労働相談コーナーが設けられた平成14年から約2.5倍の急激な伸び率です。

その内訳を見ると、①いじめ・嫌がらせ（25.6％）、②解雇（10.1％）、③自己都合退職（12.8％）、④労働条件の引下げ（8.4％）、⑤退職勧奨（6.5％）、⑥雇止め（3.8％）などとなっています。また、相談者についてみますと、労働者からの相談が約82％、事業主からの相談が約31％などとなっています。

また、都道府県の労政事務所などの労働相談所にも多くの相談が寄せられています。

このような傾向は、世界的な金融危機によって一気に景気が悪化した平成20年度からは、漸増の傾向が続いており、労働トラブルは高止まりの状況です。

■労働トラブルは早めの解決を…

労働トラブルは早めの解決こそが重要です。紛争が長引けば、労働者と使用者の対立が深刻化し、解雇や訴訟といった深刻な問題に発展しかねないからです。

だからといって、労働基準法等の法律に違反することに目をつぶれというものではありません。企業の多くは営利を目的としており、また、労働者にしてみれば少しでも労働条件のよい職場で働きたいというのが本音でしょう。したがって、好景気ならまだしも、景気が低迷すると、どうしても利害の対立が顕著に出てくるのです。

こうした場合、働くルールを定めた労働基準法等の法律を知っておくことが重要です。労働のトラブルはこうしたルールによって判断されますので、いたずらに感情的になるより、法令に基づいた冷静な判断こそが重要です。

また、紛争解決手続きについては、個別労働紛争の解決制度や訴訟、支払督促、調停、労働審判など多様な方法がありますので活用するとよいでしょう。

相談先
- ●総合労働相談コーナー⇒各地の労働局・労働基準監督署が設置
- ●都道府県の労政事務所（名称は異なる）⇒（例）東京都労働情報相談センター
- ●法テラス⇒相談先等を教えてくれる　☎0570-078374
- ●法律相談センター⇒各地の弁護士会
- ●社労士110番／総合労働相談センター⇒社会保険労務士会
- ●その他⇒日本労働弁護団／東京管理職ユニオン／過労死110番など

1 解雇をめぐるトラブルと解決法

■解雇は大きく分けると、普通解雇、懲戒解雇、整理解雇とがあります。いずれの場合も、就業規則に解雇原因として明示しておくことが望ましいとされています。ただし、解雇するには合理的な理由が必要です。

1 「普通解雇」はどのような場合か？

普通解雇には、いろいろな理由が考えられます。例えば、①本人の成績不良を理由とする解雇、②心身を理由とする解雇（医師の診断に基づき業務に耐えないと認められたときなど）、③就業が適当でない場合の解雇、④重大な債務不履行を理由とする解雇、などがあります。

③の就業が適当でない（不適格）とする解雇については、その適格性は採用あるいは試用期間中に判定すべきもので、その運用については慎重さが要求されています。裁判所は、職場の皆から排斥され、本人は反省の色もなく、配置替えをしても同様であったり、配置換えをできないような場合に解雇を認めることもあります。

また、④の債務不履行は労働契約上の義務違反であり、上司への正当な理由のない反抗は服従義務違反、遅刻・早退・職場離脱・タイムレコーリーのごまかし行為は職務専念義務違反、経歴詐称・兼職・機密漏洩・会社に損害を与える行為は誠実義務違反となります。ただし、その債務不履行が重大で、これ以上労使関係を維持できないような信義則に反する場合にしか解雇はできません。

2 「懲戒解雇」はどのような場合にできるか？

懲戒解雇は、労働者の経営秩序違反（経営秩序を乱す）行為に対する、使用者が課す一種の制裁であるとされ、就業規則の規定においては、退職金の不支給を内容とするものがほとんどです。したがって、懲戒解雇のためには、就業規則に重大な経営秩序を乱す行為として懲戒事由の定めがあることが必要です。

労働契約法には、懲戒（15条）、解雇（16条）の規定があり、解雇については、「客観的に合理的な理由を欠き、社会通念上相当であると認められない場合は、その権利を濫用したものとして、無効とする」と規定しています。したがって、就業規則で定めてあっても、その内容次第では、不当な懲戒解雇として無効となることもあります。

3 「整理解雇」はどのような場合にできるか？

整理解雇は、会社の業績が思わしくない場合に行われる、いわゆるリストラのことですが、労働者側からみれば自分に責任がないところで一方的に労働契約を解除されるのですから、一定のルールが必要ということになります。

判例によれば、整理解雇を行う場合には、①整理解雇の必要性、②整理解雇回避のための努力、③労働者への説明等、④解雇基準の合理性、の4つの要件を満たす必要があるとされています。この要件を満たさない場合は、解雇は無効になります。

なお、退職して欲しい人等に対して、パワハラ（上司による嫌がらせなど）が行なわれる場合があります。これは違法行為であり、こうした行為による退職は無効で損害賠償（慰謝料など）の請求もできますが、ノイローゼや自殺などの結果をまねくと高額の賠償請求となります。

【判例▶経歴詐称による解雇の判例（名古屋地決・昭和55年8月6日）】

「経歴詐称は重大な信義則違反であるとともに、使用者に労働力の評価を誤らせ、賃金体系を乱し適正な業務配置を阻害するおそれがあるから、懲戒解雇事由たりうるが、採用条件が不明確であり、職種も肉体労働であり、詐称の程度も高くない」と判示し、解雇権の濫用として、解雇を認めませんでした。事案により、解雇を認めた判例もあります。

❷ 賃金をめぐるトラブルと解決法

■賃金のトラブルには、給与の未払、残業代や休日出勤代の未支給、退職金の未支給あるいは一方的な賃金カットなどがあります。なお、この場合の賃金は、使用者が労務の対価として労働者に支払うすべてのものを言います。

❶ 賃金が未支給の場合にはどうすればよいか？

賃金の未支給(労働債権)の場合、まず、今後どのように未払賃金を含めて賃金を支払うかの交渉をしてください。それでも支払われないようなら、法的手段による回収となりますが、勤務先が相手であり、出来れば話合いで解決したいものです。

しかし、会社が倒産寸前といった場合には、訴訟で勝訴しても、会社に財産がなければ強制執行をしても配当はありませんので、無意味な場合もあります。また、会社に財産はあってもその財産には抵当権などの担保がついている場合が通常で、抵当権は労働債権に優先するので、回収が困難な場合もあります。こうした場合は、弁護士に相談してください。なお、倒産の場合には、「賃金の支払いの確保等に関する法律」により、未払賃金の立替払制度が利用できます。請求先は労働者健康福祉機構です。

❷ 賃金カットは使用者が一方的にできるか？

賃金カットは労働条件の変更にあたります。労働契約法8条は、「労働者及び使用者は、その合意により、労働契約の内容である労働条件を変更することができる」と規定しています。また、同法10条では、使用者が就業規則の労働条件を変更する場合、「変更後の就業規則を労働者に周知させる」ことを条件とし、かつ、「就業規則の変更が、①労働者の受ける不利益の程度、②労働条件の変更の必要性、③変更後の就業規則の内容の相当性、④労働組合等との交渉の状況その他の就業規則の変更に照らして合理的なものである」ときには有効としています。

つまり、使用者が有効に賃金カットをするためには、原則として、労働者との話合いが必要ですが、その賃金カットが本当に必要であること等の合理的な理由があれば、労働者との合意がなくてもできるということになります。ただし、カット後の賃金が最低賃金法の金額を下回ることができないのはもちろんです。

❸ 「名ばかり管理職」で残業・休日出勤代が出ないが…

「名ばかり管理職」は、職務上の権限などから見るとその実質は管理職ではなく、残業代や休日出勤代を支払わないために管理職という名前だけがついている人のことを言うようです。労働基準法41条は、「労働時間、休憩および休日に関する規定は、事業の種類に関わらず監督者もしくは管理職の地位にある者または機密の事務を取り扱う者には適用されない」としています。しかし、「管理職」とはなにかについて、法令上、明確な規定はありません。

そこで厚生労働省は通達で、「残業手当が不要となる管理監督者というためには、職位の名称にとらわれず、職務内容、責任と権限、勤務態様に着目する必要があり、その職名にふさわしい待遇を得ているかが、解釈基準となる」としています。裁判所でもこの基準に沿った判決が出ています(東京地裁判決・平成20年1月28日等)。

なお、肩書きだけで決まることではありませんので、ご注意ください。

【判例▶定年延長に伴う給与の減額についての判例(最高裁判決・平成9年2月28日)】
定年年齢の55歳から60歳への延長に伴い給与を減額するという就業規則の変更について、「…略…、そのような不利益を法的に受忍させることもやむをえない高度の必要性にもとづいた合理的な内容のものであって有効と認められる」としています。

❸ 労働条件をめぐるトラブルと解決法

■労働条件には、賃金（前項で解説）、労働時間、休憩、休日、年次有給休暇、福利厚生などがあり、使用者は労働契約の際に労働条件の明示義務があります。労働条件は最も多いトラブルです。

❶ 労働条件の不利益変更はできるのか？

労働条件を変更するには、労使間で話し合い合意が必要ですが（労働契約法8条）、労使間の合意がなくても下記の条件を満たせば、使用者は就業規則の変更ができます（同法10条）。

①変更後の就業規則を労働者に周知させること
②就業規則の変更が、(1)労働者の受ける不利益の程度、(2)労働条件の変更の必要性、(3)変更後の就業規則の内容の相当性、(4)労働組合等との交渉の状況その他の就業規則の変更に照らして合理的なものであるとき

つまり、上記の要件を満たせば、労働条件の不利益変更も可能です。ただし、労働基準法等の法令で定める労働条件を下回ることはできません。

❷ セクハラと会社の責任・損害賠償は…

セクハラはセクシュアルハラスメントの略で、通常は「性的嫌がらせ」のことですが、法律上は職場における女性に対する性的要求（対価型）や性的嫌悪感を抱かせる発言や動作（環境型）を言います。対価型の例としては、事業主が女性労働者に対して性的な関係を要求したが拒否されたため、その労働者を解雇したなどで、環境型の例としては、①事業主などが女性労働者の胸や腰などに度々触る（身体接触型）、②取引先などに「性的にふしだらな女である」などと噂を流す（発言型）、③事務所内にヌードポスターを掲示する（視覚型）などがあります。

こうしたセクハラの被害者は、加害者に対して不法行為（人格権の侵害）を理由として損害賠償の請求をすることができることはもちろんですが、通常、使用者である会社も損害賠償責任を負います。また、ケースによっては、加害者は「強制わいせつ」「名誉毀損」などの刑事責任を負うことになります。ちなみに、裁判例では1000万円を超す損害賠償の支払いを命じた判例もあります。

❸ 有給休暇の請求をしたら「日にちを変えてくれ」と言われたが…

有給休暇は、労働者は原則として、請求により自由にとることができます。しかし、繁忙期などで人手が必要な場合に長期の有給休暇をとられると事業の運営に支障を来す場合があります。

こうした場合のために労働基準法は時季変更権の規定を設け（労働基準法39条4項）、「請求された時季に休暇を与えることが事業の正常な運営を妨げる場合においては、他の時季にこれを与えることができる」と規定しています。

この時季変更権が問題となるのは、会社からの有給休暇の変更に対して、これに承服せず強引に休んでしまった場合です。この場合、時季変更権の行使が有効であれば、無欠勤と同じであり、場合によっては就業義務違反で懲戒処分になるからです。

【判例▶手当に関する男女差別の判例（仙台高裁判決・平成4年1月10日）】

配偶者の扶養手当が男女間で異なる事案について、「扶養手当について、男子行員には、妻に所得税法上の扶養控除限度額を超える所得があるかどうかにかかわらず右手当を支給し、女子行員には、右限度額を超える所得があると支給しない取扱いは…中略…、民法90条（公序良俗）に違反する」として、男女で異なる規定を無効としています。

4 非正規雇用をめぐるトラブルと解決法

■非正規雇用社員には、パート、契約社員、アルバイトなどがあり、正社員としての就業規則が適用にならない人たちです。派遣社員は派遣先会社とは雇用関係のない人です。原則、労働基準法や最低賃金法等の適用があります。

1 非正規雇用社員の労働契約はどうなっているか？

労働契約法は、「労働契約の内容について、できる限り書面により確認するものとする」としています（3条）。また、パート労働法（「短時間労働者の雇用管理の改善に関する法律」）では、使用者に労働条件についての文書の交付義務（同法6条）を課しています。契約社員やアルバイトについても、通常、書面により労働条件等を記載した労働契約書が提示されますので、契約内容の確認が必要です。

派遣社員の労働契約は、派遣元会社との間で行い、派遣先会社との雇用関係はありません。派遣先会社での仕事の内容などは派遣元会社と派遣先会社の労働者派遣契約で決まります。こうしたことから、例えば、賃金が支払われない場合に、どちらの会社が責任を負うのかというも問題があります。賃金は、派遣社員と派遣元会社の労働契約により決まることで、派遣先会社が派遣元会社に支払いをしないとしても、派遣社員は派遣元会社から賃金を支払ってもらえます。

労働者派遣法の改正については71・73ページ参照。

2 パートの雇い止めは仕方がないのか？

労働契約には期間の定めのあるものと、期間の定めがないものとがあります。一般的には、期間の定めのない契約（定年まで働ける）をした労働者が正社員、期間の定めのある契約が非正規雇用社員ということになります。したがって、期間の定めのある契約をした労働者は、期間が満了したときに辞めるのが原則で、解雇の問題は生じません。

しかし、パートなどでは契約の更新がなされることが多く、こうした契約更新が繰り返されている場合、会社は一方的に契約を打ち切ること（雇い止め）はできません。パート社員でも雇用期間が1年を超えるような場合は、正社員と同様の法規制を受け解雇するための正当な理由が必要となります（判例）。

3 非正規社員の社員化はどのようになっているか？

法律面から見ると、正社員と同等の仕事をし1年以上反復継続されたパートなどの雇用契約は、実質的には正社員の労働契約と変わりはなく、原則として正社員と同様の法規制が適用になります（判例）。

派遣社員については紹介予定派遣があり、これは派遣労働者が派遣先の企業に就職することを前提とした派遣です。派遣期間は最長6か月とされ、派遣期間中の採用内定も可能です。また、派遣労働者を1年以上受け入れている場合に新規に労働者を採用するときには、その派遣労働者を雇い入れるよう努めなければならないとし、また、3年以上を超え継続して受け入れている場合に新たに労働者を雇い入れるときには雇用契約の申込みをしなければならないとしています（いずれも一定の要件あり）。

なお、有期労働契約が5年を超えて反復更新された場合（原則）、労働者の申込みにより、無期労働契約となります（労働契約法18条、18ページ参照）。

【判例▶契約期間の定めのある契約の更新拒絶（最高裁判決・昭和49年7月22日）】
雇用期間2か月の労働契約が5回ないし23回にわたって更新を重ねた場合について、「実質上期間の定めのない契約が存在し、その雇い止めは解雇の意思表示があったというべく、経済事情の変動等特段の事情の存しない限り、期間満了を理由に雇い止めをすることは信義則上許されない」としています。

5 労働災害をめぐるトラブルと解決法

■労働災害は業務上の災害(事故)の場合を言いますが、これには、業務執行中の災害(事故)による傷病と通勤途上の災害(事故)による傷病とがあり、労災と認定されれば、労働者災害補償保険法による補償があります。

1 業務上の災害(事故)と補償は…

労働者が業務上の災害によって療養(治療含む)を必要とする状態となったとき、使用者(会社)は災害補償をする義務があります。通常、会社は従業員について労災保険に加入していますので、療養にかかる費用は労災保険から補償されることになります。また、労災保険の給付には休業補償も含まれており、療養のために労働ができず賃金を受けとることができない場合には、療養中は平均賃金の6割が支払われます(労働基準法76条1項)。

なお、療養が長期にわたる場合は、解雇が問題となります。就業規則や労働協約で定めがある場合はその定めにより、また、定めがない場合は労働基準法の定めによることになります。同法の19条1項は、「使用者は、労働者が業務上負傷し、又は疾病にかかり療養のために休業する期間及びその後30日間…中略…は、解雇してはならない」としています。

2 ストレス障害(心身症など)と休職・退職の補償は…

仕事上のストレスが原因で神経症になったり、他の病気の原因となり休職や退職に負い込まれる場合も少なくありません。労働基準法施行規則は業務上疾病の病名を別表で記載していますが、ストレスが原因となった疾病の具体的な記載はありません。

しかし、同施行規則の別表第1の2第9号に「その他業務に起因することの明らかな疾病」というのがあり、ストレス関連の障害はこれに該当するという通達が出されています。ただし、労災の認定に当っては、業務上および業務外の心理的負荷の評価が行われます。

具体的な評価方法は、厚生労働省の「心理的負荷による精神障害等に係る業務上外の判断指針の運用について」という通達がありますので、参考にしてください。

3 過労死に補償はあるのか？

仕事が原因の過労死については、法文で明記している訳ではありませんが、労働基準法施行規則の別表第1の2第9号の「その他業務に起因することの明らかな疾病」による死亡ということになります。過労死の認定基準は、「脳血管疾患及び虚血性心疾患等(負傷に起因するもの除く。)の認定基準について」という厚生労働省の通達があり、脳血管疾患および虚血性心疾患等は、過労等の長い生活の中で形成され発症に至るとされています。

業務上の認定要件は、①発症直前から前日までの間において、発症状況を時間的及び場所的に明確にし得る異常な出来事に遭遇したこと、②発症に近接した時期(おおむね6か月間)において、特に加重な業務に就労したこと、③発症前の長期にわたって、著しい疲労の蓄積をもたらす特に加重な業務に就労したことで、その詳細については前記通達に詳解してあります。

【判例▶自殺に関する安全配慮義務の判例(最高裁判決・平成12年3月24日)】
過重な労働が原因の自殺で、「会社が労働時間を軽減させる具体的措置をとらなかったことは安全配慮義務の不履行である」として、自殺による死亡逸失利益の請求を認めたうえで、被災労働者の性格による過失相殺を認めた控訴審の判決を破棄し差戻しました。

[著者履歴]

國部　徹（くにべ　とおる）
昭和35年12月9日生
東京大学法学部卒業
平成4年弁護士登録
平成10年國部法律事務所開設
一般民事・家事事件をはじめ、労働事件や倒産事件、刑事事件など日常の出来事全般また、主に中小企業向けの企業法務を取り扱う。
著書に「労働審判・示談・あっせん・調停・訴訟の手続きがわかる」「戸籍のことならこの1冊」（共著・いずれも自由国民社）などがある。

[企画・執筆・制作協力]

内海　徹 / 神木　正裕
㈲生活と法律研究所
＊
[イラスト]　梅本　昇

図解による
労働法のしくみ

[初版発行]………………2007年12月25日
[第5版発行]……………2019年11月1日
[著　者]………………………國部　徹
[編　集]…………有限会社生活と法律研究所
[発行所]………………株式会社自由国民社
　☎171-0033　東京都豊島区高田3-10-11
　　☎03-6233-0781（販売）
　　☎03-6233-0786（編集）
　　　　http://www.jiyu.co.jp/
[発行人]………………………伊藤　滋
[印刷所]………………横山印刷株式会社
[製本所]………………新風製本株式会社

© 2019　落丁, 乱丁はお取替えいたします。

5 労働災害をめぐるトラブルと解決法

■労働災害は業務上の災害(事故)の場合を言いますが、これには、業務執行中の災害(事故)による傷病と通勤途上の災害(事故)による傷病とがあり、労災と認定されれば、労働者災害補償保険法による補償があります。

1 業務上の災害(事故)と補償は…

労働者が業務上の災害によって療養(治療含む)を必要とする状態となったとき、使用者(会社)は災害補償をする義務があります。通常、会社は従業員について労災保険に加入していますので、療養にかかる費用は労災保険から補償されることになります。また、労災保険の給付には休業補償も含まれており、療養のために労働ができず賃金を受けとることができない場合には、療養中は平均賃金の6割が支払われます(労働基準法76条1項)。

なお、療養が長期にわたる場合は、解雇が問題となります。就業規則や労働協約で定めがある場合はその定めにより、また、定めがない場合は労働基準法の定めによることになります。同法の19条1項は、「使用者は、労働者が業務上負傷し、又は疾病にかかり療養のために休業する期間及びその後30日間…中略…は、解雇してはならない」としています。

2 ストレス障害(心身症など)と休職・退職の補償は…

仕事上のストレスが原因で神経症になったり、他の病気の原因となり休職や退職に負い込まれる場合も少なくありません。労働基準法施行規則は業務上疾病の病名を別表で記載していますが、ストレスが原因となった疾病の具体的な記載はありません。

しかし、同施行規則の別表第1の2第9号に「その他業務に起因することの明らかな疾病」というのがあり、ストレス関連の障害はこれに該当するという通達が出されています。ただし、労災の認定に当っては、業務上および業務外の心理的負荷の評価が行われます。

具体的な評価方法は、厚生労働省の「心理的負荷による精神障害等に係る業務上外の判断指針の運用について」という通達がありますので、参考にしてください。

3 過労死に補償はあるのか?

仕事が原因の過労死については、法文で明記している訳ではありませんが、労働基準法施行規則の別表第1の2第9号の「その他業務に起因することの明らかな疾病」による死亡ということになります。過労死の認定基準は、「脳血管疾患及び虚血性心疾患等(負傷に起因するもの除く。)の認定基準について」という厚生労働省の通達があり、脳血管疾患および虚血性心疾患等は、過労等の長い生活の中で形成され発症に至るとされています。

業務上の認定要件は、①発症直前から前日までの間において、発症状況を時間的及び場所的に明確にし得る異常な出来事に遭遇したこと、②発症に近接した時期(おおむね6か月間)において、特に加重な業務に就労したこと、③発症前の長期にわたって、著しい疲労の蓄積をもたらす特に加重な業務に就労したことで、その詳細については前記通達に詳解してあります。

【判例▶自殺に関する安全配慮義務の判例(最高裁判決・平成12年3月24日)】
過重な労働が原因の自殺で、「会社が労働時間を軽減させる具体的措置をとらなかったことは安全配慮義務の不履行である」として、自殺による死亡逸失利益の請求を認めたうえで、被災労働者の性格による過失相殺を認めた控訴審の判決を破棄し差戻しました。

図解による
労働法のしくみ

[初版発行]‥‥‥‥‥2007年12月25日
[第5版発行]‥‥‥‥‥2019年11月1日
[著　者]‥‥‥‥‥‥‥‥‥國部　徹
[編　集]‥‥‥‥有限会社生活と法律研究所
[発行所]‥‥‥‥‥‥株式会社自由国民社
　　　☎171-0033　東京都豊島区高田3-10-11
　　　　☎03-6233-0781（販売）
　　　　☎03-6233-0786（編集）
　　　　　http://www.jiyu.co.jp/

[発行人]‥‥‥‥‥‥‥‥‥‥伊藤　滋
[印刷所]‥‥‥‥‥‥‥横山印刷株式会社
[製本所]‥‥‥‥‥‥‥新風製本株式会社

Ⓒ 2019　　落丁,乱丁はお取替えいたします。

[著者履歴]

國部　徹（くにべ　とおる）
昭和35年12月9日生
東京大学法学部卒業
平成4年弁護士登録
平成10年國部法律事務所開設
一般民事・家事事件をはじめ、労働事件や倒産事件、刑事事件など日常の出来事全般また、主に中小企業向けの企業法務を取り扱う。
著書に「労働審判・示談・あっせん・調停・訴訟の手続きがわかる」「戸籍のことならこの1冊」（共著・いずれも自由国民社）などがある。

[企画・執筆・制作協力]
内海　徹／神木　正裕
㈲生活と法律研究所
　　　＊
[イラスト]　梅本　昇